移动终端
所涉不正当竞争行为
的认定

黄武双 等／著

知识产权出版社
全国百佳图书出版单位
—北 京—

图书在版编目（CIP）数据

移动终端所涉不正当竞争行为的认定/黄武双等著. —北京：知识产权出版社，2020.12
ISBN 978 - 7 - 5130 - 7301 - 1

Ⅰ.①移… Ⅱ.①黄… Ⅲ.①移动电话机—应用软件—反不正当竞争—经济法—研究—中国 Ⅳ.①D922.294.4

中国版本图书馆 CIP 数据核字（2020）第 223965 号

内容提要

本书从不正当竞争的角度出发，系统分析了智能终端，即智能手机应用软件市场的手机应用软件分发平台恶意竞争、不当软件捆绑、个人信息过度采集和不当利用、预装软件和线下刷机等不正当竞争行为，结合我国和国外立法、司法实践，为完善我国智能终端不正当竞争行为的法律规制提供建议。

责任编辑：王玉茂　　　　　　　　　责任校对：谷　洋

封面设计：博华创意·张冀　　　　　责任印制：刘译文

移动终端所涉不正当竞争行为的认定

黄武双　等/著

出版发行：	知识产权出版社 有限责任公司	网　　址：	http://www.ipph.cn
社　　址：	北京市海淀区气象路 50 号院	邮　　编：	100081
责编电话：	010 - 82000860 转 8541	责编邮箱：	wangyumao@cnipr.com
发行电话：	010 - 82000860 转 8101/8102	发行传真：	010 - 82000893/82005070/82000270
印　　刷：	三河市国英印务有限公司	经　　销：	各大网上书店、新华书店及相关专业书店
开　　本：	720mm×1000mm　1/16	印　　张：	16.75
版　　次：	2020 年 12 月第 1 版	印　　次：	2020 年 12 月第 1 次印刷
字　　数：	285 千字	定　　价：	80.00 元

ISBN 978 - 7 - 5130 - 7301 - 1

撰写分工

第 一 章：2018 级硕士生张蓉蓉、付贤会

第 二 章：2018 级硕士生谭宇航、张芷璇

第 三 章：2018 级硕士生赵宇琦、赵春杰

第 四 章：2018 级硕士生陈子朝、肖 蕾

第 五 章：2018 级硕士生龚婉婷、张梦琪

第 六 章：2018 级硕士生秦燕婷、王琪超

初稿校对：2019 级博士生欧阳福生

终稿审校：黄武双

目　录

第一章　手机应用软件分发相关问题研究

第一节　背景介绍

一、手机应用软件分发概述

手机应用软件分发（以下简称"应用分发"）即移动智能终端应用软件分发服务，根据《移动智能终端应用软件分发服务自律公约》（以下简称《自律公约》）的规定，应用软件是指移动智能终端预置以及通过网站、应用商店、扫描二维码、应用自身、其他线上线下平台或渠道下载、安装、升级、卸载的应用软件。应用分发服务是指为用户提供应用软件下载、安装、升级、卸载及其他辅助应用软件分发相关的服务。应用分发涉及三方参与主体——应用开发者、应用分发平台和应用消费者，三者共同形成手机应用分发的产业链。应用开发者是指通过应用分发平台提供的开发工具来开发应用软件，并向应用分发平台提供应用软件的互联网公司、团体或个人开发商；应用分发平台向应用开发者提供开发管理工具，并与其约定软件收入分配，通过互联网向消费者提供应用软件；应用消费者即广大手机用户，通过手机应用分发平台购买或者使用应用软件。因此，应用分发平台是连接应用开发者和应用消费者的桥梁。

苹果公司于 2008 年 7 月首次推出应用分发平台 App Store，尽管在应用软件数量不多的 10 年前，苹果公司仍然在推出应用分发平台后的一周内就获得了 1000 万次的下载量，给苹果公司带来了巨大收入。因苹果公司 App Store 模式在商业上的成功，其竞争对手如谷歌、微软再到后来的互联网公司等也很快推出了自己的应用分发平台，同时也推动各类应用软件开发呈爆发式增长。中华人民共和国工业和信息化部（以下简称"工信部"）发布的数据显示，截至 2018 年 9 月底，仅我国应用软件市场上检测到的应用软件就有 442 万款❶，提供软件分发服务的应用分发平台数量已经超过 400 个。

根据不同的标准，手机应用分发平台可以有以下不同的分类。

首先，按照运营模式的不同，应用分发平台可以分为以苹果公司 App Store（iOS 系统）为代表的封闭式应用分发平台和以谷歌公司（Android 系统，以下简称"安卓系统"）的 Google Play 为代表的开放式应用分发平台。谷歌公司开发的安卓系统在设计上具有开放性，其向软件开发商提供程序和程序源代码，允许软件开发商接入安卓系统。在应用软件接入方面的便利性使手机应用分发服务呈现开环状态，即安卓系统允许几乎所有软件的接入，因此在使用安卓系统的手机上，既存在手机厂商开发的应用商店，也可以共存第三方应用商店、浏览器、软件内部链接等第三方应用分发平台，这些平台均可以为用户提供手机应用分发服务。苹果公司的 iOS 系统则不同，iOS 系统具有封闭性，只提供程序而不提供源代码，只有程序提供方才能修改程序，因此每一个进入 iOS 系统的应用软件都需要获得苹果公司的认证和许可。❷ 这就导致 iOS 系统上的手机应用分发服务处于闭环状态，即只有获得苹果公司认证和许可的应用软件才可以接入 iOS 系统（这也是 iOS 系统安全性高于安卓系统的原因，以封闭性换取安全性）。❸ 因此，iOS 系统上仅有 App Store 一个下载渠道，而安卓系统则存在诸多应用分发渠道。

其次，按照运营者的不同，应用分发平台可以分为以下四种：一是系统运营商运营的应用分发平台，主流是 App Store 和 Google Play，分别代表的是苹果公司提供的 iOS 系统和谷歌公司提供的安卓系统。二是终端制造商提供的应用分发平台，如华为手机的华为应用市场、小米手机的小米商店、三星手机的

---

❶ 2018 年前三季度互联网和相关服务业保持快速增长 ［EB/OL］. ［2018 - 12 - 14］. http：// www. miit. gov. cn/n1146290/n1146402/n1146455/c6458208/content. html.

❷ 当然，通过"越狱"方式可以使第三方管理工具完全访问 iOS 设备的所有目录，并可安装更改系统功能的插件和盗版的软件。更详细地说，"越狱"是指利用 iOS 系统的某些漏洞，通过指令取得 iOS 系统的 root 权限，然后改变一些程序使设备的功能得到加强，突破封闭式环境。

❸ 苹果公司于 2008 年 7 月推出应用程序分发和下载平台应用商店 App Store，第三方应用程序的发布、下载只能通过苹果公司官方的应用商店。为了支持该特性，苹果公司在 iOS 系统先后采用强制代码签名机制、地址空间布局随机化、内核地址空间布局随机化、touch ID、开发者身份（team ID）验证、基于 TrustZone 的内核完整性保护机制、沙盒（sandbox）规则，并且不允许系统降级。

Samsung Galaxy Apps 等。三是电信运营商提供的应用分发平台，如中国移动提供的 MM 商城、中国联通提供的沃商店、中国电信提供的天翼空间。四是互联网公司提供的应用分发平台，也称第三方应用分发平台，其提供者既包括传统互联网企业，也包括移动互联网新秀，如百度手机助手、360 手机助手、腾讯应用宝、豌豆荚、91 助手、PP 助手等。

二、我国手机应用分发平台竞争现状

前面已经提到，由于 iOS 系统的封闭性，其以苹果手机自带应用分发平台 App Store 为唯一应用软件分发渠道，用户即苹果手机消费者仅能通过 App Store 下载应用软件，不存在其他应用分发平台与之竞争的情况。而安卓系统的开放性决定了其手机上可以同时存在多个不同经营者提供的应用分发平台作为应用软件的下载渠道，竞争激烈。有市场调查报告显示，2017 年使用第三方应用分发平台的用户数量占比高达 59.7%，使用手机厂商提供的应用分发平台用户数量占比居其次，为 22.3%，系统运营商提供的应用分发平台则主要为 iOS 系统下的 App Store，与之形成鲜明对比的是三大运营商经营的应用分发平台，其比例在逐年缩小，只占 6.2%。❶

因此，手机应用分发领域的竞争主要发生在使用安卓系统的手机厂商与提供第三方应用分发平台的互联网企业之间。自 2015 年开始，有媒体报道部分手机厂商存在拦截、干扰第三方应用分发平台的情况，比如华为与百度手机助手、小米与腾讯应用宝等。这也是本书讨论的应用分发平台之间的竞争。当然，并不是所有手机厂商与第三方应用分发平台之间都存在不良竞争，而且不少应用分发平台因彼此的干扰、拦截行为启动过司法程序，加之行业协会发挥了一定作用，一部分手机厂商已经改变用户下载未知来源应用软件时的提示方式，目前市场上并非仅存在不正当的竞争状况。

（一）不正当的提示行为

手机厂商作为上游的硬件和系统提供者，在与处于下游的第三方应用分发平台竞争时，通常需要采取部分措施以限制或排除第三方应用分发平台的软

---

❶　速途研究院.2017 年移动应用商店研究报告［EB/OL］.［2018 - 12 - 10］. http：//www.sootoo.com/content/674768.shtml.

件，其限制或排除方式主要分为以下四种。❶

其一，反复弹窗提示。用户在下载、安装第三方应用分发平台提供的应用软件时，会收到诸如"该应用来自非官方渠道，可能存在安全风险。继续安装或使用可能造成设备损坏或数据丢失"等弹框提示语，在手机用户选择继续安装或者选择忽略之后仍然会再次弹出提醒。以锤子手机为例，当手机用户安装第三方来源应用软件时，手机应用界面会弹出安全提示："警告：因为安卓系统毫无节制的开发特性，很多来路不明的应用程序都有可能获取你的隐私信息，甚至造成手机损坏或数据丢失。所以你的手机出厂时，默认为禁止安装非锤子科技官方应用商店获取的应用程序。是否忽略此限制并继续安装该应用？"同时提供给手机用户"取消"和"继续安装"两个选择按钮，当手机用户选择继续安装后，手机页面会再次出现弹出窗口警告："继续安装该应用，你的手机和个人数据将有可能受到攻击，同时，对于因使用这些应用而造成的手机损坏或数据丢失，你同意自行承担全部责任。如你需要默认允许安装位置来源的应用，你可以在'设置－密码和安全－高级设置－应用程序安装来源管理'中设置。"具体操作界面如图1－1－1所示。

其二，诱导用户使用其他应用分发服务的"截流"行为，即手机在进行弹窗提示之后，会引导用户使用已选应用分发平台之外的手机自带应用商店。这一行为是手机厂商的一种典型竞争行为，通过安全提示的方式告知用户"未知来源"软件安装的风险，然后再提供一种所谓安全的安装方式——手机厂商提供的应用分发平台。比如，在腾讯诉OPPO案中❷，OPPO手机在对所下载应用软件进行扫描检测之后显示"未发现风险"，仍有"建议去OPPO软件商店可快速安全安装应用""系统应用软件有经过人工检测的版本"等提示语，并以绿色高亮且选项靠前的方式突出显示"软件商店安装"选项，若用

---

❶ 微信公众号腾讯研究院发表的文章"应用分发服务自律公约正式实施，对这八类行为零容忍"将应用分发服务领域的不正当竞争行为分为八类，分别是不透明的弹窗和反复弹窗，诱导用户使用其他应用分发服务的"截流"行为，拦截、替换、干扰、阻碍应用分发服务，无法定理由终止、传输应用分发服务，不提供分发服务必需的权限，对不同的应用分发服务在权限方面区别对待，代替或误导用户进行设置，侵害用户个人信息安全（本文对应用分发服务领域的竞争行为分类参照上述分类）[EB/OL].［2018－10－31］. https：//mp. weixin. qq. com/s？ ═ biz ═ MjM5OTE0ODA2MQ ═ &mid ═ 2650877990&idx ═ 1&sn ═ e5aba5f7ba040b596f4c2daf26959cf0&chksm ═ bcca7f548bbdf6426b6314451a90b8f4551ebe83b90f2f285ed46bfca3af3f61e26daaadcbce&mpshare ═ 1&scene ═ 1&srcid ═ 1206WmDirGMzN52Zqnxaqc7U#rd.

❷ 参见湖北省武汉市中级人民法院（2017）鄂01行保1号民事裁定书。

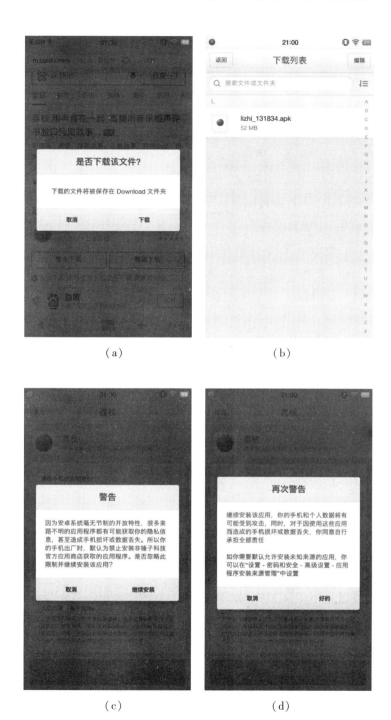

图 1 - 1 - 1　锤子手机反复弹窗提示

户点击"软件商店安装"选项，系统会跳转至 OPPO 应用商店重新下载软件并静默安装。再如，媒体报道的 360 诉小米纠纷❶、安智市场诉华为纠纷❷、腾讯诉 VIVO 纠纷❸，手机系统均以各种方式引导用户跳转至手机厂商提供的应用分发平台下载安装应用软件。

其三，拦截、替换、干扰、阻碍应用分发服务，包括滥用用户提示、恶意评价、恶意修改用户设置、故意不开放必要权限、恶意进行应用软件质量检测和安全审查。例如，北京市海淀区法院网公布的安智市场诉华为公司不正当竞争案的快报显示❹，华为公司侵害安智市场的具体表现为：①当华为手机用户通过"安智市场"下载软件时，华为手机系统会提示，"该应用未经华为应用市场安全检测，请谨慎安装"，并在该页面"官方推荐"处推荐"华为应用市场"；②用户在"安智市场"查询到游戏应用软件、在查询结果页面点击"我已充分了解风险，继续安装"后，华为手机系统弹出安全提示："该应用未经华为市场安全检测，请谨慎安装。继续安装或使用可能造成设备损坏或数据丢失。"华为设置了两重提示语阻止用户安装其他应用分发平台的软件，有拦截、干扰、阻碍其他应用分发平台提供服务之嫌。

其四，代替或误导用户进行设置，比如手机出厂时默认不允许安装第三方应用分发平台提供的应用软件，以及在用户不知情的情况下自行更改用户已确认的设置。

以上四种排除或限制方式是手机厂商与第三方应用分发平台竞争时采用的主要方式。这一局面在 2017 年 11 月 7 日中国互联网协会发布《移动智能终端应用软件分发服务自律公约》之后发生了一定程度的变化，下面将以截图和表格的方式对国内主要手机品牌在安装第三方来源应用软件时的手机操作界面进行展示，如表 1 - 1 - 1 和图 1 - 1 - 2 ~ 图 1 - 1 - 8 所示。

---

❶ 小米 360 互诉不正当竞争 索赔金额都是 2000 万元［EB/OL］. ［2018 - 10 - 31］. http：//www. xinhuanet. com//tech/2016 - 03/17/c_128806019. htm.

❷ 华为公司被诉不正当竞争，"安智市场"索赔 50 万［EB/OL］. ［2018 - 10 - 31］. http：//bjhdfy. chinacourt. org/public/detail. php？ id =4450.

❸ 腾讯诉 OPPO 不正当竞争，被责令禁售 OPPO 手机 vivo 此前也有过［EB/OL］. ［2018 - 10 - 31］. https：//baijiahao. baidu. com/s？ id =1569828503969316&wfr = spider&for = pc.

❹ 海淀法院案件快报［EB/OL］. ［2018 - 10 - 31］. http：//bjhdfy. chinacourt. org/public/detail. php？ id =4450.

表1-1-1　国内主要手机品牌在安装第三方来源应用软件时的手机操作界面对比

手机品牌	旧操作界面	新操作界面
华为	系统首先提示"未知来源的应用可能存在风险，请谨慎安装"，当用户选择"我已充分了解该风险，继续安装"时，系统会继续弹出"风险提示"框称："该应用来自非官方渠道，可能存在安全风险。继续安装或使用可能造成设备损坏或数据丢失"（见图1-1-2）	询问用户是否允许安装（设备和数据容易受到未知来源应用的攻击，点击"允许"表示您同意承担由此带来的风险），并设置了不再提示的选项框；当用户选择允许之后，系统会扫描检测该软件，若通过检测，则显示"通过华为应用市场安全检测"，可继续安装。若未通过，则显示该应用安装来源未告知应用是否符合《华为终端质量检测和安全审查标准》，如果选择继续安装表示您同意承担由此带来的风险（显示选项：华为应用市场安装、继续安装、取消）（见图1-1-3）
小米	系统弹出提示语："小米建议您不要轻易安装未知来源的应用程序，非官方渠道的应用会增加您的手机和个人数据被攻击的风险，可以在系统设置中关闭本提醒。推荐您使用小米应用商店安装经过认证的应用程序。"这一"安全提醒"设置了10秒倒计时，在倒计时结束之前无法关闭（见图1-1-4）	系统弹出提示语："出于安全考虑，已禁止您的手机安装来自此来源的未知应用。"通过修改默认设置之后，可以安装第三方应用分发平台提供的应用软件（见图1-1-5）
VIVO	VIVO进行反复弹窗提示、设置倒数读秒默认取消安装以及设置跳转至"vivo应用商店"链接按钮❶	系统弹出提示语："出于安全考虑，您的手机已设置为禁止安装非官方商店下载的应用。'允许本次安装'后可以安装此应用，但您的手机系统和个人安全数据可能受到威胁，您将自行承担可能造成的后果。您也可以开启'设置>更多设置>安全>未知来源'开关来允许安装来自任意渠道的应用。"当用户选择允许该次安装的选项后，会再次被提醒："来源于非官方商店的应用可能对您的手机和数据安全造成威胁，您要安装此应用吗？"（见图1-1-6）

---

❶ 腾讯诉OPPO不正当竞争，被责令禁售OPPO手机vivo此前也有过［EB/OL］．［2018-10-31］．https：//baijiahao．baidu．com/s？id=1569828503969316&wfr=spider&for=pc．

手机品牌	旧操作界面	新操作界面
OPPO	系统在对所下载应用软件进行扫描检测之后显示"未发现风险",仍提示"建议去OPPO软件商店可快速安全安装应用""系统应用软件有经过人工检测的版本",并以绿色高亮且选项靠前的方式突出显示"软件商店安装"选项,若用户点击"软件商店安装"选项,系统会跳转至OPPO应用商店重新下载软件并静默安装❶	系统在对所下载应用软件进行扫描检测之后显示"未发现风险",提示"OPPO软件商店有经过'人工亲测的版本'",并以绿色高亮且选项靠前的方式突出显示"软件商店安装"选项,若用户点击"软件商店安装"选项,系统会跳转至OPPO应用商店重新下载软件并静默安装(见图1-1-7)
三星		在安装百度手机助手时,会提示:是否下载文件(此类文件可能危害您的手机,仅在您信任其来源时下载此文件);从百度手机助手中下载App,会提示:出于安全考虑,您的手机当前不允许安装此来源的未知应用程序。安装此来源的未知应用程序将使您的手机和个人数据更容易受到攻击。您可以选择安装这些应用程序,但因使用这些应用程序而可能导致的任何损害或数据丢失,您将自行负责。若要更改此来源的设置,请进入【设置】>【应用程序】>【更多选项】>【特殊访问权限】>【安装未知应用程序】,然后选择此来源并启用【允许此来源】(见图1-1-8)

(二) 正当的提示行为

通过对不同品牌手机进行考察比较可以发现,华为手机目前的提示方式较为客观中立。首先在首次通过华为应用商店之外的渠道下载应用软件时,会弹出提示框:是否允许安装应用(设备和个人数据容易受到未知来源应用的攻击,点击"允许"表示您同意承担由此带来的风险)。并附有不再提示的勾选框,有禁止和允许两个选项键,若勾选"允许"和"不再提示"选项后,则将系统出厂设置改为"允许安装未知来源应用"。当用户选择允许之后,系统

---

❶ 参见湖北省武汉市中级人民法院（2017）鄂01行保1号民事裁定书。

（a）　　　　　　　　　　　　（b）

图 1 – 1 – 2　2016 年华为手机在用户安装第三方来源软件时的提示

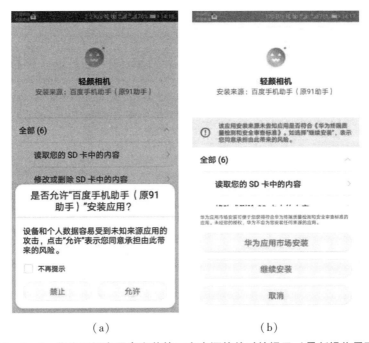

（a）　　　　　　　　　　　　（b）

图 1 – 1 – 3　华为手机在用户安装第三方来源软件时的提示（最新操作界面）

（a）　　　　　　　　　　　（b）

图 1 - 1 - 4　2016 年小米手机在用户安装第三方来源软件时的提示

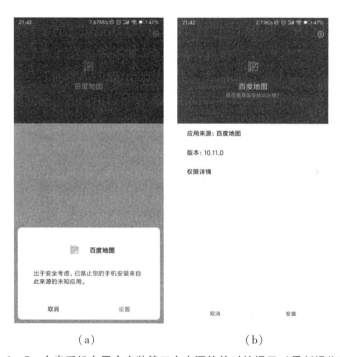

（a）　　　　　　　　　　　（b）

图 1 - 1 - 5　小米手机在用户安装第三方来源软件时的提示（最新操作界面）

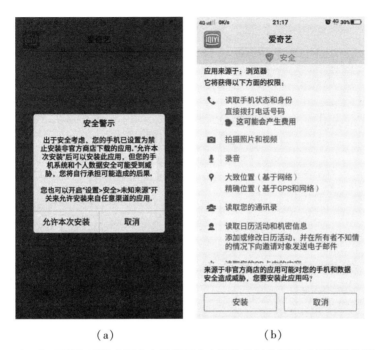

（a）　　　　　　　　　　（b）

图 1 – 1 – 6　VIVO 手机在用户安装第三方来源软件时的提示（最新操作界面）

图 1 – 1 – 7　OPPO 手机在用户安装第三方来源软件时的提示（最新操作界面）

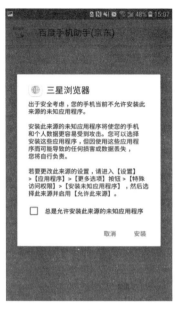 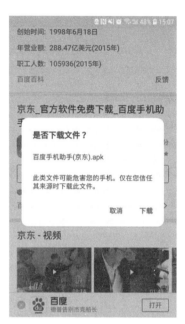

（a）　　　　　　　　　　（b）

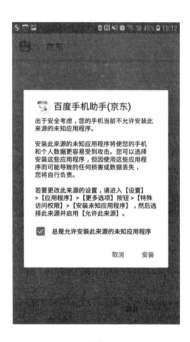

（c）

图1-1-8　三星手机在用户安装第三方来源软件时的提示（最新操作界面）

会有 5 秒左右的扫描检测时间，再根据扫描检测结果出现不同的提示语。一种是"通过华为应用市场安全检测"，附随"继续安装"和"取消"两个选项。另一种是"该应用安装来源未告知应用是否符合《华为终端质量检测和安全审查标准》。"如选择"继续安装"，表示您同意承担由此带来的风险，并附随"华为应用市场安装""继续安装""取消"三个选项。华为手机提示方式的客观性在于以下几个方面。

第一，未剥夺消费者的选择权。几乎所有手机厂商出于安全考虑，均会在手机出厂时将系统设置为默认不允许从未知来源下载安装手机应用软件，但这可能会剥夺消费者的自主选择权，但是华为手机的这种一次提醒并加"不再提示"选项框相当于"合理风险提示＋尊重消费者的选择权"，较为合理。

第二，提示语较为客观。手机系统弹出的安全提示语应当有据可依，如华为手机弹出的提示语是否符合《华为终端质量检测和安全审查标准》，该提示语仅告知手机用户拟安装应用是否通过华为的安全检测，并没有以其他有失偏颇的语言评价该应用软件。

第三，无明显的引流行为。华为手机系统在进行安全提示后，将选择权交回给消费者，消费者可以自行选择继续安装、华为应用市场安装和取消安装，没有以突出显示或倒计时取消安装等方式将用户引导至华为应用市场。

上述即为手机厂商与第三方应用分发平台之间的竞争现状，由此可知，目前安卓手机在下载第三方来源应用软件时，安卓手机系统会自动扫描检测软件并弹出安全提示，那么作出安全提示的依据为何？调查发现，出于系统安全的考虑，各个手机应用厂商均制定了针对自带应用商店内应用的审查标准，同时存在对第三方应用分发平台内应用的审查标准，审查标准中规定的审查项目有哪些、内外审查标准是否一致等内容将在后面展开分析。

三、手机安全提示的原因

手机厂商对第三方来源软件安装进行提示，既有技术方面的原因，也有更深层次的商业原因。

（一）技术层面的原因

如上文所述，在应用软件开发及使用的整个流程之中，涉及软件开发者、应用分发平台、终端手机厂商以及用户四个主体。软件开发者根据市场需求开发软件，上架至应用分发平台；用户从应用分发平台下载至手机，安装之后使用。按照预期，这一整个流程应当运作顺畅，软件开发者、应用分发平台和终端手机厂商合作促进此流程循环运转，既能提升各自产品或服务的综合质量，为用户提供更优服务，又能实现市场营收。但是由于中国和其他国家的国情不同，这一流程在国内和国外呈现出不同的状态。

1. 国外市场的状态：谷歌公司统一提供系统和应用分发平台

这一流程在包括美国、欧洲在内的国外市场上运转流畅，主要是基于谷歌公司在国外市场上的绝对优势甚至垄断地位。一方面，谷歌应用商店可以说是国外安卓手机应用分发市场上的唯一巨头，几乎所有应用软件都可以从谷歌应用商店下载安装。软件开发者开发应用软件之后，将其上架至谷歌应用商店，用户从谷歌应用商店下载安装其所需应用软件；另一方面，国外安卓手机均使用谷歌公司发布的安卓系统，系统设置具有稳定性、通用性甚至唯一性。谷歌应用商店作为具有绝对优势地位的应用分发平台，其审核标准和检测机制是统一的，所有在谷歌应用商店上架的应用软件都必须满足谷歌的开发者政策以及谷歌的安全审查机制，加之具有通用性的安卓系统，用户可以从统一应用分发平台——谷歌应用商店下载应用软件，所下载的应用软件均能在通用的安卓系统上运行。简言之，国外安卓手机市场上，应用分发平台几乎是唯一的，审查标准是相对统一的，手机系统也是相同的，难言其存在对第三方来源应用软件进行特殊提示的情形。

2. 国内市场的状态：手机系统和应用分发平台种类较多

与国外市场不同，我国国内应用分发市场的情况复杂得多。一方面，国内应用分发市场上的应用分发平台数量众多，目前有超过 40 家应用分发平台，除了各个手机厂商推出的应用分发平台（如华为应用市场、小米应用商店、VIVO 应用市场、OPPO 应用商店）之外，还有大家耳熟能详的百度、阿里、腾讯（BAT）旗下的百度手机助手、豌豆荚、腾讯应用宝，360 旗下的 360 手机助手等数量众多的应用分发平台。另一方面，国内智能手机品牌数量众多，每个品牌旗下的手机型号更是难以列举。以华为为例，华为官网在售的华为手机（不包括荣耀手机）就有 5 个系列之多，每一个系列项下又有多款手机型号❶，每一款手机的硬件配置不同，对应用软件的适配性要求也就不同。应用分发平台和手机品牌数量众多，加之各手机厂商均推出自己的应用商店，用户的选择更具多样性。此

---

❶ 仅华为系列就包括 Mate20、Mate20 pro、P20、Nova 系列，型号更丰富的荣耀尚未算入其中，资料来源：华为官网［EB/OL］．［2019 – 01 – 29］．https：//www.vmall.com/huawei.

外，国内安卓手机使用的系统并不相同，均以谷歌公司提供的原生安卓系统为基础进行二次开发，推出各自的新系统。例如，小米公司的 MIUI 系统、华为公司的 EMUI 系统、魅族公司的 Flyme OS 系统等，各系统之间存在差别。

3. 国内市场上系统和平台类型繁多带来的问题

多样性的选择会带来很多问题：目前国内尚无统一的应用软件审查和检测标准，各应用分发平台在无可供参考标准的情况下纷纷建立起自己的标准，导致应用分发市场上标准众多却不统一。因此，即使是同一个软件，也可能存在在 A 平台下载的版本和在 B 平台下载的版本用户体验相差甚远的情况。比如，A 平台审查更严格，不允许应用软件中带有广告之类的插件，B 平台则不禁止带有广告插件的软件。而国内智能手机系统如华为的 EMUI 系统、小米的 MI-UI 系统、魅族的 Flyme OS 系统虽然都是基于安卓系统设计的，但是各个系统之间确实存在一定区别，对应用软件的适配性和兼容性要求有所不同，第三方应用分发平台提供的应用软件未必能够适配所有机型、系统，以致影响手机系统的顺畅运行。应用软件与手机硬件和系统适配度越高、兼容性越好，其在手机上运行就越流畅，也越不会影响手机运行的其他功能，从而不会损害用户体验。

4. 手机厂商具备解决上述问题的优势

手机厂商推出的应用商店必然会考虑应用软件与其手机的适配度、兼容性方面的问题，在应用软件进入应用商店时要求软件开发者修改部分代码以最优匹配该品牌手机系统，同时在应用软件上架之前会通过技术检测和人工检测等环节，保证在应用商店内上架的适配性、兼容性和安全性。由于第三方应用分发平台不考虑具体手机的适配度和兼容性问题，加之第三方应用分发平台数量众多，各平台的应用软件质量参差不齐。据 2018 年 11 月 5 日工信部发布的 2018 年第三季度检测报告，其中发现问题的数百款应用软件名单显示，除小米应用商店存在 3 款问题软件之外，其他问题软件均出自第三方应用分发平台，可见相较于手机自带的应用商店而言，第三方应用分发平台的应用软件确实存在风险。❶ 用户作为应用软件的最终使用者，并不具备识别软件安全性的能力，出于对用户个人信息及财产安全的考量，手机厂商需要在下载安装环节对应用软件进行检测或者提醒用户真实的风险情况。此外，由于问题软件存在

---

❶ 工业和信息化部关于电信服务质量的通告（2018 年第 4 号）［EB/OL］．［2018 - 12 - 12］．ht-tp：//www. miit. gov. cn/n1146285/n1146352/n3054355/n3057709/n3057714/c6471570/content. html.

强行捆绑推广其他应用软件、恶意"吸费"、未经用户同意收集使用用户个人信息、弹出广告等问题，可能存在与手机系统不兼容的问题，使手机出现闪退、卡顿、黑屏等状况，不利于提升用户体验。出于维护手机性能和品牌声誉的考量，手机厂商也会选择提醒用户第三方来源的应用软件可能存在的风险。

（二）商业层面的原因

手机厂商对第三方来源的应用软件进行提示，一部分原因是出于用户利益、手机品牌声誉维护的需要，更重要的原因在于其背后的商业目的。

1. 手机硬件市场趋于饱和

随着智能手机的发展，智能手机市场逐渐趋于饱和。中国信息通信研究院消息显示，2018 年第三季度全球智能手机出货量较 2017 年下降 8%；❶ 2018 年 11 月，国内手机市场出货量 3537.0 万部，同比下降 18.2%，环比下降 8.2%；2018 年 1 ~ 11 月，国内手机市场出货量 3.79 亿部，同比下降 15.6%（出货量变化情况见图 1 - 1 - 9）。❷

图 1 - 1 - 9 2017 年 1 月至 2018 年 11 月国内手机出货量情况

据工信部发布的《2017 年通信业统计公报》显示，2017 年全国移动电话用户总数达 14.2 亿，移动用户普及率达 102.5 部/百人，全国已有 16 省市的移动电话普及率超过 100 部/百人，也就是说，全国大多数省市已经达到人手一部手机。❸

---

❶ 全球智能手机出货量第三季度再次下降，降低 8% 至 3.6 亿 [EB/OL]. [2018 - 12 - 12]. http://www.caict.ac.cn/email/hydt/201811/t20181105_188159.html.

❷ 2018 年 11 月国内手机市场运行分析报告 [EB/OL]. [2018 - 12 - 12]. http://www.caict.ac.cn/kxyj/qwfb/qwsj/201812/t20181210_190299.htm.

❸ 2017 年通信业统计公报 [EB/OL]. [2018 - 12 - 12]. http://www.miit.gov.cn/n1146290/n1146402/n1146455/c6048084/content.html.

2. 软件市场仍有较大竞争空间

硬件市场已经趋于饱和，软件市场却有极大的开发空间。最典型的例子就是软件营收在苹果公司总收入中所占比重。据其 2018 年第二季度财报显示，苹果公司 2018 年第二季度的服务收入为 91.9 亿美元，同比增长 31%。此前，服务类连续 11 个季度获得双位数同比增长，在苹果公司硬件销量下降的情况下，软件营收在总收入中占比越来越高。❶ 所以，苹果公司即使在手机出货量不足的情况下，软件收入依然让其他手机品牌望尘莫及。面对硬件市场饱和的困境，中国的手机厂商意识到必须寻找出路，学习苹果公司的模式，向软件市场进军。

手机应用分发市场上的竞争非常激烈。软件安装入口代表可变现的流量，在意识到应用软件价值之后，手机厂商和第三方应用分发平台都致力于争夺应用软件下载入口，抢占用户。

以华为手机为例，打开华为应用市场，首先看到的是与应用软件安装无关的广告界面，如图 1 - 1 - 10 所示。

在进入应用之后，默认进入"推荐"页面，推荐页面划分为广告、精品应用、精品游戏、大家都在用等板块（见图 1 - 1 - 11）。

图 1 - 1 - 10　华为应用市场打开　　图 1 - 1 - 11　华为应用市场界面
显示的广告界面

---

❶　苹果 2018 Q2 财报公布，iPhone 销量依旧坚挺 ［EB/OL］．［2018 - 12 - 12］．https：//baijia-hao. baidu. com/s？id = 1599329342597742652&wfr = spider&for = pc.

点开其中一个应用软件，显示该应用软件的安装次数、介绍（评论、推荐）（见图 1 - 1 - 12）。

在安装过程中，会再次弹出推荐应用界面（见图 1 - 1 - 13）。

图 1 - 1 - 12　华为应用市场　　　　图 1 - 1 - 13　华为应用市场应用
微博下载界面　　　　　　　　　　详情界面示例

应用分发平台的模式基本与华为应用市场类似，进入页面的广告、主页的应用推荐、下载过程中的应用推荐界面，广告位意味着广告费的收入，主要收入来自应用软件的分成。

但是当手机厂商与第三方应用分发平台提供的应用分发服务相似程度较高时，用户选择偏好和用户黏性并不确定，即无论是手机厂商还是第三方应用分发平台都无法保证用户完全忠于其应用分发平台。在此情形之下，手机厂商利用其在系统和硬件方面的优势地位，在手机出厂时关闭部分权限，限制甚至排除第三方应用分发平台提供应用分发服务。

国内市场上安卓手机应用分发情况十分复杂。上文提到，目前应用分发市场上存在三方阵营，即以 BAT 为代表的互联网企业推出的应用分发平台，以华为、小米等为代表的手机厂商推出的应用分发平台以及中国移动、中国电信、中国联通推出的应用分发平台，后者已经丧失市场竞争力，处于激烈竞争状态的基本上在前两类厂商之间。手机厂商进入应用分发市场的时间较其他互联网公司晚，且主要业务集中在手机硬件和系统开发部分，无论是专业性、技术储备，还是前期市场占有率都处于弱势地位，其想要在市场上占据一席之地，必然需要利用其上游产品控制者的优势地位获取竞争优势。

3. 手机厂商利用自身优势换取竞争优势

手机厂商作为硬件和系统的上游控制者，在产品环节即在手机上安装自带应用商店，并默认设置为不允许安装第三方来源的应用软件；在用户下载安装环节，通过风险提示、自带应用商店推荐等技术手段引导用户使用自带应用商店。前文已经提到，手机厂商的应用商店安全系数更高，且出厂即安装，用户在购买手机之后无论出于便利还是安全考虑，都会更倾向于选择手机自带应用商店下载软件。据企鹅智酷 2017 年的一项报告显示，高达 56.2% 的安卓用户更偏向于使用手机自带应用商店。❶ 可见手机厂商预装应用商店对用户偏好的促进效果十分明显，这一效应还将随着手机出货量和市场占有率的增长而越发明显。艾媒咨询调查报告显示，2017 年第三方应用分发平台的活跃用户规模仍在增长，但增长率已经趋于平缓，甚至出现下降情况（见图 1 - 1 - 14）。❷

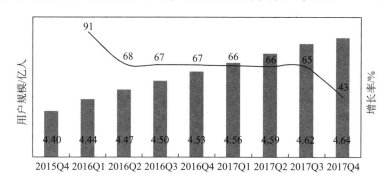

图 1 - 1 - 14　2015—2017 年中国第三方应用分发平台的活跃用户规模及增长率分布

第三方应用分发平台的市场占有率出现下降，从最初的 82% 下降至 59.7%，华为、小米等手机厂商则迎头赶上，达到 42.24%。❸

---

❶ 企鹅智酷：2017 年中国 Android 用户态度分析报告 ［EB/OL］. ［2018 - 12 - 12］. http：// www.199it.com/archives/563770.html.

❷ 艾媒报告：2017 - 2018 中国移动应用商店市场监测报告 ［EB/OL］. ［2018 - 12 - 12］. ht-tp：//www.iimedia.cn/60947.html.

❸ 速途研究院.2017 年移动应用商店市场研究报告 ［EB/OL］. ［2018 - 12 - 12］. http：// www.sootoo.com/content/674768.shtml.

在手机厂商的追赶之下，第三方应用商店面临着较大压力，手机厂商似乎想通过对第三方应用商店市场份额的挤压实现类似苹果公司的封闭服务，即手机厂商既作为硬件提供商，又作为软件提供商，用户从购买手机到应用软件下载，均在手机厂商的服务范围内进行，以期在开放的安卓系统上建立类似 iOS 系统的闭环应用分发服务，将第三方应用分发平台彻底淘汰出应用分发市场，由此维护应用分发生态环境。

第二节　应用软件安全审查标准

一、手机应用分发平台对平台内应用审查标准及分析

各应用分发平台对应用软件在其平台上架时需要考察的内容如表 1 - 2 - 1 所示。

表 1 - 2 - 1　各应用分发平台对应用软件在其平台上架时需要考察的内容

厂商	分发平台	考察内容
手机厂商 应用分发 平台	华为应用市场	（1）应用信息； （2）应用安全：病毒、恶意吸费、权限、隐私、屏蔽、强制启动、第三方 SDK； （3）应用功能：兼容性、恶意干扰或强制、ROOT； （4）应用内容； （5）应用内广告； （6）应用付费； （7）用户隐私； （8）开发者行为
	小米商店	（1）基本说明； （2）应用详情审核：应用名称、开发者名称、应用类别、资费方式、应用介绍和应用功能：无法正常运行或功能存在问题、描述和实际功能不符、申请危险权限或权限和功能不符、存在使用限制、存在恶意行为； （3）应用展示和广告：平台专有性、展示内容、展示的图片资源题、广告相关、用户使用体验；

厂商	分发平台	考察内容
手机厂商应用分发平台		（4）应用内容：暴力、色情、非法金钱交易、政治问题、用户使用感受、抽奖彩票相关、开发者行为不当； （5）损坏设备； （6）法律要求：违反法律法规、应用允许共享违法的文件或内容、侵犯版权、欺诈、隐私； （7）商务要求； （8）活动审核； （9）完美图标审核； （10）应用视频预览审核：内容、播放
	OPPO 应用商店	（1）基础信息：应用名称、应用简介、ICON、截图、基础信息修改、从业资质； （2）安装：能正常安装、启动、卸载； （3）基础功能：正常实现基础功能，如应用功能有问题，OPPO 有权在应用上添加必要的风险提醒； （4）登录注册正常； （5）不损坏系统/硬件； （6）应用安全：不含病毒木马、不获取与软件无关权限； （7）应用内容：内容单一、广告、应用捆绑、违反法律法规、应用重复不予收录，彩票夺宝竞拍、投资理财、婚恋交友、直播类、返利优惠券类、刷赞类、分享赚钱功能类有特殊要求； （8）支付：明码标价，不收录标价过高 App； （9）法律要求：法律法规、侵权/盗版、欺诈行为、隐私保护
	VIVO 应用商店	（1）基本说明； （2）应用详情审核：应用名称、开发者名称、应用类别、资费方式、应用介绍和新版本说明、图标/ICON、应用截图和闪屏启动页； （3）应用资质与版权：应用上架资质和版权、特殊类应用要求； （4）应用功能：安装/卸载应用需适配 VIVO 主流机型、账号相关、基本功能、性能相关、权限相关、应用安全、系统交互、使用限制； （5）应用内容：法律法规、应用内付费、应用内广告、应用内分发、捆绑下载、应用重复及内容单一、欺诈行为； （6）屏幕分辨率； （7）暂不收录应用； （8）开发者不当行为条款； （9）其他

厂商	分发平台	考察内容
第三方应用分发平台	豌豆荚	(1) 填写信息规范：不涉及抄袭或侵权、名称、分类、简介与版本描述、图标、截图； (2) 内容体验规范：功能规范、内容规范、规定不予收录的 App、广告规范、权限规范、恶意行为； (3) 提交限制：企业与个人应用提交限制； (4) App 版权类收录标准：除需具体阐释内的资质外，仍均需以下资质：《软件著作权文件》《ICP 证》（即增值电信业务经营许可证）、工信部网站 ICP 备案截图
	应用宝	(1) 基本信息：名称、截图、简介； (2) 内容：反政治或反科学、色情信息、赌博竞猜或抽奖、宗教信仰和民族、暴力血腥和人身攻击、特殊类别 App、法律要求、山寨或侵权； (3) 功能：App 功能、广告信息、推送消息、其他

（一）应用分发平台安全标准差异分析

本节选取了几款主流安卓手机的应用分发平台，查看各自公布的针对开发者应用软件的审查规范。从审查规范来看，各应用分发平台看似都建立了自己的"准入门槛"，但由于国内外还未制定统一的检测标准或行业标准，因此关于应用软件的检测标准高低不一。首先，各个手机厂商应用分发平台审查标准的相同之处在于其均会对软件兼容性、软件安全、基本功能运行正常、法律问题、获取权限等作出规制，但也存在审核规范上的差异，如对广告、应用内容的要求不同。就广告来说，虽然手机厂商都规定了应用软件不得以广告推广为单一功能，但具体要求仍然存在差别。例如，《华为应用市场审核指南》对广告推送、影响用户体验、与使用群体适应、广告内容、广告强制安装软件或捆绑下载、广告欺诈、含有恶意网址、诱导点击等作出规制；而《小米应用商店审核规范》对广告存在模仿系统通知或警告的行为、广告含有不良或违法信息作出规制，应用广告不得在应用已关闭或者退出至后台时依然存在或无法关闭；《华为应用市场审核指南》借鉴了《App Store 审核指南》，对儿童群体类应用软件作出特殊规制，但其他手机厂商应用商店还没有明确作出特殊的区分。其次，从表 1-2-1 也可以看出来，手机厂商自带应用分发平台的审查标准不同于互联网企业运营的应用分发平台审查标准。《华为应用市场审核指南》《小米应用商店审核规范》《OPPO 应用商店审核规范》《VIVO 应用商店审核规范》中均有要求应用软件必须具有设备兼容性，能够适配各自的移动终端；而互联网企业运营的应用分发平台不会提供移动终端硬件，因此不是为了特定的移动终端审查，其分发应用具有普适性即可。

（二）应用分发平台安全标准执行差异分析

首先，每个应用分发平台都公布了自己的安全标准，但是具体审核时是否严格按照各自制定的安全标准来执行并不可知。大多数应用商店都是通过"自动扫描 + 人工审核"机制来考察是否允许应用上架，自动扫描只能检测出代码中是否存在病毒插件等问题，无法扫描出恶意扣费、获取信息、权限管理、捆绑下载等内容，这些均需要人工审核来完成。面对市场上难以估量的应用软件，客观上确实存在审查困难，这就导致同一标准的执行情况可能不同。一方面，人工审核受主观判断因素影响较多，标准的执行也会存在差异性；另一方面，各个应用分发平台审查时间不一，审查的时间可以间接反映软件的审核严格程度，也反映出应用商店执行标准的差异。《中国青年报》2018 年 7 月31 日的报道显示，即使是苹果公司那么严格的审核制度，也出现了博彩 App 事件：由于 iOS 系统的封闭性，其系统上只有 App Store 这一唯一下载渠道，应用分发平台没有被"碎片化"，其一向被认为比安卓应用分发平台能够提供更安全的应用。但是由于审核的疏忽，即使《App Store 审核指南》第 5.3 条明确规定："赌博、游戏和彩票的管理难度大，是 App Store 上受到最多管制的 App 类别之一。只有全面核实了即将发布您的 App 的所有国家/地区的相关法律要求后，才能包含此功能，并且要做好准备此功能的审核流程需要更长的时间。"一款"乔装"之后的博彩应用软件仍然出现在 App Store 中。哪怕被认为安全的 App Store 也会出现审查上的疏漏，可想而知，安卓应用分发平台在安全标准的执行上必然也存在诸多问题和隐患，难以严格执行安全标准，真正的"安全应用商店"只有少数。❶

其次，上架在不同应用分发平台上的同一款应用的底层代码也会存在差异，虽然用户从界面、功能等直观体验上看不出区别，但是由于不同应用分发

---

❶　2017 年 3 月 28 日，工信部发布了国内首批"可信应用商店"名单，在经过严格的材料审查、技术测试和专家评审后，只有 6 家应用商店服务产品被评为可信应用商店：应用宝、360 手机助手、豌豆荚、华为应用市场、天翼空间和 MM 应用商店，因此大多数 Android 应用分发平台可能存在安全风险。

平台的审查标准不同，应用开发者可能会根据具体审查标准的要求作出适当的修改，而且第三方应用分发平台甚至可能存在反向编译的应用软件。分别以一部安卓手机和苹果手机作为观察对象，两部手机分别从华为应用市场和 App Store 下载应用软件"手机百度"，但应用软件获取用户权限不同。如图 1－2－1所示，通过华为应用商店下载的手机百度可获取的权限有"电话""通讯录"以及"短信"，但通过 App Store 下载的应用软件则没有这些权限。《华为应用市场审核指南》第2.3条明确指出：应用不得获取无关的权限，禁止威胁用户信息安全，"电话""通讯录"以及"短信"应当是与基本功能无关的权限。

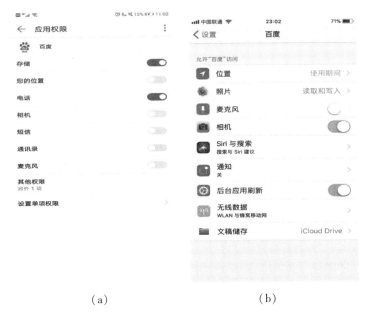

（a）　　　　　　　　　（b）

图 1－2－1　手机百度权限获取对比

因此，在鱼龙混杂的应用市场环境之下，手机厂商有必要对未知来源应用软件进行"安全审查"。

二、手机厂商对第三方来源应用软件审查标准及分析

只有使用安卓系统的手机才存在第三方应用分发平台，可以通过多种渠道下载手机应用软件。若安卓手机用户从手机厂商自带的应用商店以外的第三方应用分发平台下载应用软件，会弹出"安全提示"。某手机制造商法务部工作

人员指出，他们每年都会收到很多"无辜"的投诉，手机用户发现手机允许故障，而检测发现故障的原因是用户下载了第三方来源下载安装应用软件导致系统被破坏。用户并不知晓背后的技术原因，只会归责于手机品牌自身。各应用分发平台上的应用软件鱼龙混杂、良莠不齐，难免存在恶意软件甚至病毒软件，下载安装之后损害手机的正常运行或者危机用户个人信息及财产安全。加之互联网公司运营的应用分发平台并不考虑具体终端设备的兼容性，从其来源下载的应用软件可能存在不适配的问题，影响手机运行。因此，为了保护手机用户的权益，维系手机系统的安全性和稳定性，当手机用户从第三方应用分发平台下载安装应用软件时，手机系统应对该软件进行扫描，并弹出相应的提示框。

以华为手机为例，其制定公布了一份《华为终端质量检测和安全审查标准》，当手机用户从华为应用商店以外的应用分发平台下载手机软件时，华为会对该软件进行检测，在用户下载安装的过程中会根据检测的情况——通过或者未通过《华为终端质量检测和安全审查标准》而作出不同的提示，若通过检测，则应用软件可以正常安装；若未通过检测，则会弹出"安全提示"建议用户谨慎安装。《华为终端质量检测和安全审查标准》主要从以下几个方面作出规定：兼容性要求、性能要求、功耗要求、安全要求、稳定性要求。目前正常情况下载安装一款手机应用 App 只需要十几秒的时间，但移动终端是在十几秒的时间内判断应用软件是否满足兼容性、性能、功耗要求，事实上是不太可能的，兼容性、性能、功耗等要求只可能是通过后台审核才能得出是否安全的结论。在下载安装的短时间内，只可能是通过硬件的扫描系统进行一个最基础的扫描，通过每个应用软件的 MD5 值来判断该应用软件是否属于未知来源软件。❶ 已经被检测过的应用软件的 MD5 值会被保留在手机检测系统中，这样一来，已经经过检测的应用软件处于手机制造商建立的应用软件"安全

---

❶　MD5（Message – Digest Algorithm 5，消息摘要算法），是一种被广泛使用的密码散列函数，可以产生一个 128 位（16 字节）的散列值（hash value），用于确保信息传输完整一致。因此，MD5 值首要的作用就是辨别身份，相当于大数据时代一份文档的身份证，每一份文档都有自己独特的代表身份的数字串。MD5 值的另外一个作用即验证身份作用，每一份文档的 MD5 值都是不一样的，任何人对文档作修改，MD5 值都会发生极大的变化，因此只需要将 MD5 值与原文档的 MD5 值作对比，即可判断文档是否被篡改过。MD5 被广泛运用于计算机安全领域，具有以下特点：第一，具有压缩性，其可以把一个任意长度的字节串换算成十六进制数字串；第二，容易计算，从原始文档或者代码计算出一个 MD5 值很容易；第三，具有抗修改性，原有的数据发生任何变动，MD5 值就会发生很大的变动。参见 https：//zh. wikipedia. org/wiki/MD5，最后访问时间：2018 年 12 月 13 日。

区", 其他未经过检测的应用软件的 MD5 值在 "安全区" 之外, 风险未知。

第三节　手机系统 "安全提示" 行为合理性分析

从现有样本来看, 用户在安装第三方应用分发平台来源软件时, 手机系统仍然会对用户的安装行为进行提示, 提示内容主要涉及该应用软件的来源和风险未知, 推荐使用手机自带应用商店以及手机默认不允许安装第三方来源软件等。手机系统的提示是否合理需要进一步分析。

手机系统在用户安装第三方来源软件时进行风险提示被指控不正当竞争, 比如, 360 与小米不正当竞争纠纷❶、安智市场与华为不正当竞争纠纷❷等, 尤其在腾讯诉 OPPO 不正当竞争案中❸, 法院对 OPPO 干扰、阻碍用户正常下载腾讯旗下腾讯手机管家, 并导流到 OPPO 应用商店的行为作出了诉前裁定。

可见手机系统对第三方来源软件进行 "安全提示"、引导用户流向其自带应用商店确实存在是否构成不正当竞争的争议。手机厂商的这一行为在《反不正当竞争法》上应当如何定性, 需结合具体行为进行分析。

上文已经提到, 在笔者进行调查的手机样本中❹, 手机系统会在下载、安装第三方来源软件界面进行的提示包括风险未知自担责任、默认设置为禁止安装、推荐自带应用商店等。2018 年 1 月 1 日起施行的《反不正当竞争法》第二章规定了七种不正当竞争行为, 其中可能与手机厂商的 "安全提示" 相关的条款包括第 11 条商业诋毁条款和第 12 条互联网条款。

一、商业诋毁条款

(一) 诋毁条款的适用现状

2019 年修正的《反不正当竞争法》第 11 条规定, 经营者不得编造、传播

---

❶　小米 360 互诉不正当竞争, 索赔金额都是 2000 万元 [EB/OL]. [2018 - 12 - 13]. http://www.xinhuanet.com//tech/2016 - 03/17/c_128806019.htm.

❷　华为公司被诉不正当竞争, "安智市场" 索赔 50 万 [EB/OL]. [2018 - 12 - 13]. http://bjhdfy.chinacourt.org/public/detail.php? id = 4450.

❸　腾讯状告 OPPO 不正当竞争索赔 8000 万, 法院这样判 [EB/OL]. [2018 - 12 - 13]. https://baijiahao.baidu.com/s? id = 1569828503969316&wfr = spider&for = pc.

❹　笔者调查的手机品牌包括华为、小米、OPPO、VIVO、魅族、锤子、三星。

虚假信息或者误导性信息，损害竞争对手的商业信誉、商品声誉。此条即为商业诋毁条款。❶ 关于如何认定商业诋毁行为，学理上及立法上均有较多经验。

1. 学理上的要件说

学者们多从要件出来进行论述，包括主体要件、主观要件、客体要件和客观要件等。例如，王瑞贺在其《中华人民共和国反不正当竞争法解读》一书中列出四个判断条件：其一，商业诋毁行为的主体为经营者；其二，商业诋毁的对象是竞争对手；其三，商业诋毁的行为表现是编造、传播虚假信息或者误导性信息；其四，商业诋毁的后果是损害竞争对手的商业信誉、商品声誉。❷ 程永顺先生认为，作为反不正当竞争法范畴之内的商业诋毁，其从学理上认为有三个基本的法律特征：其一，行为人必须是经营者；其二，必须系市场行为；其三，行为必须有故意性且要通过证据证明，或通过证据推断出相关行为是有意甚至是有特定对象的采用了捏造、散布虚假事实的手段。❸ 王禹认为，在界定商业诋毁行为时应当包括四个方面：第一，行为主体必须是经营者；第二，其行为的主观方面为故意，而不是过失；第三，其侵害客体包括直接的侵害客体——特定竞争对手的商誉、不特定的竞争对手即某个行业整体的信誉和间接侵害客体公共利益即作为特殊公共产品的市场秩序；第四，其行为的客观方面表现为捏造、散布虚假事实或其他违背公序良俗的不正当不合理的方式对特定或不特定的竞争对手进行诋毁、贬低，给其造成一定损害后果或使损害结果成为潜在的可能。❹

概言之，商业诋毁的构成要件至少包括主体经营者，客体商誉，以及故意的主观心态❺和编造、传播欺骗性信息的客观行为四个要件，损害后果则表现

---

❶ 与修订前的《反不正当竞争法》相比，2019 年《反不正当竞争法》规定的商业诋毁条款最显著的变动在于将原来的"捏造、散布虚伪事实"修改为"编造、传播虚假信息或者误导性信息"，将编造、传播误导性的真实信息纳入商业诋毁的范围内，但此前《反不正当竞争法释义》已经对信息的范围进行解释，既包括虚假、不实之情，也包括对真实情况的歪曲，司法实践中也按照该释义的解释进行裁判，参见（2001）渝高法民终字第 168 号、（2005）赣民终三字第 20 号民事判决书等裁判文书。因此 2019 年《反不正当竞争法》的修改是对司法实践中此观点的一种重申，具有较高的宣示价值，也便于法院在此类案件中适用法律。

❷ 王瑞贺. 中华人民共和国反不正当竞争法解读［M］. 北京：中国法制出版社，2017：49 – 51.

❸ 孙莉. 老概念新思考：知识产权专家纵论商业诋毁构成要素［J］. 中国发明与专利，2010：13.

❹ 王禹. 商业诋毁行为的法律思考［J］. 科技与法律，2004：81.

❺ 也有观点认为，商业诋毁的主观心态不应当仅限于故意。例如，伍春辉指出，故意或者过失均可以构成商业诋毁的主观基础；谢晓尧认为，不应当以故意为构成要件，只要诋毁人未能尽到相应的注意义务即可。由于篇幅有限，商业诋毁行为的主观心态究竟为何，本文不展开讨论。

为已经造成一定损害或者存在造成损害的潜在可能性。

2. 立法上的界定

我国 2019 年《反不正当竞争法》第 11 条是商业诋毁条款，其规定经营者不得编造、传播虚假信息或者误导性信息，损害竞争对手的商业信誉、商品声誉。相比修订之前的商业诋毁条款❶，其将"虚伪事实"修改为"虚假信息或者误导性信息"，从立法上"明确了商业诋毁'欺骗性信息行为'的属性，增加了诋毁行为的种类"❷。

作为我国《反不正当竞争法》的法律渊源，《保护工业产权巴黎公约》（以下简称《巴黎公约》）对商业诋毁作了明确规定，第 10 条之二将商业诋毁的内容界定为竞争对手营业所、商品或者工商业活动，对商业诋毁行为的规定是："在交易中损害竞争者的营业所、商品或工商业活动的信誉的虚假陈述（false allegations）。"❸《反不正当竞争示范规定》（以下简称《示范规定》）沿用《巴黎公约》对不正当竞争行为的规定，其第 3 条规定了商业诋毁行为："在工商业活动中，任何虚假或不当说法，损害或者可能损害其他企业的商誉或名声的行为或做法，无论此种行为或做法是否造成混淆，均应构成不正当竞争行为。"

与我国《反不正当竞争法》相比，《巴黎公约》将竞争者的营业所、商品或工商业活动的信誉规定为商业诋毁行为侵害的客体，这就包括企业的社会形象、企业文化等内容，较我国《反不正当竞争法》规定的客体范围更广；《示范规定》更未限制商业诋毁行为的主体和行为方式，从商业诋毁行为的本质特征——损害其他企业的商誉或名声——出发确定何为商业诋毁行为。

3. 司法实践中的适用

在不正当竞争纠纷案件中，法院认定被诉行为是否构成商业诋毁时往往结合多种因素进行考量，而不仅局限于上文中提到的要件说和具体的法律条文。商业诋毁行为的本质乃是第三人不合理地贬损特定主体的商誉。在"3Q 大战"案件中❹，二审法院指出，经营者可以对他人的产品、服务或者其他经营

---

❶ 1993 年《反不正当竞争法》第 14 条：经营者不得捏造、散布虚伪事实，损害竞争对手的商业信誉、商品声誉。

❷ 宁立志. 反不正当竞争法修订的得与失 [J]. 法商研究，2018：126.

❸ 孔祥俊. 反不正当竞争法原理 [M]. 北京：知识产权出版社，2005：325.

❹ 参见最高人民法院（2013）民三终字第 5 号民事判决书。

活动进行评论或者批评，这属于商业言论自由的范畴。但是，言论自由需要在一定的界限内才能受到保护。因此，"对他人的产品、服务或者其他经营活动进行评论或者批评必须有正当目的，必须客观、真实、公允和中立，不能误导公众和损人商誉。经营者为竞争目的对他人进行商业评论或者批评，尤其要善尽谨慎注意义务"。扣扣保镖在无事实依据的情况下宣称 QQ 软件会对用户电脑硬盘隐私文件强制性查看、QQ 存在严重的健康问题，造成用户对 QQ 软件及其服务的恐慌及负面评价，使相关消费者对 QQ 软件的安全性产生怀疑，影响消费者的判断，并容易导致相关用户弃用 QQ 软件及其服务或者选用扣扣保镖保护其 QQ 软件。这种评论已超出正当商业评价、评论的范畴，突破了法律界限。据此，一审法院认定其行为构成商业诋毁并无不当。同样，在搜狗公司诉奇虎科技公司不正当纠纷案中❶，二审法院认为："经营者在经营活动中，享有正当的商业言论自由，但其言论不应超出合理界限，更不应通过捏造、散布虚伪事实的方式，损害竞争对手的商业信誉、商品声誉……如果经营者不能举证证明其损害竞争对手商业信誉、商品声誉的相关言论，有确切的事实依据，则应当认定其实施商业诋毁行为。"一方面，360 安全卫士在用户修改默认浏览器时，对搜狗浏览器作出有别于 IE 浏览器和 360 浏览器的提示方式，在客观上使用户对搜狗浏览器产生怀疑和担忧，使搜狗浏览器处于不利的竞争地位；另一方面，360 安全卫士新浪官方微博在无事实依据的情况下，发表"搜狗输入法在用户不知情的情况下，强行捆绑下载其浏览器以及篡改用户默认设置"等言论，却并未提供证据证明此言论的真实性，损害了搜狗公司的商业信誉和商品声誉，构成商业诋毁。

上述两个案件至少能够表明，从司法实践的角度分析被诉行为是否构成商业诋毁时，承认经营者享有对他人的产品、服务或者其他经营活动进行评论或者批评的言论自由是前提，核心在于经营者对他人的产品、服务或者其他经营活动进行评论或者批评的方式和程度是否合理。

概而言之，商业诋毁条款在经过学理上对构成要件的研究以及法律条文对商业诋毁行为更为详细的规定之后，其本质特征愈发明晰，这为法院处理相关不正当纠纷案件提供了基础。法院对如何适用商业诋毁条款也有更多的认识和经验。

---

❶　参见北京市高级人民法院（2015）高民（知）终字第 1071 号民事判决书。

（二）商业诋毁条款能否适用于手机系统的安全提示

如前文所述，当用户安装第三方来源的应用软件时，手机系统在用户下载、安装时进行安全提示。如前文提到的华为手机，在用户安装第三方来源软件时会告知用户风险和责任，并由用户选择是否允许安装，用户还可以选择"不再提示"按钮，在以后安装第三方来源应用软件时不会接收到此类风险提示。

手机系统进行相关安全提示引发了诸多上文提到的类似腾讯与 OPPO 之间的纠纷，作为第三方应用分发平台，互联网企业认为，手机系统的安全提示有恶意提示之嫌，与客观事实不符，导致用户对其平台的评价和安全感降低，从而丢失用户。而手机厂商则认为，其提示有合理的权利基础，不涉及商业诋毁。正如周樨平所言，"竞争行为的认定是目的、手段、后果综合衡量的过程"❶，手机系统的安全提示行为是否合理，即其是否构成商业诋毁，需要结合安全提示的目的、手段及后果分析提示的方式和程度是否为"实现其目的所必需"。

1. 依安全提示目的分析

竞争是市场的常态，即使正当的竞争也难免阻碍或者损害竞争对手的利益。正当的竞争和不正当的竞争之间的根本区别在于：正当的竞争通过提升自身商品或服务质量水平的方式促进业绩；不正当的竞争则采取阻碍竞争对手的方式促进己方的业绩增长。因此，若安全提示行为具有阻碍竞争的目的，可直接认定该行为不具有正当性。

本书所讨论情形中，从正面来看，手机系统对第三方来源软件进行安全提示的目的有两个：一为向手机用户告知风险，由用户决定是否承担风险及责任；二为减少风险软件、恶意软件的安装概率，保护手机不受此类软件的影响，保障系统、功能的顺畅运行，提升用户体验和用户评价。从反面来看，手机系统对第三方来源软件进行风险提示不具有针对性，即手机系统对所有第三方来源软件一视同仁地进行安全提示，不存在仅针对某一个平台的应用软件进行安全提示的情形。有针对性的提示往往暗含阻碍竞争的目的，如扣扣保镖专门针对 QQ 的提示、360 安全卫士仅针对百度浏览器的搜索结果进行插标，均

---

❶ 周樨平．竞争法视野中互联网不当干扰行为的判断标准——兼评"非公益必要不干扰原则"[J]．法学，2015（5）：104．

在技术创新的借口之下夹带阻碍竞争的不法目的。手机系统对第三方来源软件不带歧视地进行安全提示，符合技术中立的原则，难言其具有阻碍竞争的目的。

2. 依提示方式分析

在难以确定手机系统的安全提示行为具有阻碍竞争目的的情况下，需要对安全提示的方式进行分析。

手机系统的安全提示目的之一在于告知用户风险和责任，安全提示有其存在的必要性，正如法院在搜狗公司诉奇虎公司❶案中所言："即使未对计算机的安全使用产生根本影响，对于出现影响计算机软件默认设置等重要事项的情形，从保护用户知情权和选择权的角度出发，安全软件进行合理的提示和必要的干预也是符合安全软件自身性质的正当行为，应当将此种行为认定为安全软件正常功能的发挥。"但是该提示应当以实现其目的为限度，不应当不合理地损害其他经营者的合法利益。在上述案件中，对于弹框提示一"360 木马防火墙提醒您－风险"这一用语，法院认为其必然使网络用户在一定程度上对于搜狗浏览器软件产生负面评价和安全方面的怀疑，其虽未直接阻止用户安装搜狗浏览器，但客观上诱导网络用户放弃使用搜狗浏览器或放弃将其设为默认浏览器；对于弹框提示二"360 提醒您"，法院则认为并未明显超出客观中立范围。

参考《互联网终端软件服务行业自律公约》的规定，在手机安装软件环节，终端软件或者系统发现运行障碍时可以提示用户，但是不得代替用户作出选择，用户选择忽略提示而选择进一步操作的，应当尊重用户的选择。❷ 终端软件安装提示信息清晰完整，包括终端软件功能、附加的终端软件清单、对用户系统的所有潜在操作和影响、需要收集和回传的所有用户信息等。❸

手机系统对第三方来源软件进行安全提示也应当遵循上述原理，告知用户是否存在风险、存在何种风险、以何种标准判断存在风险等内容，并由用户选择是否承担风险，在充分尊重用户知情权和选择权的情况下进行合理提示。在确定不存在风险的情况下，仍以华为手机为例，其直接在安装界面告知用户该第三方来源软件通过华为应用市场安全检查，不存在风险，消除了用户在安装

---

❶ 参见北京市第二中级人民法院（2013）二中民初字第 15709 号民事判决书。
❷ 《互联网终端软件服务行业自律公约》第 9 条第 4 款。
❸ 《互联网终端软件服务行业自律公约》第 15 条第 1 款。

时的恐慌和怀疑心理，加之华为应用市场安全检查标准为华为公开发布的标准，且仍然在安装界面为用户提供继续安装和取消安装的选择，充分尊重用户的知情权和选择权，难言此类提示用语不合理。

在风险不明的情况下，以华为手机的安全提示用语前后变化为例，在对应用软件来源进行风险提示时，华为手机早期的安全提示用语为"该应用来自非官方渠道，可能存在安全风险"，目前的安全提示用语为"该应用安装来源未告知应用是否符合《华为终端质量检测和安全审查标准》，如果选择继续安装表示您同意承担由此带来的风险"。显然，"非官方渠道"的表述与"来源未告知应用是否符合《华为终端质量检测和安全审查标准》"相比，其误导用户认为第三方来源软件属于非安全软件的可能性更高，对非专业领域的普通用户而言更容易引起恐慌，降低对第三方来源软件的安全感。因此，华为手机早期的提示用语离合理的标准更远，而目前的安全提示用语更接近合理的标准。此外，将不同手机的安全提示语进行比较也能发现区别。以华为手机和锤子手机为例，锤子手机的安全提示语为"警告：因为安卓系统毫无节制的开发特性，很多来路不明的应用程序都有可能获取你的隐私信息，甚至造成手机损坏或数据丢失"，其将第三方来源软件描述为来路不明的软件，且以"警告"这种敏感词汇进行安全提示，引起用户恐慌的程度远高于华为。因此，华为手机的安全提示用语更接近合理的标准，而锤子手机的安全提示用语则更接近甚至属于商业诋毁的范畴。

概言之，安全提示用语越客观中立、接近事实，就越处于合理的界限范围之内，如前述的"通过华为应用市场安全检查"；反之，如"很多来路不明的应用程序都有可能获取你的隐私信息"，可能构成商业诋毁。

3. 依利益衡量分析

正如德国著名民法学家及法哲学家卡尔·拉伦茨所言，法益衡量的原则首先取决于依基本法的价值秩序，也即在相互冲突的法益中，如果有一种法益较他种法益具有明显的价值优越性，那么就应该保护这种法益。如果涉及位阶相同的权利，无从作抽象之比较，则法益衡量一方面取决于应受保护的法益被影响的程度，另一方面取决于某种需要让步的利益的受害程度如何。❶ 卡尔·拉伦茨进一步指出，在相互冲突的利益中，即便某种利益必须让步，但是也必须

---

❶ ［德］卡尔·拉伦茨. 法学方法论［M］. 陈爱娥，译. 北京：商务印书馆，2003：98.

采用损害最小的手段，不得给对方造成过度的损害。在百度诉奇虎公司案中❶，360 安全卫士采取在搜索结果界面插标的方式虽然能够起到预防风险和危险的作用，但是尚存在更多损害更小的方法，奇虎公司选择插标这一方法对百度浏览器的损害极大，不合理地扩大了百度公司的损失。搜狗公司诉奇虎公司案❷也存在类似的情况。

手机系统的安全提示行为涉及的利益包括消费者的财产权益、个人隐私保护，消费者的知情权和选择权，手机厂商的利益和第三方应用分发平台的利益。上文中提到，应用软件市场上确实存在恶意软件、风险软件，安装此类软件于用户而言可能造成极大的损失，手机系统对第三方来源软件进行安全提示能够告知用户风险，由用户决定承担风险或者放弃使用相关软件以避免风险，甚至用户可以选择不接受手机系统的安全提示。在此过程中，部分第三方来源软件会受风险提示影响丧失用户，使第三方应用分发平台利益受损，但此为保护用户利益所必需之手段，第三方应用分发平台可能丧失的用户数量需让步于广大的用户利益。但是手机厂商应当选择损害最小的方式进行安全提示，防止对第三方应用分发平台造成过度不良影响。例如，OPPO 手机早期的提示方式：用户通过第三方应用分发平台下载安装软件时出现强制用户注册 OPPO 账号、输入密码验证身份等反复弹窗提示；在对下载软件扫描时及扫描完成未发现风险后，仍以"建议去 OPPO 软件商店可快速安全安装应用""系统软件商店有经过人工亲测的版本"等提示用语。《互联网终端软件服务行业自律公约》规定，不得以输入验证码或者多次确认等方式故意加大终端软件卸载难度。❸ 可见，行业内的各企业确认输入验证码、反复提示等方式有阻碍用户行使选择权之嫌，在已经确认安全性之后仍提示其自带软件商店的软件更安全，显然在经过 OPPO 系统的安全扫描之后，OPPO 已经确认该软件不存在风险，仍然进行上述提示并无必要，反而暗示用户第三方来源软件具有风险，会导致普通用户误认为该软件存在风险，使用户对第三方应用分发平台的软件存在恐慌或者怀疑心理，甚至放弃使用第三方来源软件。该行为已经明显超过必要限度，给第三方应用分发平台造成不合理的损害。法院也认为该行为系不当之

---

❶ 参见最高人民法院（2014）民申字第 873 号民事裁定书。
❷ 参见北京市第二中级人民法院（2013）二中民初字第 15709 号民事判决书。
❸《互联网终端软件服务行业自律公约》第 9 条第 5 款。

举，在腾讯公司向 OPPO 公司起诉之后，向 OPPO 公司发出了诉前禁令。❶ 在 OPPO 手机最新的操作界面进行同样的操作时已经不存在输入验证码、反复提示等弹窗，但是在风险扫描之后，安装界面仍然提示用户 OPPO 软件商店有经过"人工亲测"的版本，并以高亮的方式向用户推荐 OPPO 软件商店安装，其用户虽较之前相比暗示意味较低，但是与华为在检测确认无风险之后的提示相比仍有不必要之处，即华为手机在经过安全检查确认无风险之后直接由用户选择是否安装而不进行其他过度提示的方式是合理适当的，而 OPPO 手机仍然进行上述提示和推荐的方式难言正当。

总之，在第三方应用分发平台利益让步于用户利益的情况下，手机系统进行安全提示应当注意限度，能够确定存在风险时提示风险，不能确定是否存在风险时提醒用户注意风险，能够确定不存在风险时告知用户安全。同类终端软件拥有平等的被选择权和市场推广权，在向用户推荐自带应用商店时应当一视同仁，以高亮等突出方式向用户推荐则有不当之嫌。

（三）小结

结合商业诋毁条款在司法实践中的适用经验，手机系统的安全提示行为在用语、推荐方式等方面存在不当诋毁第三方应用分发平台的可能性，其用语是否符合客观事实、描述是否中立、推荐方式是否符合平等原则需要结合具体情况进行分析。但是也正如上文提到的，在现有的安全提示方式中，诸如华为、小米的提示方式是合理且适当的，可以作为商业诋毁的正面参考依据，而诸如 OPPO、锤子的安全提示方式则明显存在较大的不合理甚至诋毁嫌疑，可以作为商业诋毁的反面参考依据。至于司法实践中如何认定或者各手机厂商如何改进安全提示方式，仍有待各领域共同探索。

二、互联网条款

为了规范互联网领域的不正当竞争现象，2019 年《反不正当竞争法》第 12 条明确规定了互联网领域的 3 种不正当竞争行为，包括流量劫持，修改、关闭或卸载他人产品或服务，恶意不兼容，并以抽象条款——"其他妨碍、破坏其他经营者合法提供的网络产品或者服务正常运行的行为"进行兜底，

---

❶ 腾讯状告 OPPO 不正当竞争索赔 8000 万，法院这样判 [EB/OL]. [2019 – 01 – 31]. http：// finance. ce. cn/rolling/201807/17/t20180717_29776236. shtml.

弥补列举类型的不足。❶ 流量是互联网企业的命脉，互联网企业的核心竞争诉求乃是流量的争夺。❷ 互联网企业用技术渠道优势、功能权限优势、用户入口优势等对生态链上下游企业产品进行妨碍破坏的最终目的在于争夺用户与流量资源。从这个角度来看，互联网条款的根本目的在于制止互联网企业不合理利用自身优势争夺或者劫持流量。手机系统对第三方来源软件进行安全提示是否能够适应互联网条款，需要分析此类安全提示是否不合理地劫持其他互联网企业的流量。

（一）与商业诋毁条款相结合适用

在前文提到的"3Q 大战"❸ 中，法院在判决书中指出，扣扣保镖以保护用户利益为名，诋毁原告 QQ 软件的性能，其主要目的是将自己的产品和服务嵌入 QQ 软件界面，依附 QQ 庞大的用户资源推销自己的产品，拓展 360 软件及服务的用户，增加自己的交易机会。同样的情况还出现在"搜狗诉 360 流量劫持""百度诉 360 插标"案件中。在流量劫持的场合，商业诋毁通常是诱导用户选择其平台的手段，即通过使用户对竞争对手的产品或服务的质量、安全性产生怀疑，诱导消费者放弃竞争对手的产品或服务，从而达到推销自己产品或服务的目的。

手机系统的安全提示行为也可适用该逻辑进行分析。在上述华为手机、OPPO 手机早期的安全提示用语中使用误导用户的词汇，并且在进行误导性的提示之后以突出方式向用户推荐其自带的应用商店，存在流量劫持之嫌。在此情形下，可以结合商业诋毁条款一并适用互联网条款。

（二）单独适用互联网条款

在手机系统的提示用语构成商业诋毁的情况下，容易证明其后的提示行为

---

❶ 2019 年《中华人民共和国反不正当竞争法》第 12 条

经营者利用网络从事生产经营活动，应当遵守本法的各项规定。

经营者不得利用技术手段，通过影响用户选择或者其他方式，实施下列妨碍、破坏其他经营者合法提供的网络产品或者服务正常运行的行为：

（一）未经其他经营者同意，在其合法提供的网络产品或者服务中，插入链接、强制进行目标跳转；

（二）误导、欺骗、强迫用户修改、关闭、卸载其他经营者合法提供的网络产品或者服务；

（三）恶意对其他经营者合法提供的网络产品或者服务实施不兼容；

（四）其他妨碍、破坏其他经营者合法提供的网络产品或者服务正常运行的行为。

❷ 田小军，朱英．新修订《反不正当竞争法》"互联网专条"评述 [J]. 电子知识产权, 2018 (1).

❸ 参见最高人民法院（2013）民三终字第 5 号民事判决书。

具有流量劫持的不法目的。但是在手机提示用语合理且适当的情形下，能否认定手机系统的安全提示行为不合理仍需要进一步分析。

1. 是否出于保护用户利益

在手机系统进行安全提示的情形之下，用户利益主要体现在知情权和选择权两个方面。于知情权而言，手机系统应当真实、客观地告知用户第三方来源软件是否存在风险、以何种标准认定风险、风险将造成何种后果；于选择权而言，手机系统应当让用户选择是否接收风险提示、是否安装、选择何种渠道安装，并在用户作出选择之后不再进行反复提示。此外，手机系统的提示方式和相应的权限设置（例如，修改默认不允许安装第三方来源软件设置、不再接收风险提示等）应当以与风险提示同样便利的方式对用户进行指引，即不得为上述权限的修改设置明显复杂的步骤和方式。

在小米手机的安全提示方式中，其默认设置为不允许安装第三方来源软件，在用户安装时在安装界面为用户提供修改设置选项，虽然代替用户将默认设置设置为"不允许"，但是仍然尊重用户自主选择修改设置并提供较为便利的修改指导，未侵犯用户知情权和选择权。同样，在魅族手机的安装界面中，魅族手机为用户提供"仅此一次"和"始终允许"两个选项，用户可以根据需求简单选择自己的设置偏好。而在锤子手机的安装界面，锤子手机在用户忽略"警告"选择继续安装之后，再次弹出"再次警告"框且提示内容与"警告"并无区别，阻碍用户行使选择权。

2. 是否考虑权限和义务问题

手机厂商作为硬件和系统的上游控制者，在功能系统、用户入口方面存在天然优势。同时，其也是应用分发平台的竞争者之一，向用户推荐其应用商店是手机厂商的应有权限。同类终端软件拥有平等的被选择权和市场推广权，即使是在第三方来源软件安装界面，手机厂商也可以向用户展示其下载安装渠道，由用户进行自主选择。在此情形之下，手机厂商的应用商店与第三方应用分发平台处于平等的地位，手机厂商作为上游控制者，应当平等对待所有应用分发平台，如华为手机在推荐界面使用同样颜色、大小的字体显示两个安装入口，而非像 OPPO 手机使用高亮方式推荐其应用商店。

在单独适用互联网条款的情形之下，用户利益是分析手机系统安全提示的关键要素。另外，需要结合具体的安全提示行为，分析其是否存在不当流量争夺的嫌疑。

概言之，在讨论手机系统的安全提示行为是否能够适应互联网条款时，可以结合对该行为的性质认定进行分析：在构成商业诋毁的情况下，着重分析提示行为的后果；在不存在商业诋毁行为的情况下，着重分析安全提示的手段和方式。

第四节　相关建议

中国应用分发市场存在区别于国外应用分发市场的复杂情况，应用软件审查和检测标准不统一，应用分发平台众多。在此背景之下，需要采取一定的措施引导应用分发市场朝着更加规范的方向发展。结合前文的分析，笔者拟提出以下几点建议。

一、统一应用软件上架审查和检测标准

首先需要解决的问题是应用软件上架审查和检测标准的统一。在有关行政部门主导、业内专业人员参与的情况下，制定强制性的应用软件上架审查和检测标准，并设立专门的审查和检测平台，对应用软件上架进行审查和检测。该标准应当包括禁止捆绑下载、强制安装、广告弹窗、恶意吸费、未经用户同意收取用户个人信息等基本要求，每一款上架的应用软件都必须符合标准规定的基本要求。各应用分发平台可以制定高于统一标准的审查和检测标准，但是对于满足统一标准的应用软件，不得未经检测即提示为"恶意软件""流氓软件"；进行"安全提示"时用语应当客观中立，不得歪曲事实恶意误导用户，降低其他应用分发平台的市场声誉；对应用软件来源的标注应当客观，对已知来源的不得使用"来源未知""非官方来源"等存在歧义的提示语误导用户。

二、充分发挥行业自律公约的作用

上文中分析了手机厂商的安全提示行为可以适用《反不正当竞争法》的商业诋毁条款和互联网条款进行规制，但是在适用该条款时如何判断安全提示行为的方式、手段、程度是否合理，仍然需要在个案中由法官进行自由裁量。此时行业内制定的各类自律公约可以起参考作用。例如，中国互联网协会制定的《互联网终端软件服务行业自律公约》对尊重用户知情权和选择权作出详

细规定，还规定了禁止软件排斥和恶意拦截的具体内容；《移动智能终端应用软件分发服务自律公约》将应用分发环节涉及的主体包括移动智能终端生产者、操作系统服务提供者、应用软件分发服务提供者和开发者都纳入其中，并对应用软件下载、安装、使用、升级等环节可能出现的情形作出详细规定，实用性较强。虽然行业自律公约的有效性和约束力取决于成员方的共同遵守和行业协会的监督管理，但是其由行业普遍认可和接受，"体现了特定行业所公认的商业道德，系一种经营者所普遍认同，符合经营者、消费者利益需求的经营规范和准则"❶。法院或者行政机关在处理相关纠纷问题时，可以参考行业自律公约的规定解释具体案件的问题。

三、行业内监督和深度发展

除了外部监督力量外，应用分发领域的诸多问题还需要回到行业自身寻找解决之道。无论是手机厂商的"安全提示"还是第三方应用分发平台的问题软件，都可以借由行业内部的竞争机制进行监督，应用分发平台可以向行政主管部门举报竞争对手的不规范行为，用户也可以对此类不规范行为进行投诉。当然，这些举措都建立在举报、投诉机制和渠道完善、畅通的前提下。

此外，应用分发平台的发展虽然仍处于用户总量增长的阶段，但是用户增量已经趋于稳定，随着智能手机出货增速放缓，应用分发平台的用户增量空间有限。另外，各应用分发平台的应用软件数量、种类大同小异，应用分发平台的应用软件种类、数量对用户的吸引力下降。应用分发平台想要提高用户活跃度、用户黏性，必须通过提升平台服务的方式。一方面，应用分发平台仍然需要在应用软件齐全方面满足用户需求，并保证软件安全、减少广告干扰；另一方面，应用分发平台可以在搜索匹配精准度、独家首发、界面设计等方面提升用户体验，并结合 AI 和大数据算法为用户推荐最佳的应用和内容。

第五节　结语

手机厂商与互联网企业之间的竞争必将长久存续，如何通过竞争向用户提

❶ 余杰. 移动平台软件干扰的反不正当竞争法规制——兼评"互联网专条"［J］. 竞争政策研究，2018（5）：69.

供更好的产品和服务是手机应用分发平台之间竞争最终需要达到的目的。竞争始终是市场优胜劣汰的必要手段。手机厂商出于用户安全等方面的原因在应用软件下载安装界面对第三方来源软件进行"安全提示",符合消费者利益需求和市场竞争的需要,有其存在的合理性和必要性,法律不宜对此过分干预。在产生纠纷时,应当根据具体情形进行分析,对确有违反《反不正当竞争法》以及相关法律规定的不正当行为,由《反不正当竞争法》及相关法律进行规制。

技术发展日新月异,第三方应用分发平台在遭遇手机厂商在应用分发市场上的"截胡"之后,如何寻求新的出路是互联网企业应当思考的问题。我国应用分发市场上的应用分发模式从第三方应用分发平台独霸天下到如今的钟秀林立,微信小程序和轻应用等概念也逐渐普及并呈现增长趋势,无论是手机厂商还是互联网企业,都应当在充分竞争的情形之下改进技术提供产品和服务质量,良性竞争才是市场长久发展之计。

第二章 不当软件捆绑行为法律规制

第一节 技术背景：静默安装

根据百度百科"静默安装"词条的定义❶，"静默安装也可称为无人值守安装，即在安装过程中可以自动安装好预先设计集成的一些常用软件，安装结束以后软件就已经可以使用"。尽管"静默安装"一词似乎将实现技术手段的过程限制在"安装"，但实际上需要从广义层面来理解这里的"安装"。静默安装的技术手段可以实现"静默下载""静默安装""静默启动"以及"静默删除"等与"安装"紧密关联的先后行为。当然，其中应用最广泛的就是"下载"及"安装"阶段，其"无人值守"的特性令其可以适用于一些繁复的软件安装应用场景。

"静默安装"最初是为了提高软件安装的效率、实现软件下载或安装的一键操作，自身具有客观中立性，例如，用于绘图的 CAD 软件、用于办公的 Office 软件，在进行大量的下载安装过程中都采取此种手段。

当前实现静默安装主要有两种方式，一是利用软件自带静默参数编制批处理进行安装，二是编制模拟鼠标键盘操作的脚本来实现安装。❷ 前者以 Windows 系统自动更新为典型，通过安装 Windows 补丁等提供静默参数的软件，并随着补丁数及软件数量变化需对批处理文件进行修改。后者以

---

❶ 百度百科．"静默安装"［EB/OL］．［2018－11－12］．https：//baike. baidu. com/item/静默安装/8559321？fr = Aladdin.

❷ 周新宇，王印玺．浅谈软件静默安装技术在系统维护中的应用［J］．中国科技信息，2012（16）：104.

CAD 此类大型的工程设计类软件在企业的安装为例，其未提供静默安装参数，安装程序又复杂，需要多步骤安装，因而需要首先进行一次手动安装采集相关参数，随后运用 Control Click 等函数控制鼠标和键盘来实现静默安装。

随着智能手机等移动终端设备的推广，专门应用于手机端的静默安装技术也同样被广泛适用。手机端的静默安装方式也大致可以分为两种，一种被称为秒装，另一种是智能安装。❶ 两者的主要区别在于：前者仅能适用于手机已获得 ROOT 权限的场景，随后调用安卓系统的"pm install"命令就可以实现；而后者则主要是通过如 360 手机助手等软件的无障碍服务实现，但仍会弹出安装界面提示，只不过可以通过模拟用户点击来关闭该界面，从而实现一键式的软件安装。

第二节　不当软件捆绑行为表现形态、危害性及成因

基于静默安装的特性，一些软件提供商在提供软件下载安装服务时会采用该技术，向用户分发目标软件时，连同提供与实现目标软件功能无关的、处于用户下载安装预期之外的捆绑软件，用户在不知情或不完全知情的情况下完成下载。提供商再通过引诱、欺诈、利用用户操作习惯的方式甚至完全静默的方式，使用户完成一键安装。另外，提供商也有可能分发一个 P2P 下载器，目录文件中指向目标软件与捆绑软件。当用户下载完成并打开 P2P 下载器后，尽管提示窗提示的是"一键安装"，但实际上是"一键下载目录文件指向软件再安装之"。有时候，提供商也会分发目标软件加 P2P 下载器，用户点击"一键安装"的，实际上是"一键安装目标软件 + 打开 P2P 下载器下载目录文件指向软件再安装之"。

尽管软件捆绑的表现形态各异，但其本质上都是采用"静默安装"这一技术手段，在用户仅意图下载、安装、使用目标软件而非其他软件的情况下，以利用用户习惯、欺诈、隐瞒等方式，试图将其他软件"偷渡"到用户设备

---

❶ Android 静默安装实现方案 ［EB/OL］．［2018 – 11 – 20］．https：//www.cnblogs.com/chenxibobo/p/6136705.html.

中。本文将该行为称为不当软件捆绑行为，将其他软件称为捆绑软件。

一、表现形态

伴随着我国互联网用户的逐年增加，互联网相关产业的"奶酪"也越来越大。为了使自己的利益雪球越滚越大，软件开发商基于对用户习惯等数据的分析，较为准确地掌握用户在软件下载安装过程中的操作习惯、注意力程度等，并对其软件下载安装过程作出相应调整，使得其对于目标用户群体的命中率不断提升。同时，通过设置后台运行、默认勾选、文字混淆等手段，经营者不同程度干扰着用户对下载安装软件的自由选择和知情同意。更有甚者，通过捆绑恶意软件/程序，盗取用户信息或造成其他更为严重的损害结果。

（一）行为多发

不当软件捆绑行为表现出高度的多发性。工信部从 2014 年第二季度开始，每季度都对手机应用平台上的软件进行抽样检测，出具《工业和信息化部关于电信服务质量的通告》❶，对实施软件捆绑的软件进行公示与下架处理，每季度查处的软件为 30～50 件，2014～2017 年共处理 628 款软件。当然，该数据存在至少两个方面的缺陷，一方面这仅仅是抽查的结果，而非全面的覆盖，结果并不全面；另一方面是其没有给出认定不当软件捆绑的标准及查处的技术手段，但至少从侧面反映出软件捆绑行为的持续存在。

实际上，软件捆绑下载的方式和手段极具多样化，令用户防不胜防，结合用户习惯，可以对不当软件捆绑行为的多发性具有更深入的了解。

采用浏览器搜索软件并进行安装无疑是电脑端最常见的软件下载渠道。以微信电脑版的下载为例，当以"QQ 电脑版"为关键词分别在百度、360、搜狗搜索引擎进行检索时，可以得到如图 2－2－1～图 2－2－3 所示的搜索界面。

---

❶ 工业和信息化部关于电信服务质量的通告 ［EB/OL］．［2018－11－18］．http：//searchweb. miit. gov. cn/search/search. jsp.

图 2 - 2 - 1　采用百度搜索引擎对 "QQ 电脑版" 关键词检索

图 2 - 2 - 2　采用 360 搜索引擎对 "QQ 电脑版" 关键词检索

图 2-2-3　采用搜狗搜索引擎对"QQ 电脑版"关键词检索

从图 2-2-1～图 2-2-3 可见，百度、搜狗、360 搜索引擎检索结果的第一位都不是"微信电脑版"下载的官方渠道，但以显示 QQ 图标、官方下载、正版等方式进行标注，用户可能误认该检索结果为 QQ 电脑版软件的官方下载渠道；尽管位于检索结果第一位被标注为"广告"，可能为用户所避免，但是第二、第三位等检索结果都并非官方下载渠道，且以高亮、QQ 图标、页面占比较大等方式突出显示，使用户可能产生误认，从而点击进入该检索结果并进行下载。

接下来，当笔者尝试通过以百度搜索结果第一位的软件下载渠道点击"立即下载"进行下载时，"金山毒霸"在未向用户以任何方式提示的情形下正在被下载安装，如图 2-2-4 所示。

更有甚者，不当软件捆绑出现在软件卸载过程中，经营者仍通过模糊的设置、默认勾选的方式，试图为"偷渡"软件拼尽最后一分"努力"，如图 2-2-5 所示。

（a）

（b）

（c）

图 2-2-4 通过百度搜索引擎结果第一位渠道下载"**QQ 电脑版**"

图 2 - 2 - 5　卸载"QQ 电脑版"截图

仍以"微信"为例，当通过手机自带的浏览器以"微信"为关键词进行检索，结果如图 2 - 2 - 6 所示。

图 2 - 2 - 6　通过手机自带浏览器对"微信"关键词检索

当笔者点击显示为第一项检索结果的"微信_安卓版免费下载"时，跳转的下载提示框如图 2 - 2 - 7 所示。

图 2－2－7　通过手机自带搜索引擎第一位结果下载"微信"

经检测，这并不是一个"微信"下载包，而是豌豆荚手机助手的下载安装包。由于该跳转提示框字体较小，且使用拼音和字母等方式来标注下载包名称，基于用户软件下载习惯，此难以引起用户的足够注意，从而可能会引发用户错误点击下载捆绑软件。

通过以上操作可见，不当软件捆绑行为无论在电脑端还是手机端都有高发性，其通过利用用户习惯，容易导致用户产生误认并错误点击。

（二）行为多样

不当软件捆绑的方式和手段多发，令用户防不胜防。如何对纷繁多样的软件捆绑行为进行规制以保护用户的利益？为进一步解构不当软件捆绑的危害性，笔者拟从捆绑的表现形式入手，考虑行为对用户的知情同意权、自主选择权损害的程度，根据现时各种不当软件捆绑实施时是否有对用户作提示及提示的方式，以由重到轻的方式，可以划分为以下三种。

1. 一键式捆绑

一键式捆绑指在用户下载安装目标软件的同时，捆绑软件亦被下达下载安装指令，从下载完成到安装完成，整个过程中无任何消息提示消费者存在该捆绑软件，或在用户选择不安装捆绑软件后，却在后台通过静默安装的方式实现捆绑软件安装的行为。该捆绑方式有较为恶劣的影响，用户根本不存在拒绝下载安装的途径，用户完全不知情，更无作选择的可能，甚至安装完成后，用户主机桌面与开始任务栏中可能亦找不到捆绑软件的存在。

（1）电脑端

以通过搜狗搜索下载"微信电脑版"为例。

步骤一：打开搜狗搜索引擎，在空白检索栏输入"微信电脑版"，点击排列于检索结果第二位的"微信最新官方免费下载搜狗下载（安全）"中的"高速下载"，弹出"wechatsetup. 2. 64. 56. exe sgdl. exe"，点击"保存文件"，如图 2 - 2 - 8 所示。

图 2 - 2 - 8　搜狗搜索引擎下载"微信电脑版"步骤一

步骤二：打开步骤一下载的文件，电脑界面短暂无反应后，自动弹出"软件助手"界面，显示"微信电脑版"正在被下载，如图 2 - 2 - 9 所示。

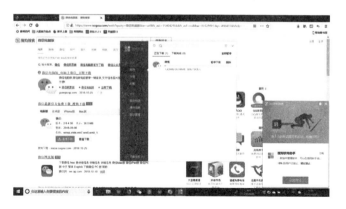

图 2 - 2 - 9　搜狗搜索引擎下载"微信电脑版"步骤二

步骤三：步骤二弹出的"软件助手"下载完成"微信电脑版"后，"微信电脑版"被自动安装，电脑右下角显示"微信电脑版"已完成安装，如图2－2－10所示。

图2－2－10 搜狗搜索引擎下载"微信电脑版"步骤三

从点击下载到打开下载文件包开始安装，用户原本想要下载的是"微信电脑版"，但搜狗的"软件助手"却被首先下载，用户在打开下载的文件包时，搜狗的"软件助手"被自动安装，"微信电脑版"随后再被下载与安装，用户在此情形中知情和选择的空间同样受到极大地压缩。

（2）手机端

以在华为手机浏览器终端百度搜索引擎中尝试下载"百度网盘"为例。

步骤一：打开华为手机浏览器，在百度检索框中输入"百度网盘"，获得检索结果，如图2－2－11所示。

步骤二：点击位于搜索结果页面第一位的"百度云下载"按钮，弹出下载提示框，其中以拼音和字母的方式标注下载安装包的名称，如图2－2－12所示。

步骤三：点击页面底部的下载进度条，可以显示下载进度，可以明显看出捆绑软件安装包在同时下载。从点击"本地下载"到安装页面，没有任何界面提示下载其他软件，如图2－2－13所示。

图 2 - 2 - 11　手机浏览器下载
"百度网盘"步骤一

图 2 - 2 - 12　手机浏览器下载
"百度网盘"步骤二

图 2 - 2 - 13　手机浏览器下载"百度网盘"步骤三

2. 欺骗诱导式捆绑

欺骗诱导式捆绑采取具有欺骗性或诱导性的软件安装提示方式，导致用户难以发现或错误点击，从而完成捆绑软件的安装。常见的欺骗诱导式捆绑有利用"高速/安全下载""官方"等词汇引诱用户下载，在安装过程中多次对调同意与取消位置诱使用户误点，在安装界面中采用难以辨认的字体颜色或大小、默认勾选捆绑软件等方式减弱对捆绑软件的注意程度。此类捆绑下载虽为用户提供不安装的选项，但由于选项的设置具有欺骗性或诱导性，设置得较为隐蔽或利用用户的操作惯性，用户的知情权和选择权并不能得到真正地保障。

（1）电脑端

以在 ZOL 软件下载平台网站中尝试下载"微信电脑版"为例。

步骤一：打开 ZOL 网站中的"微信电脑版"，标题显示"微信电脑版2.6.4"，标题右侧突出显示"官方"，点击页面首部中绿色高亮突出显示的"ZOL 本地下载"，如图 2 - 2 - 14 所示。

图 2 - 2 - 14　ZOL 软件下载平台下载"微信电脑版"步骤一

步骤二：下载完成。在安装阶段，弹出安装提示框，"微信电脑版2.6.4"、绿色高亮"立即安装"按钮被突出显示。在突出显示的"立即安装"字体下方，另外两个捆绑软件的下载或安装被以非常小及融于背景的颜色的字体作默认勾选，如图 2 - 2 - 15 所示。

类似的情形大量出现在用户的常用软件下载界面，如图 2 - 2 - 16 所示。

图 2 - 2 - 15　ZOL 软件下载平台下载"微信电脑版"步骤二

（a）

（b）

图 2 - 2 - 16　各类常用软件捆绑下载界面

（c）

（d）

图 2 - 2 - 16　各类常用软件捆绑下载界面（续）

（2）手机端

以通过手机浏览器下载"新浪微博（手机客户端）"为例。

步骤一：打开手机浏览器搜索"微博"，检索结果排名第一位以蓝色选项框突出显示"下载"字样，如图 2 - 2 - 17 所示。

步骤二：点击蓝色"下载"按钮，页面跳转如下，以绿色字体突出显示"安全下载"按钮，右侧以小字及默认勾选的方式显示"优先下载 PP 助手安装，更安全"，如图 2 - 2 - 18 所示。

图 2 - 2 - 17　手机浏览器下载　　　图 2 - 2 - 18　手机浏览器下载
　　　　　"微博"步骤一　　　　　　　　　"微博"步骤二

　　类似的情形也出现在"QQ""微信"等手机常用软件的下载界面中，如图 2 - 2 - 19 所示。

（a）QQ下载　　　　　　　（b）微信下载

图 2 - 2 - 19　手机浏览器下载其他常见软件界面

当用户通过微信应用下载"百度网盘"时即使选择"普通浏览器下载"，微信应用打开的仍不是手机的默认浏览器，而是以默认勾选的方式诱导用户下载"QQ 浏览器"，如图 2 − 2 − 20 所示。

（a）　　　　　　　　（b）

图 2 − 2 − 20　通过微信应用下载"百度网盘"

欺骗诱导式捆绑在日常的装机软件下载路径中极其常见，而由于其通过字体、颜色、界面功能键设置等因素极易造成用户的误认从而错误点击下载安装，是不当软件捆绑中较为常见的行为类型。

3. 推荐式捆绑

推荐式捆绑相较于前两类情形，用户更容易发现。它确实以某种较为明显的方式提醒用户，表明其继续操作将会使捆绑软件被下载或安装，但同时也创造一些引导用户点击下载的可能性。常见的情景是，手机应用平台首次运行时，界面弹出一系列"装机必备/推荐安装"的软件，并默认勾选多个应用软件，用户取消下载安装需要点击手机自带的后退键完成，而界面本身的取消方式较难被发现甚至没有。首次打开"百度手机助手"和"搜狗手机助手"界面时，两款手机助手以软件图标加软件名称的方式推荐大量的"装机必备"软件，并以采用默认勾选的方式全部选中。虽然此时大部分谨慎的用户可以避免安装推荐软件，但是部分用户仍有可能因不小心而错误点击，其默认勾选与取消的相对麻烦仍在一定程度上影响用户作出自主的选择。

下面以通过华为手机浏览器下载"百度手机助手"和"搜狗手机助手"为例。

步骤一：下载"百度手机助手"和"搜狗手机助手"软件。

步骤二：单机首次运行，跳转界面如图2－2－21所示，以默认勾选的方式选中多款软件，并以显著方式标注为"新机必备""必备应用"，页面下方以蓝色高亮选项框突出显示"免流量下载""一键装机"。

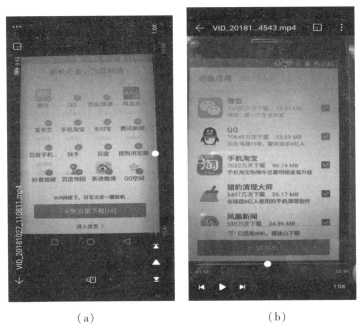

(a)　　　　　　　　　　(b)

图2－2－21　华为手机浏览器下载"百度手机助手"和"搜狗手机助手"

二、危害性

（一）捆绑病毒／恶意软件或程序

在我国《计算机信息系统安全保护条例》中，对病毒软件有明确定义，即"编制者在计算机程序中插入的破坏计算机功能或者破坏数据，影响计算机使用并且能够自我复制的一组计算机指令或者程序代码"。对于恶意软件，中国互联网协会于2006年11月22日在其官网上向社会公布了关于"恶意软件"的定义：恶意软件是指在未明确提示用户或未经用户许可的情况下，在用户计算机或其他终端上安装运行，侵害用户合法权益的软件，但不包含我国法律法规规定的计算机病毒。❶ 为了提高该定义的可操作性，中国互联网协会归纳了恶意软件的八项具体特征，包含强制安装、难以卸载、浏览器挟持、广告弹出等。

目前的病毒软件及恶意软件的下载安装运行等行为中包含多重恶意，其中九成以上都附加窃取用户隐私的目的，可以说捆绑下载只是其实现的方式，恶意软件更多的恶意体现于其运行过程中。

（二）捆绑病毒/恶意软件的立法司法规制

病毒/恶意软件时常导致计算机信息系统遭受破坏或者用户信息泄露等严重后果，对用户的信息财产造成巨大损害，因而法律法规对此类软件的规制也相对明确。

立法层面，例如《刑法》第 253 条和第 285 条就分别规定了"非法获取公民个人信息罪""非法获取计算机信息系统数据、非法控制计算机信息系统罪"；《民法总则》第 111 条规定了对"公民个人信息的保护"；《消费者权益保护法》第 14 条、第 29 条中规定了对消费者个人信息的采集和使用方式；而2016 年颁布的《网络安全法》第 40～44 条也为用户信息财产受侵害提供了明确救济路径。行政法规规章层面，从 1994 年起，国务院陆续颁布了《中华人民共和国计算机系统安全保护条例》《中国公共计算机信息网络国际联网暂行规定》等一系列维护互联网信息安全的规范条例。司法层面，早有先例规制此类恶意软件/程序捆绑行为，如（2014）朝刑初字第 1743 号❷、（2007）沪一中民一（民）终字第 1797 号❸等。反流氓软件联盟❹等民间组织也自发进

---

❶ 中国互联网协会. 中国互联网协会今日向社会正式公布"恶意软件定义"［EB/OL］．［2018 - 11 - 12］．http：//www. isc. org. cn/zxzx/xhdt/listinfo - 1390. html.

❷ 参见北京市朝阳区人民法院（2014）朝刑初字第 1743 号刑事判决书，法院表明："被告通过后台服务端操控的方式向植入'静默插件'的移动终端推送软件、广告等商业性电子信息，从而非法获取计算机信息系统数据，实现对计算机信息系统的非法控制⋯⋯构成非法获取计算机信息系统数据、非法控制计算机信息系统罪。"

❸ 参见上海市第一中级人民法院（2007）沪一中民一（民）终字第 1797 号民事判决书，原告何某依据《消费者权益保护法》提起了民事侵权诉讼，最终二审法院认为："很棒公司在向公众提供很棒小秘书软件下载的过程中，未尽充分告知义务，隐瞒了该软件整合富媒体软件的事实，侵犯了何先生作为消费者的知情权和选择权。"

❹ 百度百科. 反流氓软件联盟［EB/OL］．［2018 - 11 - 22］．https：//baike. baidu. com/item/反流氓软件联盟/12653345？fr = Aladdin.

行多项针对病毒流氓软件的维权诉讼。

（三）聚点：捆绑软件为正常软件

病毒软件与恶意软件具有危害性自不待言。相对于病毒软件以及恶意软件，不当软件捆绑行为更多地表现为捆绑诸如浏览器、软件助手、安全软件等正常软件，该类软件并非为实现目标软件所必需。此类软件虽然在运行过程中并不会对用户的信息、财产安全等造成危害，但由于其下载方式同样违背用户的自主选择，侵犯消费者的知情同意权，增加操作麻烦，占用内存空间，降低设备运行效率。因而，究竟是否要对此类软件捆绑行为进行规制，以及如何规制，将是下文论述的重点。

三、成因

不当软件捆绑行为不是软件提供商出于个人娱乐兴趣爱好而作，而是包含实现其经济效益的目的。不当软件捆绑行为的目的原在于推广捆绑软件，在性质上本属一种互联网广告，但在现时的环境下，软件提供商在提供下载安装服务时却利用技术措施，采取隐瞒、欺诈、利用用户操作习惯等方式甚至完全不告知用户，以"偷渡"捆绑软件至用户主机上，试图不作宣传而达到宣传所欲实现的"效果"。

（一）为推广自己的软件而实施

互赖、互依、共生的生态系统有利于每家企业的发展，单打独斗会受到自身实力限制，协同作战才可能更好地生存，这是符合由以太网发明人、3COM创始人梅特卡夫提出梅特卡夫法则（Metcalife's Law）——网络价值以用户数量的平方的速度增长，网络价值等于网络节点数的平台，即 $V=Kn^2$（V 表示网络的总价值，n 表示用户数）。[1] 网络越大，对网络参与者及社会而言，其价值就越大，因此大型及超大型平台是有效率的。这也可以从市场的角度作解释：大型平台意味着大型市场，统一的、没有分割的大市场是有利于资源配置的。此外，也可以从企业的规模经济角度来解释：对于平台企业而言，在规模经济下，其边际成本是递减甚至为零的，这表明大型平台具有规模经济特征。

在我国目前互联网企业的商业模式下，仅深耕单一领域的企业屈指可数，

---

[1] 维基百科．梅特卡夫法则［EB/OL］．［2018 - 12 - 12］．https：//zh. wikipedia. org/wiki/%E6%A2%85%E7%89%B9%E5%8D%A1%E5%A4%AB%E5%AE%9A%E5%BE%8B.

各大互联网企业都在保有优势软件的基础上，企图利用其用户积累，打造全平台、封闭式的商业模式，从而在各个领域中争夺优势，构建并利用平台经济。阿里和腾讯两大互联网巨头的商业布局是全平台商业模式的典型代表。

现如今，阿里已经成功创建从原材料到销售的完整电子商务渠道在内的多个内部闭环，并将业务延伸到消费、娱乐、生活、金融等多个领域。阿里集团商业生态圈如图2-2-22所示。阿里以大数据和金融为导向，试图利用其数据和互联网金融优势，将生产线中的传统品牌企业进行整合，从而实现企业内部用户数据一键共通。这个闭环就如同马云所谈论的"太极"哲学，阴阳互生，虚实相宜，黑白一体，在整合与统一中体现出商道的精髓。

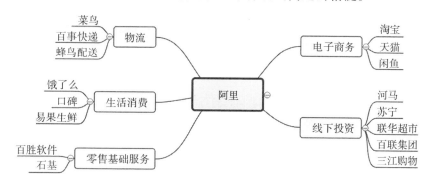

图2-2-22　阿里集团商业生态圈

与阿里相比，腾讯的生态圈布局范围更广，如图2-2-23所示。有赖于其通过QQ及微信等即时通信软件积累的高强度用户黏性，其可以通过用户账号登录的方式迅速实现各平台内部的互联共通，从而迅速抢占互联网的各行各业。

由于企业提供的产品并非单一，一家企业经营着多个软件产品的现象非常常见，为充分利用某一产品的流量，盘活其他产品，互联网企业有时会将自己的若干个软件一并捆绑提供给用户。例如，Microsoft 在 Windows 系统中附带捆绑安装其 Internet Explorer（IE）浏览器。❶ 具体至我国的软件市场，我国软件厂商中也不乏将自己的软件打包再一并提供，以推广自己的软件，实现流量资源流转的情形。例如，金山公司在用户安装猎豹浏览器时通过"小号字体加

---

❶　HEATHER S. An antitrust tying analysis of microsoft's security software products［J］. The Columbia science and technology law review，2006.

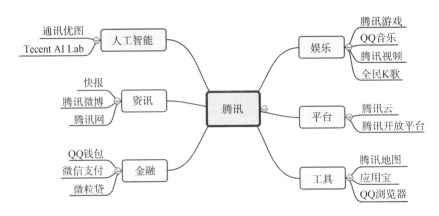

图 2 - 2 - 23　腾讯集团商业生态圈

默认勾选"的方式，试图为自己的金山杀毒导流；百度、腾讯此前更因捆绑诸多自己的软件，而落得"全家桶"的戏称。

　　企业有时可能并不限于以自己的软件为目标软件，其他经营者的软件亦会被作为目标软件，以捆绑企业自己的软件。如"搜狗诉百度软件捆绑"案中，在百度搜索框搜索"搜狗输入法"并点击搜索结果中的高速下载后，首先被下载的是百度手机助手。在百度手机助手下载完成后，手机助手页面自动打开，自动下载安装搜狗输入法。在下载搜狗输入法时，百度杀毒、百度浏览器被默认勾选安装，如用户在下载完成搜狗输入法后仍未点击取消默认勾选，前述两软件亦将被一键下载。另外，用户在微信应用下载百度网盘时，点击高速下载，优先下载的亦为腾讯应用宝。前述截图中也可以看到"金山毒霸"捆绑"QQ"，"搜狗输入法"捆绑"微信电脑版"等。此外，较诸电脑端，发生在手机端的软件捆绑较为突出的是以自己的软件助手（或称应用商店）为捆绑软件。这可能与手机用户多通过应用商店完成下载的操作习惯有关，企业的行为明显系试图利用他人软件的流量，推广自己的手机应用，增加自己手机应用的下载量，以占据手机应用下载的入口，从而获得商业利益。

（二）为推广他人软件而实施捆绑

　　除了企业为自己利益、试图打造商业闭环而实施软件捆绑外，我们不乏看到 ZOL 等下载网站亦实施软件捆绑，例如，驱动精灵软件则捆绑无关联的金山毒霸、爱奇艺软件，这明显是为了他人之利益而实施软件捆绑。下面将分析为推广他人的软件而实施软件捆绑之原因。

1. 广告联盟

为解释其以他人软件作为捆绑软件的行为合乎经济人理性，我们需要对"广告联盟"❶ 加以了解。广告联盟实际上是一个中介网站，集合各种网络媒体资源，如中介网站、个人网站等，这些网站的经营者被俗称为站长。广告联盟涉及三个主体之间的利益关系，即站长（中介网站经营者）、广告主（捆绑软件经营者或推销者）以及目标软件经营者。中介网站帮助作为广告主的捆绑软件经营者或推销者，在各个站长的网站上投放广告，广告的方式即是在用户下载目标软件时占据一定的推介版面。广告主则按照各种计费方式，向中介网站支付广告费用。

2. 互联网广告推广的计费方式

事实上，广告主与实施软件捆绑的经营者（又称流量主）之间的利益分配相对既定，因而计费方式的选择主要是出于其投放目的的不同。具体的计费方式包括 CPM（按千次展示付费）、CPC（按点击付费——点击广告）、CPA（按行为计费）等。这些计费方式的区分标准在于其开始计费的时点不同。

CPM 是位于最前端的计费方式，即在广告展示阶段就开始计费，就千次展示量作计费。此类广告以曝光展示为目的，不强调获得效果，在大型品牌广告中尤为常见。❷

CPC 出现于中端，是从用户点击广告时开始向广告主收费。常见的 CPC 计费是以竞价的形式出现的，以广告主的出价以及用户的点击率换取曝光率。❸

CPA 则是位于后端的计费方式，仅仅用户看到广告并点击还不够，还需要用户完成某种特定的行为才开始计费，例如软件下载行为。❹

尽管我们并不明确知悉各网站的推广计费方式究竟是何种，结合软件捆绑的表现形态，其为 CPC 或 CPA 的可能性较高。

---

❶　百度百科. 广告联盟［EB/OL］.［2018 - 11 - 18］. https：//baike. baidu. com/item/广告联盟/6000694? fr = aladdin.

❷　维基 MBA 百科. CPM［EB/OL］.［2018 - 11 - 18］. https：//wiki. mbalib. com/wiki/% E5% 8D%83% E4% BA% BA% E6%88%90% E6%9C% AC.

❸　维基 MBA 百科. CPC［EB/OL］.［2018 - 11 - 18］. https：//wiki. mbalib. com/wiki/Category：% E5% B9% BF% E5%91%8A% E6%9C% AF% E8% AF% AD.

❹　维基 MBA 百科. CPA［EB/OL］.［2018 - 11 - 18］. https：//wiki. mbalib. com/wiki/% E6% AF%8F% E8% A1%8C% E5%8A% A8% E6%88%90% E6%9C% AC.

3. 站长通过捆绑软件而赚取广告费

上文从经济利益的角度解释了这种情况下的捆绑软件，实质上是一种为他人推广软件的手段。如前述的驱动精灵软件捆绑：在驱动精灵官网下载驱动精灵软件，打开安装页面，页面整体为蓝色，"一键安装"位于右下部，以绿色提示框及较大字体提示。安装页面下部有浅色小字体显示"安装选项""使用金山毒霸全面防护电脑""腾讯视频海量高清热播剧"，选项均为默认勾选。又如在太平洋下载网、PC下载网上检索"微信电脑版"，点击高速下载并完成下载后，弹出安装框。安装框中部有绿色加大字体"快速安装"；右部有"酷我音乐""简压""红月传说""东方输入法"的图标（各个网站显示软件不同），图标右下角已作默认勾选；下部有小字号文字加默认勾选的"使用360安全导航"（各个网站显示软件不同）。不同的捆绑软件都应该有着相应的广告主为此而支付对价。

（三）小结

从上文分析可知，无论是推广自己的软件还是推广他人的软件；无论目标软件是自己的软件还是他人的软件，软件捆绑行为的本质就是试图搭载目标软件的流量来获利。软件是否被用户选择下载安装，原本是软件自身的功能吸引用户导致的。凭借软件自身的优势吸引用户，无疑对软件的质量提出了较高要求。另外，用户习惯也可能使用户更倾向于用某种软件而放弃其他功能相同的软件。为此，经营者"出下策""先占坑为妙"，试图以诱导、欺诈、隐瞒用户的方式，将捆绑软件"偷渡"到用户的设备中，用户知情同意权不可避免地受到一定损害。此外，在此过程中，若未经目标软件经营者同意而实施软件捆绑，更可能会招致经营者的反对，从而产生行为是否具有不正当性等更多的法律争议。

第三节　现有法律体系之规制及其不足

一、《反垄断法》规制及其不足

（一）有关立法及司法实践

我国《反垄断法》第6条规定："具有市场支配地位的经营者，不得滥用市场支配地位，排除、限制竞争。"其第 17 条规定："禁止具有市场支配地位的经营者从事下列滥用市场支配地位的行为：……（五）没有正当理由搭售商品，或者在交易时附加其他不合理的交易条件……"不当软件捆绑与搭售一样，均将产品捆绑在一起向消费者提供，两者在行为表现形态上具有较大的相似之处。事实上，外国司法实践对不当软件捆绑行为的规制也多从"搭售"的角度来考量。❶ 例如，微软案中，微软公司将 IE 浏览器与 Windows 操作系统作捆绑销售，销售 Windows 操作系统时一并提供 IE 浏览器，欧盟❷和美国❸分别认为其违反《欧洲共同体条约》第 82 条❹和《谢尔曼反垄断法》的反垄断规定❺。

（二）不足

《反垄断法》的适用较为困难，不具备市场支配地位的经营者实施相关行为，起码在《反垄断法》的视野下更大程度被认定为属于企业行动的自由，不被《反垄断法》规制。在互联网领域，互联网从业者本质上都是对相对有限的用户流量的争夺，互联网用户的流动较传统产业更为频繁，成本较为低廉，经营者在互联网中提供其他产品或服务的壁垒亦较低，提供聊天软件的经营者同样有可能推出安全软件，这使得判定互联网经营者是否取得垄断地位的难度进一步加大，《反垄断法》的适用也面临着种种调整。在"3Q 大战"中，最高人民法院认定经营者构成在互联网提供免费软件领域中的垄断者即持较为严苛的标准。❻ 另外，尽管美国加州地区法院有判例认为"初步违反《反垄断法》或违反其中某一部法律的立法目的或精神，它的影响就如同违反法律本身一样，对竞争产生同样深远的威胁或损害"，而不再严格地审视行为实施者是否属于《谢尔曼反垄断法》意义上的垄断主体，但适用《谢尔曼反垄断法》的行为仍应是"压抑竞争或获得竞争优势或毁灭其他竞争者"❼，原告需证明其因被告之竞争行为而受到毁灭性冲击，否则，其仍难以获得《反垄断法》

---

❶ 检索外网可发现，在用户下载安装软件时，目标软件被捆绑其他软件的情形极为少见。

❷ Microsoft Corp. v. Commission, Case COMP/C – 3/37. 792, 148 – 172 (2004).

❸ United States v. Microsoft Corp., 87 F. Supp. 2d 30 (D. D. C. 2000), 253 F. 3d 34 (D. C. Cir. 2001).

❹ 参见 2002 年《欧洲共同体条约》（C 325, 24/12/2002 P. 0033 – 0184）第 82 条。

❺ 参见 1980 年《谢尔曼反垄断法》（26 Stat. 209, 15 U. S. C. § §1 – 7）第 1 条。

❻ 参见最高人民法院（2013）民三终字第 4 号民事判决书。

❼ Otter Tail Power Co. v. United States, 410 U. S. 366, 377 (1973).

的救济。

不当软件捆绑行为是否构成搭售，我国司法实践亦曾处理过类似案件。奇虎公司曾以腾讯公司通过 QQ 搭售 QQ 电脑管家行为违反《反垄断法》而提起诉讼❶，最高人民法院在该案中明确提出了适用《反垄断法》搭售条款的五个要件："①搭售产品和被搭售产品是各自独立的产品；②经营者具有市场支配地位；③搭售者对购买者实施了某种强制，使其不得不接受被搭售产品；④搭售不具有正当性；⑤该行为是否具有排除限制竞争的结果。"显然，适用《反垄断法》制裁搭售行为的规则制裁不当软件捆绑具有较大困难，需要证明软件捆绑行为是强制性的、捆绑软件带有不良功能。而正如前文所述，不当软件捆绑行为在行为形态上更多地表现为利用用户的操作习惯以隐瞒捆绑软件的存在，捆绑软件大多是与实现目标软件功能无关的其他正常软件，不当软件捆绑行为受规制的难度较大。

（三）《反垄断法》规制之不足是其法律本身不可调和之局限性使然

《反垄断法》作为通过打击限制竞争的行为以维护公平竞争秩序的法律，需总体在维护竞争自由的基础上予以适用，这导致它的适用范围较为狭窄。在不当软件捆绑行为对其他经营者的影响相对有限，且大部分行为都不具有使消费者不得不接受的强制力的情况下，《反垄断法》的固有局限性导致其基本无助于该问题的解决。

二、《反不正当竞争法》规制及其不足

（一）有关立法及司法实践

在前述"搜狗诉百度软件捆绑"案❷中，百度为了利益而将自己的软件捆绑于搜狗的软件，两级法院均遵循我国法院既往适用《反不正当竞争法》第 2 条的一贯逻辑❸，从用户利益、经营者利益、市场秩序角度出发——认为百度的行为损害了"用户的知情权和选择权""利用二原告业已形成的用户规模和

---

❶ 参见最高人民法院（2013）民三终字第 4 号民事判决书。

❷ 参见北京市高级人民法院（2017）京民终 5 号民事判决书。

❸ 例如，"合一诉金山广告屏蔽案"（2014）一中民终字第 3283 号；"爱奇艺诉真多彩广告屏蔽案"（2016）沪 73 民终 54 号；"百度诉奇虎插标与修改空白搜索栏下拉提示词案"（2013）京高民终字第 2352 号。

竞争优势，通过‘搭便车’的方式，获得相关产品的市场份额”，从而认定“被诉行为显然违背用户意愿，强迫交易，且不劳而获商品的交易机会”，具有不正当性。

尽管对不当软件捆绑行为的反不正当竞争法规制似乎已经有“成例”，但这并不意味着不当软件捆绑行为已经受到很好的规范。随着动态竞争观、损害中性观等《反不正当竞争法》思维范式在我国逐渐得到确立，不当软件捆绑行为作为一种未经许可而利用他人流量的行为应如何规制，应如何从利益平衡的角度出发考量经营者、竞争者、市场其他参与者、消费者等方面的利益，以构建并维持自由而又规范的市场秩序，存在很大的研究空间。在具体法律适用上，该行为是否仅能被一般条款规制，是否能够并应如何有效调动类型化条款予以规制，避免“向一般条款逃逸”，值得深入探讨。

（二）思维范式转变下法律适用的困惑

随着我国对《反不正当竞争法》研究的逐渐深入，《反不正当竞争法》的适用范式亦在发生变更：由权利保护模式到综合衡量各方利益，由有损害即有救济到损害中性观，由评价行为的道德不正当到评价行为的客观不正当，由静态竞争观到动态竞争观。学者们就此从不同角度作了论述。如李扬教授指出了旧有思维范式的缺陷❶，郑友德教授指出认定行为阻碍竞争时需细致考察竞争行为的效果❷，孔祥俊教授更是指出需承认市场的动态发展，不应苛求市场静态守成❸。思维判决的变更引起我们对既有司法裁判的探讨，全盘继承既有判

---

❶ “法官对《反不正当竞争法》所保护的利益为何受保护或不保护、怎么保护拿捏不准，态度摇摆不定，摇摆不定之际法官极容易向有天然号召力的自然权利观靠近，假定‘受损害方’天然存在受法律保护的利益。在言及《反不正当竞争法》必言‘兜底保护’的大环境下，法官出于人类认知惰性和逻辑惯性极容易根据损害结果倒推出竞争行为的不正当性，鲜有法官逆向思考‘受损害方’是否存在受法律保护的利益并进行精细论证，也就不足为奇了。”参见李扬. 互联网领域新型不正当竞争行为类型化之困境及其法律适用［J］. 知识产权，2017（9）：8.

❷ “一个竞争者妨碍、损害或排挤竞争对手的每种手段并非是阻碍竞争的手段。妨碍、损害或者排挤可能是经济竞争的天然结果。经济竞争的意义与目的在于闯入竞争对手的顾客圈内，通过其业绩的优质夺走顾客。唯当一种竞争手段使竞争对手的业绩在市场上不能或者不能完全发挥作用，由此使竞争对手不能依其自由意志进行真正的业绩比较时，方存在法律意义上的阻碍。”参见郑友德，范长. 反不正当竞争法一般条款具体化研究——兼论《中华人民共和国反不正当竞争法》的完善［J］. 法商研究，2005：125.

❸ “这种静态的市场竞争观是一幅市场竞争的理想图画，但更多是一种‘乌托邦’，市场竞争不是、不必和不可能如此‘祥和’与‘和谐’。市场竞争向来是动态的，不可能也不应该是静态的。”参见孔祥俊. 论反不正当竞争的基本范式［J］. 法学家，2018（1）：52.

决变得日益不可行。

若以转变后的思维范式看前述"搜狗诉百度软件捆绑"案中法院认定不当软件捆绑行为的思路，其确实存在诸多问题。在该案中，一审法院认定被告"抢占原告市场份额"。❶ 这种分析显然较为牵强：一方面，原告的搜狗输入法尽管被添加捆绑软件，但输入法本身确实是被下载了，抢占搜狗输入法市场份额的说法难以成立。另一方面，一审法院在分析软件捆绑是否损害原告其他软件（杀毒产品、浏览器产品）的市场份额时忽略重要事实基础：只有在流量属于他人的情况下，才能再证立利用他人流量的会给原告带来损害、行为具有不正当性等。从"百度诉搜狗插入垂直搜索词"案❷、"百度诉搜狗遮挡下拉提示词"案❸中可看出，我国对流量归属的判定日益趋严，只有在某具体情况中用户具有接受某种产品或服务的可能意愿，才能将流量的归属确定于该产品。在本题中，用户下载的是搜狗输入法，这只能表明其愿意接受的产品是该输入法，搜狗的其他软件根本未曾出现，一审法院在无任何证据可表明用户有扩展意愿的情形下主动推延，认定用户有意愿使用原告提供的其他与实现搜狗输入法无关的软件，实属不当。

二审法院在对上述问题则予以了回避，既无肯定该观点，亦无明确提出反对，而是采取不同的行为不正当证立路径。其在论述"是否依据《反不正当竞争法》第 2 条认定其构成应予禁止的不正当竞争行为"时，分别列举了四项理由：第一项为消费者利益受到了损害；第二项为被告利用他人商业成果具有反道德性；第三项为因消费者认为竞争行为与原告有联系而致原告的声誉降低；第四项是竞争行为对市场秩序具有的破坏性。第一项理由实属正确，二审

---

❶ 参见北京知识产权法院（2015）京知民初字第 13 号民事判决书，一审法院："为原告带来搜狗输入法、搜狗浏览器、搜狗手机助手、搜狗地图等软件造成市场用户数量、市场占有率降低及与此相关的各种直接或间接的商业利益损失。"

❷ 参见北京知识产权法院（2015）京知民终字第 557 号民事判决书，二审法院："不能仅基于垂直结果所出现的时机及设置位置便当然地认为其劫持了原本属于百度搜索引擎的流量。判断其是否劫持百度搜索引擎的流量，仍需看该流量是否确属百度搜索引擎所有……本院便考虑了服务内容在通常情况下对于商业机会归属的影响，以及用户需求与商业机会之间的关系等因素，最终得出否定结论。"

❸ 参见北京知识产权法院（2015）京知民终字第 2200 号民事判决书，二审法院："由于只有在搜狗搜索引擎因被诉行为而获得的流量原本属于百度搜索引擎的情况下才可能出现搜狗公司对百度搜索引擎流量的劫持，本院首先对此进行判断。本案中，被诉行为系发生在用户进入百度网站页面之后，也就是说，使用搜狗输入法的用户首先是百度搜索引擎用户，因此，无论被诉行为是否具有正当性，至少可以首先肯定的是，搜狗公司因被诉搜狗输入法下拉菜单行为而获得的用户流量原本属于百度搜索引擎。"

法院的大段分析都集中在不当软件捆绑行为对用户知情同意权的损害上，确实体现出消费者在竞争秩序中具有极其重要的地位。但该诉毕竟是民事诉讼，在经营者提出不正当竞争之诉时，仅因消费者受损并不能使经营者获得诉权与胜诉，经营者需证明其因竞争行为而受到损害或有受到损害的可能性。在第二项理由中，二审法院认为被告的行为本质上不正当地利用他人商业成果，为自己谋取竞争优势。❶ 二审法院的判决实质上是较高强度地禁止他人未经许可而利用他人软件的流量。若从静态的竞争秩序出发，诉诸道德，反对经营者在市场中不劳而获的行为是合理的。但一项产品产生的正外部性并不当然归于产品的经营者，尤其在经营者的利益未受到损害、现有市场与未来市场并未被证立受到侵占的情况下，竞争行为的不正当性本身即需加以说明。实际上，诉诸道德起到的是加强论证力的作用，但其本身却独木难支，从国际经验❷以及我国学者分析❸中可见一斑。因此，第二点的论述本身是不充分的。笔者认为，第三点理由的论述具备使竞争行为产生不正当性的效果，但遗憾的是，法官未充分结合软件捆绑行为及《反不正当竞争法》作出分析，以混淆一语带过，但在法律依据中却未见商业混淆条款的出现，似乎体现出裁判者的不自信。第四点鲜明提出了"如不加以制止，将可能导致同行业经营者的效仿及竞争秩序的混乱，从而不利于损害社会公共利益"。多样、长远而综合的考虑角度体现出法院力图实现利益平衡，但第四点是对前面几点的提炼升华，在前面三点的分析并不牢固时，第四点理由有本本论证的意味。在第四点的具体论证路径上，二审法院亦不可避免地落入泛泛论证"维护合法有序的竞争环境"的巢穴，未有针对性地展开该行为如被允许而对市场秩序的损害情况。

---

❶ 参见北京市高级人民法院（2017）京民终 5 号民事判决书，二审法院："被告不当利用了网络用户对搜狗软件的认可和需求，而网络用户对于搜狗软件的此种认同有赖于搜狗信息公司和搜狗科技公司长期经营过程中积累的商业信誉和产品声誉。被诉行为本质上不正当地利用他人商业成果，为自己谋取商业机会从而获取竞争优势的行为。"

❷ 例如，WIPO 出台的《世界反不公平竞争法的新进展》便指出："将不公平竞争描述为违背'诚实交易惯例''诚实信用'等行为，并非为了拟定清晰明了、可普遍接受的行为准则，因为所采用的词语的含义不太固定。"该翻译版本来源：郑友德．世界反不公平竞争法的新进展［J］．经济法论丛，1999（1）：288．又如，德国在 2004 年修订《反不正当竞争法》时，亦顺势将一般条款中的"有违善良风俗"用语删去，而以"不正当"取而代之。参见范长军．德国反不正当竞争法研究［M］．北京：法律出版社，2010：14．

❸ 我国学者也越来越注重从行为客观上对市场的危害性出发，考虑如何实现利益平衡、构建并维护良好的市场秩序。参见蒋舸．反不正当竞争法一般条款的形式功能与实质功能［J］．法商研究，2014（5）：141 –146．；王文敏．互联网竞争中不当干扰行为的认定［J］．知识产权，2016（10）：46 –51．

（三）一般条款与类型化的适用困难

在具体法律适用上，一般条款尽管确实"很好用"，能使《反不正当竞争法》保持高度灵活性，使其在面对社会纷繁复杂的变化时保持游刃有余的态势。但一般条款的适用一直备受诟病，其灵活性系以牺牲法的稳定性、损害法律的指引作用为代价。❶ 正如托·约·邓宁所言："一有适当的利润，资本就胆大起来。如果有10%的利润，它就保证到处被使用；有20%的利润，它就活跃起来；有50%的利润，它就铤而走险；有100%的利润，它就敢践踏一切人间法律；有300%的利润，它就敢犯任何罪行，甚至冒绞首的危险。"❷《反不正当竞争法》调整的是经营者的活动，试图厘清正当竞争与不正当竞争之间的关系。用内容较为模糊的一般条款对市场经营活动进行调整，本身就为经营者规避法律创造托词，铤而走险是追逐利润的必然。在搜狗诉百度判决生效后，未经同意而利用他人软件为目标软件的行为并未销声匿迹，各大下载网站上依旧捆绑如旧，仍以高速/安全下载提示框诱使原本欲要下载目标软件的用户去下载各种捆绑软件并隐瞒软件捆绑的事实。此外，一般条款亦不能成为行政立法与执法的依据，当这种行为被司法机关以《反不正当竞争法》的一般条款加以制裁时，行政机关亦在展开其执法活动，这会导致不同机关出现法律适用的差异，司法机关认定行为违反一般条款而行政机关却认为其违反其他条款，法制的统一性受到破坏。

另外，类型化条款被直接适用的难度较大，需要有较高的法律解释技巧，合法合理地作出扩大解释。在前述"搜狗诉百度软件捆绑"案中，二审法院试图从被告的软件提供行为损害了用户知情同意权，而用户可能会认为提供行为来源于原告，证立原告受到的损害。❸ 但法院并没有直接表明商业混淆条款可以规制，用语具有一定模糊性。二审法院的谨慎是有道理的，毕竟不当软件捆绑行为在形式上没有表现为利用凝结有他人商誉的商品名称、包装、装潢、

---

❶ 正如王泽鉴所指出的："一般条款的适用可能会导致司法的遁入与法律思维的遁入：于法律适用时，法官不探寻、发现具体规范，径以概括条款作为请求权基础；即思考法律问题时，不穷尽解释适用或类推适用的论证，径以概括条款作为依据。"参见王泽鉴. 法律思维与民法实例 [M]. 北京：中国政法大学出版社，2001：244.

❷ D. J. Dunning, 1. c., pp. 35, 36.

❸ 参见北京市高级人民法院（2017）京民终5号民事判决书，二审法院："被诉行为发生在网络用户下载、搜狗软件的过程之中，容易使相关公众认为该行为系搜狗软件的经营者或者与其存在特定管理关系的经营者所实施，进而对搜狗软件产生负面评价。"

企业名称、社会组织名称、姓名等。利用他人软件下载安装过程是否有可能属于对他人商誉的不当利用、从而构成商业混淆行为并不明确，基于何种因素及情形认定存在混淆更是存疑。若进行推演，将该案放在 2019 年《反不正当竞争法》通过后，把视野投诸互联网条款❶能否适用，亦存在一定问题：仅从条文文义来看，互联网条款三类具体的"妨碍、破坏型"互联网不正当竞争行为难以包含软件捆绑行为，其技术上毕竟无涉及"强制目标跳转""诱导用户关闭、卸载其他经营者的产品""恶意不兼容"。至于互联网条款中的兜底条款，尚无司法判决或司法解释作出适用指引，其与一般条款应如何衔接尚不知悉，其本身又如何适用均系存疑。故若如此对互联网条款作从严解释，其宣示意义似乎大于实际意义，不存在可实际运用的空间。

（四）难点

从前文对不当软件捆绑行为危害性的分析及以前述"搜狗诉百度软件捆绑"案为例对《反不正当竞争法》具体适用之困境的分析，我们可发现，不当软件捆绑行为对消费者的知情同意选择权的侵害是明显的，但思维范式转变的情况下如何合理地认定行为对经营者、竞争秩序造成的损害却有一定难度。一方面，这种难度表现在法律适用的思维范式上的困惑，如何在维持竞争自由、承认损害中性的基础上，道德化地对使用他人流量的各种行为之间画出一条正当与不正当的界限？另一方面，具体法律适用亦无不存在困惑，究竟是适用一般条款还是适用类型化条款以规制不当软件行为？应如何充分调动类型化条款，从而避免向一般条款逃逸？

三、《消费者权益保护法》规制及其不足

（一）有关立法及司法实践

不当软件捆绑无论采取何种提示方式，或多或少地对用户的知情同意权、

---

❶ 《反不正当竞争法》第 12 条规定：经营者利用网络从事生产经营活动，应当遵守本法的各项规定。经营者不得利用技术手段，通过影响用户选择或者其他方式，实施下列妨碍、破坏其他经营者合法提供的网络产品或者服务正常运行的行为……

选择权造成了损害。《消费者权益保护法》第 10 条❶、第 16 条❷从正反方面赋予消费者公平交易权。另外，通过考察现有判决，可以确定的是，一键式捆绑完全漠视用户的知情同意权、剥夺用户的选择，捆绑流氓软件或恶意软件则干扰甚至破坏用户的电脑或手机的正常运转，均对消费者人身和财产权益造成非常明显的损害，《消费者权益保护法》加以制裁是正当的。例如，在"何某诉上海很棒信息技术有限公司"案中❸，原告"进入被告很棒俱乐部网页下载'很棒小秘书'软件时"，下载页面显示该软件的主要功能并不包括广告推广。在"很棒小秘书"安装前及过程中，并无提示有其他软件的安装。但安装完成后，"电脑中增加了很棒小秘书软件和一项名为富媒体的软件"。"打开浏览器进入百度网站搜索关键词，屏幕自动弹出广告窗口。删除上述很棒小秘书和富媒体软件后"，则不再出现弹窗。两级法院均认为被告"侵害了原告何某作为消费者所享有的知情权和选择权"。

（二）消费者权益宽泛且针对性不强

前述《消费者权益保护法》的条款所规定的权利和义务内容较为空泛，既非专门针对不当软件捆绑作出的规制，更无具体适用标准，对行为的定性始终较为模糊，存在非常大的细化与解释空间。同时，由于不当软件捆绑行为的表现形态较多，仅讨论一两个孤例实不能发挥有效价值。为妥善解决，我们更需要以尊重用户的知情同意权、自主选择权为主线，考察在软件下载安装整个过程中可能出现的软件捆绑行为，细致地确定其合法与非法的界限并将之制度化。

四、《广告法》规制及其不足

由于软件下载渠道经营者始终带有为自己或他人推广软件的目的，无疑需要检讨《广告法》是否有可适用的空间。依据《广告法》第 2 条，该法的适用范围为"商品经营者或者服务提供者通过一定媒介和形式直接或者间接地

---

❶ 《消费者权益保护法》第 10 条：消费者享有公平交易的权利。消费者在购买商品或者接受服务时，有权获得质量保障、价格合理、计量正确等公平交易条件，有权拒绝经营者的强制交易行为。

❷ 《消费者权益保护法》第 16 条：经营者向消费者提供商品或者服务，应当依照本法和其他有关法律、法规的规定履行义务。经营者和消费者有约定的，应当按照约定履行义务，但双方的约定不得违背法律、法规的规定。经营者向消费者提供商品或者服务，应当恪守社会公德，诚信经营，保障消费者的合法权益；不得设定不公平、不合理的交易条件，不得强制交易。

❸ 参见上海市第一中级人民法院（2007）沪一中民一（民）终字第 1797 号民事判决书。

介绍自己所推销的商品或者服务的商业广告活动"。不当软件捆绑或多或少地带有隐藏真实意图的性质，捆绑者通过各种隐蔽化措施或利用用户的操作惯性，试图使用户忽视或误操作。既然软件捆绑本身带有广告性质，从广告行为正当性的角度看，以"偷渡"的方式变相实现软件推销的目的并不可取，为其广告宣传的特性正本清源。

然而，《广告法》资源的供给并不充足。首先，《广告法》第44条规定，"利用互联网发布、发送广告，不得影响用户正常使用网络……"，故捆绑的是流氓软件或恶意软件，无疑可被规制。倘若捆绑的是正常软件，只是在提示方式或卸载途径等方面干扰用户选择，若说构成对用户正常使用网络的障碍，则略显牵强。另外，《广告法》第14条规定，"广告应当具有可识别性，能够使消费者辨明其为广告"，若仅对该条作文义解释，完全可依据该条要求经营者提供软件捆绑时需要表明捆绑行为的存在，说明其是在为捆绑软件打广告。但若结合该条第2款"大众传播媒介不得以新闻报道形式变相发布广告"，其规制范围原本并不包含对以软件捆绑作广告宣传的情形。从《广告法释义》中对于该条款的解读来看，之所以突出"大众传播媒介"不得变相发布广告，在于强调"新闻报道"与"商业广告"行为的区别，可见并不能当然地类推适用到以软件捆绑变相实现广告宣传效果的领域。即便该条款可适用于软件捆绑领域，以何种形式标明"广告"或向消费者明示其软件捆绑之性质才是规制该问题的关键，在《广告法》中却难以找到具体指引。故从体系解释与立法解释的角度来看，该条亦不足以有效制裁全部不当软件捆绑行为。

五、部委立法与执法规制及其不足

（一）有关立法与执法实践

不同于立法调整及司法适用的相对滞后性及对不当软件捆绑行为模糊的制裁，部委立法更为及时，亦更具有针对性，尤其是2010年"3Q大战"使问题爆发以后，工信部对应如何处理不当软件捆绑行为作出较为细致的规定。例如，2011年制定的《规范互联网信息服务市场秩序若干规定》第5条和第7条规定，互联网信息服务提供者不得以欺骗、误导或者强迫等方式向用户提供互联网信息服务或者产品。第8条规定互联网信息服务提供者"进行软件下载、安装、运行、升级、卸载等操作的，应当提供明确、完整的软件功能等信息，并事先征得用户同意"。第9条则专门针对软件捆绑行为，要求显著提示、用户主动选择、卸载或关闭方式独立，禁止附加不合理条件，对捆绑方式、提示要求、卸载标准等具体的说明。第 16 条、第 18 条则规定了违法的责任承担方式，包括责令改正、警告、处以一万元以上三万元以下的罚款三种措施。对于移动互联网，工信部在《移动智能终端应用软件预置和分发管理暂行规定》（以下简称《暂行规定》）第 5 条要求生产企业和互联网信息服务提供者"未经明示且经用户同意，不得实施……捆绑推广其他应用软件等侵害用户合法权益或危害网络安全的行为"。前述诸多条款有一定针对性，对下文规制措施有重要参考价值。

在执法上，对软件捆绑行为的规制主要由工信部主持，部分亦有网信办的参与。工信部从 2014 年第二季度开始，每季度均会对手机应用平台上的软件进行抽样检测，出具《工业和信息化部关于电信服务质量的通告》❶，对实施软件捆绑的软件进行公示或下架处理，每季度查处的软件为 30～50 件，4 年来共处理了超过 628 款软件。广东省网信办也于 2018 年 1 月查处了包含强制捆绑无关应用在内的违法违规软件 2500 多款。❷

（二）存在的问题

从现状来看，尽管行政立法与执法效果较为显著，但诸多对软件捆绑作规制的规章仅限于工信部，立法层级并不高，针对面相对狭窄。执法的现实状况则又明显体现出较大依赖于工信部的特征，缺少与其他部门的联动。而且工信部规章中的"不得欺骗误导""由用户主动选择"等词语仍有较大可解释的空间。例如，"安全/高速下载"的宣示要保证其真实性达到何种程度、禁止默认勾选应否要被明确纳入调整范围等问题仍有待探讨。与此同时，尽管行政机关的执法是有效的，但具体执法尺度如何却不得知，执法的依据亦不确定。应如何合法、合理、清晰地展开行政执法，行政部门之间应如何有效配合等问题，仍有待我们探究。

---

❶ 工业和信息化部关于电信服务质量的通告［EB/OL］.［2018 - 11 - 18］. http：//searchweb. miit. gov. cn/search/search. jsp.

❷ 参见广东依法查处一批违法违规 App［EB/OL］.［2018 - 11 - 18］. http：//www. cnr. cn/gd/gdtt/20170123/t20170123_523525370. shtml？from = groupmessage.

第四节　规制不当软件捆绑行为之法律路径探析

从前文分析可知，不当软件捆绑行为带来的影响主要是损害用户的知情同意权与自主选择权，利用目标软件的流量、搭目标软件的便车，现时我国法律体系对其的规制也是主要从维护消费者及其他经营者利益角度出发的。但具体如何作法律适用并非十分明朗，我们需要从正反两方面入手，作出明确、有效的解释。本节第一部分主要论述如何认定不当软件捆绑行为具有不正当性，分析不当软件捆绑行为应如何受到《反不正当竞争法》类型化条款的制裁；第二部分综合软件下载安装的全过程，借鉴各种法律资源，正面论述什么样的软件捆绑行为是正当的，试图构建细致而又有效的规则体系；第三部试图构建一套制度保障机制，分析制度应如何落实。

一、认定不当软件捆绑行为不正当性之路径

《反不正当竞争法》通过禁止经营者实施破坏市场竞争秩序的行为，维护消费者及其他经营者合法利益。但"市场秩序"一语终究是出现在《反不正当竞争法》中的目的条款中，泛泛而谈市场秩序并不可行。同理，《反不正当竞争法》的一般条款现时有被滥用的倾向，其适用亦较为空泛，下文仅就能否及如何适用《反不正当竞争法》类型化条款展开分析，不再讨论一般条款的适用。

《反不正当竞争法》类型化条款对不当软件捆绑行为的规制具有一定的重合性，尽管这在民事诉讼中对救济与惩罚相应的当事人的最终影响并不大，但在行政处罚上却有巨大差异。❶ 因此，判定不当软件捆绑行为违反什么类型化条款具有重要意义，当其违反《反不正当竞争法》多个类型化条款时，应当按照从重的条款加以制裁。此外，由于不当软件捆绑行为具有多重危害性，法

---

❶　对商业混淆行为的惩罚是"违法经营额五万元以上的，可以并处违法经营额五倍以下的罚款；没有违法经营额或者违法经营额不足五万元的，可以并处二十五万元以下的罚款。情节严重的，吊销营业执照"；对商业误导行为的惩罚是"二十万元以上一百万元以下的罚款；情节严重的，处一百万元以上二百万元以下的罚款，可以吊销营业执照"；对违反互联网条款则的惩罚是"处十万元以上五十万元以下的罚款；情节严重的，处五十万元以上三百万元以下的罚款"（没有吊销营业执照罚）。

律适用的竞合恰好反映了《反不正当竞争法》类型化条款对不正当行为的认定可从多个角度出发，以对行为产生的不同危害性加以全面规制。

（一）可适用商业混淆条款

1. 商业混淆条款的适用情形及逻辑推理

在多数情况下，用户下载软件需要依赖搜索引擎：用户在空白的检索框中输入关键词，进入检索页面，再点击位置靠前且具有关联性的链接，进入下载页面。从上文的分析可知，现时不少搜索引擎的检索结果靠前位置多为链接带有捆绑软件的下载页面，且检索结果多显示为"官方""官网"等字样。检索结果指向的链接都不是下载目标软件的官方渠道，下载的更是带有捆绑软件的安装包，明显不是官方安装包。但其出现位置、描述方式都会使用户产生错误判断从而错误点击。

前述行为形态与《商标法》中所称的"初始兴趣混淆"具有相似之处。无可否认，在《商标法》领域，初始兴趣混淆是否能适用存在争议：一方面用户在点击进入错误网站后，其能发现提供的内容并非为其所想要，用户可自主关闭该网站，被攀附的经营者并无受到损失；另一方面，因用户打开错误网站后能识别其正在浏览的网站为谁提供，这反而可以增加用户的选择，有利于用户进行"货比三家"。[1] 但"正如美国商标法学者麦卡锡教授对'初始兴趣混淆'所作的形象比喻，'初始兴趣混淆'就如同'在求职简历中虚构了自己的教育背景进而获得了面试的机会。尽管求职者在面试中如实告知了简历中包含有虚构的成分，但其通过弄虚作假获得了令人羡慕的面试机会却是不争事实，与那些具有相同教育背景并如实填写简历的求职者相比，弄虚作假者不能说没有对其他求职者造成不当的竞争损害'"。[2] 其不正当性是存在的。[3] 我国司法实践对此亦持支持态度。[4]

---

[1] 刘敏. 论"初始兴趣混淆"原则在中国司法中的适用［J］. 法律适用，2014（4）：63；周樨平. 商业标识保护中"搭便车"理论的运用——从关键词不正当竞争案件切入［J］. 法学，2017（5）：128.

[2] J. ThomasMcCarthy，McCarthy on Trademarks and Unfair Competition，§23：6（4ed. 200）. //徐聪颖. 论"初始兴趣混淆"的法律［J］. 时代法学，2010（6）：62.

[3] "初始兴趣混淆"理论在我国亦不乏支持者。如，邓宏光. 商标混淆理论的扩张［J］. 电子知识产权，2007（10）：39；周樨平. 商业标识保护中"搭便车"理论的运用［J］. 法学，2017（5）：128.

[4] 如"南京雪中彩影公司诉上海雪中彩影公司及其分公司商标侵权、不正当竞争纠纷". 中华人民共和国最高人民法院公报，2006 年第 5 期公报案件；"上海玄霆娱乐信息科技有限公司、北京畅游时代数码技术有限公司侵害商标权纠纷". 参见上海知识产权法院（2015）沪民终字第 522 号民事判决书.

初始兴趣混淆前述两个适用争议在本题都不能成立，混淆可能性会继续存在且用户利益会继续受到损害，本题中经营者行为之危害性更为显著。首先，用户打开检索结果后，页面的设置方式同样充满误导性。譬如，在百度中检索"微信电脑版"，打开结果靠前且显示有"官方"的链接，进入 ZOL 下载网。该页面突出显示标题"微信电脑版 2.6.4"，标题右侧标有"官方"的蓝色框。点击页面首部中的"ZOL 本地下载"、页面中下部的"高速下载""本地下载""官方下载"，均为带有捆绑软件的安装包，该文件被描述为"微信电脑版""WeChatSetup"。在捆绑的安装包中，"微信电脑版""立即安装"被突出显示。即便下载提供者使用"微信"系对其分发的软件的客观描述，尚不能据此认为使用"微信"本身即构成商业混淆。但其在百度检索结果的链接标题及点击链接后打开页面的标题中均突出显示"官方"，在下载文件名与安装界面均突出显示"微信电脑版"的行为明显会带来混淆的可能性。另外，页面的大部分下载位置均捆绑安装包，仅有位于页面较后且隐蔽的"其他下载地址　官网下载"提供非捆绑安装包，从页面的整体设置情况来看，进一步增大了导致混淆的可能性。其次，用户即便下载的捆绑软件是功能正常的软件，但正如前文所述，无关的软件会占用设备的内存，影响设备运行的速度。更重要的是，对用户权益的尊重应当是为用户提供丰富的选择而不是替代用户选择并变相提供所谓的"丰富内容"。

因此，一方面，若不当软件捆绑行为在搜索引擎的检索结果中已经使用"官方""官网"等字样❶，其效果已经与初始兴趣混淆相近似；若出现上段的情形中，混淆可能性已甚于初始兴趣混淆的情形。另一方面，不当软件捆绑行为对用户利益的侵害更显著于初始兴趣混淆情形中。既然如此，经营者通过相关行为，使得用户可能会误认软件提供行为经过目标软件经营者的同意，或误认下载的内容为官方的内容，或误认为该内容仅为目标软件本身，存在混淆可能性。

当然，"初始兴趣混淆"理论是《商标法》适用的理论，前述经营者行为之所以产生混淆可能性并不仅是其使用其他经营者的商标而致，而更在于其实施了一系列致混淆行为，故前文一直论述为"借鉴"——在运用《反不正当

---

❶　若为竞价排名的检索结果，软件下载提供者可以选择呈现的结果，构成宣传；若为自然检索结果，软件下载提供者并无采取合理的爬虫抓取措施，使百度的爬虫抓取"官方""官网"等字样，是一种不作为。它们都能被理解为"使用"。

竞争法》商业混淆条款时，贯通《商标法》与《反不正当竞争法》的逻辑共同之处，借鉴初始兴趣混淆，凸显软件下载渠道经营者行为在混淆方面具有的不正当性，并进行充分说理。

2. 商业混淆条款的认定

在《反不正当竞争法》修订前，其商业混淆条款为封闭式结构，适用范围相当狭窄。在 2017 年修订《反不正当竞争法》时，商业混淆条款被增加了兜底条款："其他足以引人误认为是他人商品或者与他人存在特定联系的混淆行为。"这使得该条款的调整范围得到更大的扩张。❶ 为此将"在他人的软件被下载或安装过程中，捆绑其他软件，使用户误认捆绑软件为他人提供、经过他人许可或与他人存在特定联系的"，以兜底条款解释并无不妥。根据前文分析，在认定不当软件捆绑行为是否导致混淆时，需考虑搜索结果的短语设置方式、点击检索结果弹出的页面的整体布局情况、该页面有无标明"官方"或"官网"等字样、该页面中"官方"或"官网"等字样的下载提示框将会下载什么内容、下载文件名是什么、安装界面的呈现方式等因素，使用得越多，越具混淆可能性，就越不正当。

（二）可适用商业误导条款

由于软件下载提供者与目标软件经营者之间不存在特定联系，下载的内容亦并非目标软件本身，而是带有捆绑软件的文件。经营者并未如实说明软件的来源与内容，是对用户的欺诈。一般认为，市场信息传递机制的保持畅通与正常运转有助于消费者作出正确的选择，从而保障市场运转的真实性。误导行为的不正当性在于其扭曲市场信息机制，欺诈"裁判员"。❷

因消费者运动的兴起，虚假宣传条款在 1958 年的里斯本修订会议上被纳入了《巴黎公约》的调整范围。我国《反不正当竞争法》长期将商业误导行为表述为"引人误解的虚假宣传"，这在文义上引起适用的巨大困惑：只满足"引人误解"或"虚假"中的一种情形时，应如何规制？为此，2017 年修订《反不正当竞争法》时专门作了变更，误导行为只需满足"引人误解"或"虚

---

❶ 与之同理，《反不正当竞争法示范条款》第 2 条"总纲"："凡在工商业中对他人企业或其活动，尤其对此种企业所提供的产品或服务产生可能造成混淆的行为或做法，应构成不正当竞争。"其调整范围亦较为宽泛。

❷ 种明钊. 竞争法学 ［M］. 2 版. 北京：高等教育出版社，2012：127－128；刘继峰. 竞争法学 ［M］. 2 版. 北京：中国政法大学出版社，2017：218.

假"其中之一要求即可，将适用范围作了文义拓宽。

此外，什么样的行为才属于"宣传"？参考《反不正当竞争法示范条款》来看，这种立法语言并不准确：首先，"作出误导陈述的方式是没有关联性的。所有传递信息的方法……都包含在内"；其次，"从客观上讲，只要表示或陈述对消费者有某些引诱效果，产品的优劣与否在所不问……误导性传播并不一定必须是积极的传播：一半真话总等于一半谎言"。另外，在误导的主题上，"欺诈性陈述可以出现在商业事务的所有相关方面。但是，原则上对欺诈的制止范围应该很宽，足以覆盖立法者尚未考虑到的那些新形式的误导行为"。德国与美国亦同样采取类似的宽泛认定路径。❶ 由此可看出，对误导行为规制时，对误导行为实施方式的要求，宜采取更为宽泛的认定，不论作为与不作为，只要能传递信息的行为就属于实施行为。同时，行为传递的信息应该是包含对消费者有决定性影响的内容。

（三）可适用互联网条款

尽管互联网有极为丰富的内容，但用户的注意力有限、时间有限、资金有限，其仍然只能在丰富的内容中作出有限的选择。移动互联网时代使这种有限的选择进一步得到强化：移动设备的屏幕小而功能相对有限，用户打开并使用某 App 时，其他 App 只能在后台运行；对于功能相同的软件，移动设备的有限存储与处理能力导致用户更倾向于安装与使用其中的一款。因此，经营者吸引用户、留住用户，同样具有极其重要的意义，所谓的流量实质上就是互联网产品或服务的活跃用户的集合。

当流量成为经营者谋生立业之本时，不当地利用他人流量的行为亦顺势落入《反不正当竞争法》的调整范围。互联网条款正是回应何种流量使用行为具有不正当性：第二款第一项是对流量劫持行为的规制，部分地禁止其他经营者未经许可而使用他人流量；第二项、第三项分别禁止竞争者贬损他人流量的两种做法；第四项则对其他妨碍、破坏他人流量行为加以兜底规制。据此，我们需要探讨不当软件捆绑行为是否有可能落入互联网条款的规制范围内。下面

---

❶ 德国竞争法甚至未将伤害消费者主观情感的"虚假"的宣传行为纳入规制，仅要求"引人误解"的商业宣传行为，参见范长军. 德国反不正当竞争法研究［M］. 北京：法律出版社，2010：311；而美国《联邦贸易委员会法》第 5 条中对于"欺骗性"的解释，也同样包含真实但是引人误解的行为//孔祥俊. 引人误解的虚假表示研究——兼论《反不正当竞争法》有关规定的完善［J］. 中国法学，1998（3）：81.

将对比不当软件捆绑行为与互联网条款中"流量劫持行为"的异同，结合互联网条款规制行为的具体特征，试图分析不当软件捆绑行为具有落入互联网条款规制范围的可能性。

1. 不当软件捆绑行为与流量劫持行为之辨析

不当软件捆绑行为与流量劫持行为都是未经许可使用他人流量的行为，具有一定相似性。《反不正当竞争法》第12条规定："……（一）未经其他经营者同意，在其合法提供的网络产品或者服务中，插入链接、强制进行目标跳转……"结合《〈反不正当竞争法〉解读》可知，前端弹窗被明确禁止。❶ 前端弹窗的危害性主要表现为以下两个方面：竞争者通过前端弹出的方式，导致经营者自主自决地提供产品或服务的过程受到阻挠，其广告位或其他内容展示位置受到遮挡，竞争行为对其造成了损失。譬如，在"百度诉青岛奥商"案中，山东省高级人民法院指出："被告是利用了百度网站搜索引擎在我国互联网用户中被广泛使用优势，利用技术手段，让使用联通青岛公司提供互联网接入服务的网络用户，在登录百度网站进行关键词搜索时，在正常搜索结果显示前强行弹出奥商公司发布的与搜索的关键词及内容有紧密关系的广告页面。这种行为诱使本可能通过百度公司搜索结果检索相应信息的网络用户点击该广告页面，影响了百度公司向网络用户提供付费搜索服务与推广服务，属于利用百度公司提供的搜索服务来为自己牟利。"❷ 同时，用户原本无接受目标跳转或弹窗的意愿，跳转或弹窗并非为实现功能所必需，甚至是一种累赘，用户的自主选择权受到破坏、增加用户操作的麻烦、对用户造成滋扰。另外，因操作麻烦程度的增加，用户可能会对原产品或服务作负面评价，甚至选择放弃使用，从而致使目标软件经营者的用户量有下降可能，对经营者造成进一步的损失。

与流量劫持相比，不当软件捆绑的相似之处在于：流量劫持行为通过目标跳转的方式干扰经营者的网页，不当软件捆绑行为则通过捆绑无关联软件于目标软件，干扰目标软件经营者的软件下载安装过程。同时，用户原本无接受弹窗或捆绑软件的意愿，弹窗或捆绑软件并非为实现目标软件之功能的必需，甚至是一种累赘，用户的自主选择权受到破坏。

两者也有较大区别，一方面，不当软件捆绑行为对其他经营者造成的损害

---

❶ 王瑞贺.《中华人民共和国反不正当竞争法》解读［M］. 北京：中国法制出版社，2018：55−56.

❷ 参见山东省高级人民法院（2010）鲁民三终字第52号民事判决书。

更为不明显，目标软件最终毕竟被安装了，对目标软件经营者造成的流量损害并非很明显，其造成的影响更像是后端弹窗式目标跳转。而且，在没有构成混淆时，用户能辨认软件下载渠道提供者并不是目标软件经营者本身，亦与之无关联性，因操作麻烦而导致用户放弃使用及目标软件用户量下降的可能性相对较低，用户更大程度上会去卸载捆绑软件并对软件下载提供者产生负面评价。因此，目标软件经营者的利益损害主要集中在因软件下载渠道提供者利用目标软件的流量上，实施误导行为（误导用户该下载安装渠道具有更好的质量、未告知用户该下载安装渠道捆绑有其他软件）。另一方面，不当软件捆绑行为对用户合法权益的侵害却更为明显，捆绑的软件最终安装在用户主机中，与点击关闭网页相比❶，卸载软件以消除行为所带来的不良影响需要更麻烦的操作。在一键式捆绑的情形中，用户甚至根本不知道已经安装，卸载更无从谈起。同时，捆绑软件占用用户磁盘空间，若软件为开机自动运行的，更会占用内存、拖慢主机运行速度。

由此可知，与流量劫持行为相比，不当软件捆绑同样利用他人的流量，但对他人的损害相对不明显（尤其较前端弹窗的损害轻），对消费者利益的损害反而更加明显。

2. 不当软件捆绑行为可被互联网条款加以规制

竞争自由是竞争秩序中的重要一环，《反不正当竞争法》需要维持竞争的自由性，若竞争行为对经营者没有造成较为明显的损害，保持相对宽容是应有之义。但在宽容的同时，我们需要考虑到：若经营者实施该行为带来的利好明显大于不实施（正如前文"成因"所分析的一般），基于成本效益的分析，当缺少对该行为的有效制裁时，实施行为对经营者的正向溢出是明显的，法律的宽容无异于反向激励经营者实施此等行为。更进一步而言，已经享受该行为带来的效益的经营者在市场上产生了一个激励效应，人们会对此种激励行为作出响应并跟从，"破窗效应"❷ 由此形成，久而久之，行为因不断地得到纵容而泛滥。因此，在对行为作定性时，我们需要在不同的行为类型中审慎地考虑维护自由竞争的价值目标与通过宽容而致变相激励此等竞争行为而带来的不利后

---

❶ 当然，部分流量劫持行为同样是通过安装插件实现的，关闭同样很困难。

❷ 著名犯罪心理学理论由詹姆士·威尔逊（James Q. Wilson）及乔治·凯林（George L. Kelling）提出，以一幢有少许破窗的建筑为例，如果那些窗不被修理好，可能会有破坏者破坏更多的窗户，延伸义为环境中的不良现象如果被放任存在，会诱使人们仿效，甚至变本加厉。

果。这也正是司法实践中所称的"要注重裁判的社会效果/社会影响"的体现。德国反不正当竞争法适用时亦有考虑到竞争行为是否有"被模仿的危险",若有,则即使单个被诉行为本身的危害性不显著,亦有受禁止的余地。如针对"不可合理预期的骚扰",德国法院认定商业行为是否对消费者产生不可合理的预期时即需要考虑"如果将某种这样的商业行为认定为合法,是否会存在模仿的危险,即其后的众多的经营者是否会竞相采用这种商业及竞争方式,从而影响到更多的相对人,单个的相对人也被同样的但由于不同经营者实施的商业行为影响多次,从而达到多数人无法容忍的聚集密度"❶。

同时,消费者是竞争秩序中的重要组成,在反不正当竞争法适用过程中,我们要考虑竞争行为对消费者利益的影响。尤其在我国反不正当竞争法没有赋予消费者诉权时,为更好地保护消费者的利益,宜注重对消费者权益是否因竞争行为而受到损害作分析,适当放宽因消费者利益受损而致经营者利益受损的因果关系认定,从而证立竞争行为的不正当性,借保护经营者利益而一并保护消费者利益。譬如,后台弹窗尽管无阻挡经营者的界面,在网速足够的情况下,亦不会降低网页接入速度。但假如不对其加以禁止,后台弹窗的数量将会增多,中小网站更会将自己"粘到"大网站后,"牛皮癣"现象的爆发着实导致用户的操作变得甚为不便。故此时授予被弹窗的经营者胜诉权具有较大必要性。

正因如此,用户本来可通过搜索引擎检索得到诸多下载软件的渠道,用户的选择确实得到丰富。但用户因误信其他下载渠道是权威的或更优质的,而选择下载,结果得到的是带有推广其他捆绑软件的累赘。若此等损害用户利益的不当软件捆绑行为不加以禁止,则企业之间在软件下载安装过程中就会借机利用用户操作习惯或注意力之不足,反复以推荐的方式或带有诱导欺诈性质的方式向用户推荐形式各样的软件,甚至一键式捆绑其他软件。捆绑软件与实现目标软件功能之间并无关系,捆绑软件的安装为用户电脑增加不必要的软件,产生弹窗滋扰、降低电脑运行速度等问题,不胜其烦的用户会将这种不满向市场发泄,形成用户痛点。用户获得目标软件的过程变得更为繁杂与混乱,导致目标软件经营者实现接入用户流量的效率降低,其甚至可能因用户获得目标软件

---

❶ 范长军. 德国反不正当竞争法研究［M］. 北京:法律出版社,2010:311;德国适用一般条款时,亦需考虑"被模仿的危险",见前书,第104页。

的不便利而受到用户的否定评价，故可认定目标软件经营者确实会因不当软件捆绑行为而受到损害，软件下载渠道提供者的损人流量而利己的行为具有不正当性。

3. 可通过解释互联网条款的兜底条款实现规制

通过类比不当软件捆绑行为与流量劫持行为可发现，两种行为在性质上均属于在互联网领域利用技术手段搭他人流量便车的行为，有损害经营者利益的可能性且明显地损害消费者利益，在性质上具有较大相似性。尽管规制流量劫持条款的文义本身较为狭窄，仅在"插入链接、目标跳转"中可适用，解释空间亦过于狭窄，难以包含对不当软件捆绑行为的规制，但通过类推比较可知，既然互联网条款将流量劫持纳入规制的范围，将不当软件捆绑行为纳入互联网条款调整范围亦同样合理，两者的"同类项"可被合并。籍此，结合互联网条款第二款第一项"经营者不得利用技术手段，通过影响用户选择或者其他方式，实施下列妨碍、破坏其他经营者合法提供的网络产品或者服务正常运行的行为"所包含的原理，适用兜底条款"其他妨碍、破坏其他经营者合法提供的网络产品或者服务正常运行的行为"，正好可以为我们提供适用互联网条款的空间，并有效达到合理规范行为目的、回避适用一般条款存在的问题的良好效果。

值得注意的是，笔者并非否定所有捆绑无关联软件的行为都具有不正当性，若用户在下载前就已经知道其要下载带有捆绑内容的文件，且在下载过程中其知情同意选择权得到充分尊重，软件捆绑时用户主动同意的，对目标经营者与用户均无损害，反而方便用户，应承认其合法性。下面将对软件捆绑的应然形态展开分析。

二、软件下载安装市场秩序之澄清

无论采取何种方式，不当软件捆绑行为或多或少地会对用户的知情同意权与选择权造成损害，对其加以规制亦为维护用户的权益。反不正当竞争法的调整之路始终是较为曲折的，尤其在我国反不正当竞争法仅有一般条款论述消费者，而总体对消费者地位的定性暧昧不明的情况下，只有正面地规范软件下载服务提供者的行为才能真正保护消费者的知情同意权与选择权，才能真正实现用户利益的价值优位性，才能维护良好的市场秩序，以使该问题得到真正解决。

值得注意的是，前文曾指出软件捆绑的实施可能是以自己的软件为目标软件，亦有可能以他人的软件为目标软件。因反不正当竞争法的特性，其难以制裁以自己软件为目标软件或经过目标软件经营者同意的情形。但该部分的规则，只要是实施软件捆绑者，均需有遵守之义务。

（一）免费不免责

毫无疑问，在免费为主流的中国互联网市场，只要经营者系以营利为目的提供的，免费提供与否并不能豁免经营者本应承担的责任，否则中国互联网经营者的大部分经营活动将进入免责的范围。正如我们不能认为互联网企业前期"烧钱""派红包"是公益行为一样，一家企业之所以采取免费等方式让利于用户，必然有其经济目的，一切都是为了其商业利益最大化，将企业获得利益的对价仅限制在金钱上未免过于狭隘——尤其是流量为王、无处不可打广告的互联网领域。

（二）保护的全流程覆盖

由于下载页面、下载弹窗提示框、安装页面、安装过程、安装完成及退出方式等阶段均可能会发生软件捆绑行为，故保障用户的知情同意权与选择权亦需要贯穿用户接受软件下载安装服务的各个阶段，以使消费者能充分知悉并有能力作出真实的选择。下面的各种要求亦使得软件捆绑行为回归其广告推广的本质，并对广告的清晰可辨、内容真实、不得代替用户作出选择进行规定。因此，规范的上位法律依据为《消费者权益保护法》《广告法》。

下面的种种规范并非要求经营者需毫无变通地遵守，但经营者采取不同的方式的，其需要充分证明该不同方式能达到与规范相同甚至更好的效果，否则其行为仍属于对用户知情同意选择权的破坏，需承担因此而产生的法律后果。

1. 下载页面与下载弹窗提示框：下载清单单独弹窗提示、保证宣传的真实性

首先，中国互联网协会制定的《互联网终端软件服务行业自律公约》第15条"……（一）终端软件安装前，应当清晰明确告知用户本终端软件功能、附加的终端软件清单"，有借鉴空间。故下载页面若有多个下载提示框（这在各种下载网站较为常见），实施软件捆绑者需要向用户表明各个提示框指向的下载文件为捆绑软件包还是仅为目标软件。若为捆绑软件包，则需要单独弹出提示框（而不能仅以小字提醒"需下载""需安装"）向用户陈列捆绑软件清

单，表明包含的软件及其功能、提供者等，说明捆绑软件尚未下载安装、由用户自主选择是否下载安装，使用户可获得清晰且足够的信息，自主地作出是否下载的选择。

同时，基于经营者需保持诚信、不得虚假宣传的原则，若下载提示框表示该下载渠道有"安全""高速""官方"等更优更权威效果的，毫无疑问，实施软件捆绑者应保障其宣称的真实性，欺诈应当被禁止。倘若标明"高速"，则需要软件下载渠道提供者实际上提供高速下载服务的渠道，如架设另外的下载服务器或其他可能实现高速下载的技术手段。因非经营者引起的其他客观原因致下载速度实际无法实现高速下载的，亦可认定"高速"为事实；但经营者长期未采取补救措施且未取消"高速"标志的，经营者仍构成虚假宣传。若标明"官方"下载，则下载渠道提供者必须保证其所提供的目标软件与其官方下载渠道完全一致，在软件大小、版本、命名方式等各方面都需保持一致。"安全"则至少要保证无病毒或恶意软件程序的捆绑。在此类情形下，软件下载服务提供者还需保留相关证据，一旦涉诉，须承担"高速""官方""安全"等用语真实的举证责任。由于完成"安全""高速"下载大多需要先下载软件助手等软件，该加速或安全软件同样需要列入前述软件清单中，并需列出该软件的独有名称（如××软件助手等）而不能仅以"高速/安全下载器""安全软件"等功能性用语代替。另外，同样基于避免用户误认的原因，下载的文件若为捆绑软件包，其不得采用与目标文件中英文名称相同或近似的名称。

2. 安装页面：捆绑软件不得设置默认勾选、可清晰一键拒绝软件捆绑

安装页面的设置方式对用户的权益有极为重要的影响。现时仍有不少实施软件捆绑者将拟安装的捆绑软件设置为默认勾选安装，而用较小的提示框表示捆绑软件的存在、用较大的"一键安装"提示框引诱用户。对该情形应作何种规制？

就此，为保障用户的合法权益，应要求实施软件捆绑者作清晰、明确的提醒。《规范互联网信息服务市场秩序若干规定》第9条规定："互联网信息服务终端软件捆绑其他软件的，应当以显著的方式提示用户，由用户主动选择是否安装或者使用，并提供独立的卸载或者关闭方式，不得附加不合理条件。"《抵制恶意软件自律公约》第14条亦规定："反对其他侵害用户知情权、选择权的软件安装、使用和卸载等恶意行为。"

（1）"明确提示"标准难以有效发挥作用。"明确提示"标准本身并不存在错误，但其具体施行却难以有效发挥预期效果，毕竟"明确"的可解释空间太大。在客观上，提示方式本身就多种多样，提示内容的出现方式为文字还是图标、应如何设置字体字号字色、应摆放在提示框中的何种位置等都影响其清晰程度；而在主观上，何种提示方式才属于"清晰明确"，更是因消费者熟悉程度之不同而差异较大。因此仅以"清晰、明确的提醒"作为要求，要么需要浪费大量成本考虑如何作进一步的细化，要么保留较为粗糙的要求而留待法律适用者自行作具体把握，从而导致尺度模糊且不统一。

（2）规定不得设置为默认勾选反向实现"明确提示"的要求。当行为难以仅从正面被规范化时，有必要考虑从反面出发，划定行为的底线：禁止捆绑软件的安装采取默认勾选的方式。该规则参考被称为高度重视用户利益的《电子商务法》第19条："电子商务经营者搭售商品或者服务，应当以显著方式提请消费者注意，不得将搭售商品或者服务作为默认同意的选项。"

无可否认，直接适用该规则并不妥当，免费的软件下载提供服务是否属于《电子商务法》规制的范围存在争议，但发生在电子商务领域中的搭售行为与软件捆绑行为具有很大共通性：在法律关系上，二者都是发生在互联网上，经营者以营利为目的地与消费者（用户）发生产品或服务的提供与接受关系，双方所形成的关系十分近似。在行为后果上，搭售与不当软件捆绑都是在用户没有主动作出同意的情况下，超出用户的原本意愿向用户提供其他内容，损害了用户利益。从效果上看，采取禁止默认勾选一条，可大致完成对安装页面设置方式的要求，形成有效的机制，极大限度地保障用户的知情同意权、自主选择权。因为禁止默认勾选可保证所有软件捆绑都是用户自主作出的，为了使用户做出此等选择，反而能倒逼软件下载渠道经营者对拟捆绑软件作出更清晰的标识，并力图表明捆绑软件质量之优良。因此，禁止默认勾选的原理可以被借鉴。将《电子商务法》第19条折射出来的规则，引入对免费提供软件下载行为的调整亦具有合理性。❶

（3）可清晰一键拒绝软件捆绑。软件捆绑性质与广告宣传近似，故可借

---

❶　"禁止默认勾选"在我国首个保护个人信息的推荐性国家标准《信息安全技术个人信息安全规范》（GB/T 35273－2020）亦有体现，其被定义为"明示同意"："个人信息主体通过书面声明或主动做出肯定性动作，对其个人信息进行特定处理做出明确授权的行为。注：肯定性动作包括个人信息主体主动作出声明（电子或纸质形式）、主动勾选、主动点击'同意''注册''发送''拨打'等。"

鉴《广告法》第44条："利用互联网从事广告活动，适用本法的各项规定。利用互联网发布、发送广告，不得影响用户正常使用网络。在互联网页面以弹出等形式发布的广告，应当显著标明关闭标志，确保一键关闭。"因此，当用户未勾选某捆绑软件而实施安装行为时，经营者建议安装捆绑软件的提示框应该能被轻松关闭，用户可点击提示框右上角的关闭按钮完全、直接地拒绝安装，一切已弹出或将弹出的捆绑安装推荐亦应同时被立即终止。

3. 安装过程：知悉正在被安装及拟被安装之软件、可随时终止安装过程

静默安装本身能节省安装时麻烦的人工操作，其"一键完成"的功能可被有效而充分地发挥，承认并充分利用技术进步带来的积极效果并无不当。前述《规范互联网信息服务市场秩序若干规定》第9条规定了"提供独立的卸载或者关闭方式，不得附加不合理条件"，该规则同样可被借鉴与细化：下载安装界面应提示拟准备安装与正在被安装的软件；用户随时可选择终止安装的过程。此外，安装的软件应该仅仅是用户主动勾选的软件。

4. 安装完成及退出方式：清单列示、一键完全退出

有时软件捆绑系发生于安装完成或卸载完成后。有通过默认勾选捆绑软件，用户点击完成或确定等操作后自动安装捆绑软件；亦有通过反复对调同意与取消位置的方式，使用户错误点击而继续安装捆绑软件。为此，无论系安装完成后自动弹出的界面还是因用户操作而弹出的界面，其中若包含捆绑软件，实施软件捆绑者仍需说明捆绑软件名称、来源、真实功能，更不得将捆绑软件设置为默认勾选。另外，在目标软件安装完成后，继续推荐用户下载安装其他软件的，与前述规则保持一致，安装完成后的继续安装提示框应该能被轻松关闭，用户可点击提示框右上角的关闭按钮完全、直接地退出，一切已弹出或将弹出的捆绑安装推荐亦应同时被立即终止。

三、配套行政立法

《消费者权益保护法》从消费者利益角度出发，规范经营者向消费者提供产品或服务时的行为；广告系针对消费者作出的，《广告法》相当部分的内容与消费者利益保护关联紧密。《消费者权益保护法》与《广告法》的行政主管部门均为国家市场监督管理总局，可保持对软件捆绑行为步调一致的规制路径。若要将前述制度真正落地，就不能仅依据两部法律中的若干个"权利"或"原则"，行政机关有必要结合前述分析制定配套的实施细则。因此，行政

机关规范在各个阶段发生的可能影响消费者权益的软件捆绑行为时，应以《消费者权益保护法》与《广告法》作为其上位法律依据，以进一步表彰立法与随后执法的目的、正当性、具体方式等。应如何规范，前文已作出充分说明，至于配套的执法措施、罚则，则有待行政机关作进一步调研，本书不作进一步深入。

另外，现时的行政立法与执法部门主要是工信部。工信部的职能是"拟订实施行业规划、产业政策和标准；监测工业行业日常运行；推动重大技术装备发展和自主创新；管理通信业；指导推进信息化建设；协调维护国家信息安全等"❶，该职能使得当一个新的技术对消费者或其他经营者产生影响时，工信部往往较早地对该技术进行规范，以导利控弊。但毕竟技术对市场主体及市场活动有不小的影响，工信部在其职能范围内似乎难以深入地加以规范。而国家市场监督管理总局虽确实有能力对各类市场主体及市场活动作出规范，但其却不如同工信部一般，对技术相对缺乏充分与细致的理解。软件捆绑行为的目的在于推广捆绑软件，在性质上本属于对消费者与其他经营者权益都有着影响的广告，而具体实施时却利用各种技术措施，采取隐瞒、欺诈、利用用户操作习惯等方式，以试图"偷渡"捆绑软件，因此而落得不当之下场。因此，若要实现对该行为的有效规范，离不开工信部与国家市场监督管理总局的联动：工信部提供更加充分的技术支持，使立法语言更加精准与具有可预见性，使执法方式更加便捷、高效、有力；国家市场监督管理总局则从维持市场秩序的总体目的出发，充分利用现有法律并填补其漏洞，在促进技术发展的同时消除软件捆绑行为的种种不利影响。

第五节　结语

不当软件捆绑行为具有多发性和危害性，漠视了用户享有互联网软件下载提供服务时的知情同意，同时也可能对其他经营者造成直接或间接的损失，理应受到法律的制裁。现有法律框架下，也多从经营者利益和消费者利益保护的

---

❶　工业与信息化部－机构职责［EB/OL］.［2018－11－20］. http：//www. miit. gov. cn/n1146285/n6496186/c3722500/content. html.

角度出发进行规制。

在维护经营秩序层面，由于反不正当竞争法中相关条文的模糊性，尚未有明确的条款能够直接规制此类行为，需要对现有相关法律条文作出恰当解释，以应对此类互联网环境下新型不正当行为。因而，可对相关法条作出如下解释：其一，《反不正当竞争法》第6条"商业混淆条款"第四项"其他足以引人误认为是他人商品或者与他人存在特定联系的混淆行为"应包含以捆绑软件的方式造成的对目标软件与捆绑软件或目标软件与软件下载服务提供商等相关经营者之间存在特定联系的可能性。其二，第8条"虚假条款"中，对"虚假宣传"的行为和信息都应作宽泛性解释，"商业宣传"应当包含所有形式的与商业事务有关并对于消费者可能产生误导的行为，而对行为的形式、主题、内容在所不问。其三，"利用技术手段，阻碍用户自由选择互联网产品或服务，并对其他经营者合法提供的产品或服务妨碍、破坏"，包含本题中运用"静默安装"技术的诱导用户进行捆绑软件下载的不当软件捆绑行为，为第12条"互联网条款"第四项兜底条款的应有之义。

在消费者利益保护相关法条下，法律依据的正当性自不待言，然现有规范却过于宽泛，仍需配套行政规章加以细化，保障执法过程的正当合法性。本书从下载页面、下载弹窗提示框、安装页面、安装过程、安装完成及退出方式出发，提出了前文的种种细化要求。当然，若要对不当软件捆绑行为进行有效规制，还需国家市场监督管理总局和工信部结合前述分析制定配套实施细则，并根据调研情况作出有效、合理的罚则。

第三章　个人信息采集与应用研究分析

随着现代信息技术的不断发展，大数据时代已经来临。在大数据时代，个人信息已经成为重要的生产要素。比如，掌握某个人的消费记录，就可以分析其消费需求和喜好，从而定向推送产品广告；掌握某个人的健康状况，就可以向其推介特定药品和医疗信息。不同主体对个人信息有不同利益，同一主体也有不同需求。就个人而言，自然人对自己的信息具有强烈的保护诉求，个人信息与个人人格利益、财产利益均具有紧密关联性。同时，自然人又离不开对个人信息的利用，尤其在互联网时代，若想更好地接受经营者的服务，经营者需要向其提供必要的个人信息。就经营者而言，既需要通过收集使用个人信息数据创造更多商业价值和社会价值，也希望自身掌握的信息数据能够受到法律保护，防止他人非法侵害。保护公民个人信息，不仅有助于维护公民合法权益，而且对维护社会稳定、防控社会风险均具有重要作用。❶

个人信息的采集和应用会使个人信息主体被塑造成"资料形象"（individual data image），"资料形象"若被不当利用，将可能造成个人人格的扭曲和损害。在经营者采集和应用个人信息的每一环节，个人信息都面临被扭曲和错误使用的危险。例如，个人信息在各个行业的非法售卖、用他人的金融信息进行消费等，个人生活也会因此而失去往日的安宁。首先，个人信息的收集结果是对自然人的重新"塑造"，由个人信息构成另一个"自己"。未经同意而收集应用个人信息的，是对个人权利的侵害。❷ 个人有权选择隐瞒或披露个人信息，这是保护个人信息的基础。其次，与事实不符的个人信息或者塑造的虚假的"资料形象"亦可能对个人的人格权造成侵害。

---

❶　第 5 届世界互联网大会［EB/OL］.［2019 - 01 - 30］. http：//media. people. com. cn/GB/22114/421980/422125/422126/index. html.
❷　齐爱民. 数据时代个人信息保护法国际比较研究［M］. 北京：法律出版社，2015：11.

有鉴于此，各个国家包括中国在内展开了对个人信息进行保护的探索。截至2018年，全球近120个国家和独立的司法管辖区已采用全面的数据保护或隐私法律来保护个人数据，另有近40个国家和司法管辖区有待批准此类法案或倡议。2018年，欧盟《通用数据保护条例》（GDPR）正式生效，欧洲各国也据此陆续颁布GDPR指南。因"剑桥分析"信息泄露事件的启示，美国加州也在2018年公布了《消费者隐私保护法案》，该法案对企业提出更多通知、披露义务，被称为目前美国州层面最严格的隐私立法。新兴市场国家例如巴西、越南、印度等也相继制定保护个人信息的法案。在我国，《消费者权益保护法》《电子商务法》《网络安全法》等多部法律并行，不断推进个人信息保护规则的完善。

根据各国对于个人信息的保护规则，个人信息的保护贯穿信息采集和应用的整个流程，从个人信息的采集到个人信息的使用再到个人信息的共享，不同阶段存在的问题不同，解决的方式和措施也有所不同。

第一节　我国经营者采集和应用个人信息的情况

传统对个人信息的保护构建在"知情同意架构"（notice-and-consent framework）下❶，经营者通过向用户披露个人信息的采集范围等内容并经过信息提供者的同意而采集和应用个人信息。具体来说，我国《消费者权益保护法》《网络安全法》中都明确规定了对用户个人信息的采集和应用应当遵循合法、正当、必要的原则，并且应当经过用户的同意，经营者在采集和应用个人信息的过程中，无论是在隐私协议❷的提供过程中，还是在个人信息的采集、使用、共享的过程中，都应当注意充分保护用户的知情权和选择自由以及个人信息的安全。笔者分析对比了大量手机软件的隐私协议，并结合经营者实践中采集和应用个人信息的方式，发现目前我国经营者对于个人信息的采集和应用情况并不乐观，经营者为了最大化地实现自身的利益，往往选择忽略用户对于采

---

❶ 范为. 大数据时代个人信息保护的路径重构——探欧美改革法案中的场景和风险理念［J］. 网络信息法学研究，2017（1）：98.

❷ 本书所称的"隐私协议"包括就用户隐私而作出的专门的协议，亦包括用户协议等文本中所包含的隐私条款。下文统一用"隐私协议"作为简称。

集和应用个人信息的知情权和选择自由，不重视个人信息的安全保护。

一、隐私协议呈现的方式

经营者主要通过向用户提供隐私协议来向其披露对个人信息的采集和应用，为了保障用户的知情权和选择自由，隐私协议的呈现方式应当公开且易于访问，这样才能充分保障用户获取并知晓经营者对于个人信息的采集和应用的内容和方式。但是行业中经营者向用户提供隐私协议的方式并未达到公开且易于访问的要求，甚至有些经营者没有提供隐私协议，用户无从知晓该经营者对个人信息的采集和应用的范围和方式。❶ 为使隐私协议能够达到保障用户知情权选择自由的目的，能够使用户清楚便捷地获知隐私协议的内容，经营者在呈现隐私协议时主要考虑的就是隐私协议公示的位置、协议中重点内容的提示方式以及用户的同意方式。

（一）用户查看隐私协议的方式

目前经营者披露隐私协议的方式主要包括在第一次下载时主动提供和在特定位置由用户自行获取。以京东为例，在第一次下载时会跳出有关隐私政策的页面，如图 3－1－1 所示，隐私政策的内容以下划线和红色字体的形式呈现给用户；在进入软件之后，在"我的－账户设置－关于京东"App 中能够看到隐私政策，如图 3－1－2、图 3－1－3 所示。这两种方式也是提供隐私协议的主要方式。

大部分经营者能够做到在注册或第一次使用的页面上，通过下划线、区分颜色和字体的方式明示"隐私协议"以吸引用户点击，但是也有少部分经营者提示隐私协议的效果并不明显，只是使用与前后语句一样的文字显示；在注册后用户如想查看隐私协议，一般是在"关于××"页面，用户需要经过多次跳转甚至登录之后才能看到；还有个别平台提供的隐私政策链接是无效页面或无关页面，企图蒙混过关。如果隐私协议需要用户自己寻找后点击查看，一般用户很少会主动点开查看隐私协议，只有少部分对个人信息保护意识较强的用户才会专门打开该部分进行查看。

---

❶ 100 款 App 个人信息收集与隐私政策测评报告［EB/OL］．［2019－01－30］．http：//www.cca.cn/jmxf/detail/28310.html.

图 3 - 1 - 1　京东隐私政策（一）　图 3 - 1 - 2　京东隐私政策（二）

图 3 - 1 - 3　京东隐私政策（三）

（二）重点内容提示方式

在隐私协议重点内容的提示上，有的经营者对隐私协议重点部分进行加粗等明显的提示方法，如图 3 - 1 - 4 所示；有的经营者对隐私协议的重点部分并没有进行加粗等明显的提示方式，如图 3 - 1 - 5 所示。在手机软件京东 App 和找到 App 的隐私协议内容的呈现方式上，京东 App 对其重点部分进行加粗和下划线的方式突出提示，这种方法重点突出，方便信息提供者阅读，而找到 App 并没有对重点内容进行明显的提示。

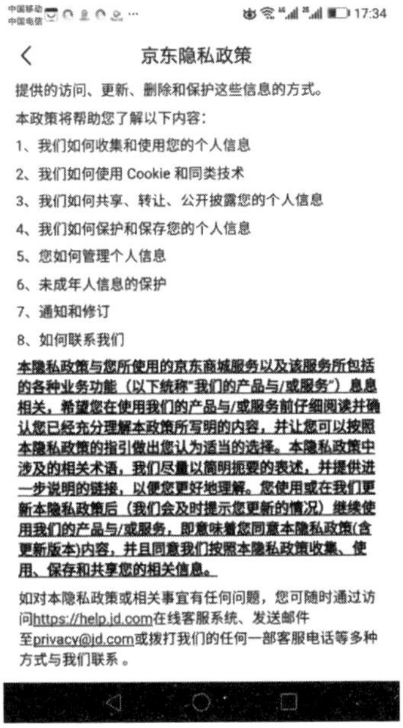

图 3 - 1 - 4 "京东隐私
政策"内容

图 3 - 1 - 5 "'找到'隐私
政策"内容

（三）同意方式

经营者在获取用户同意的方式各异，一般有"点击注册即表示同意"（见图 3 - 1 - 6）、"默认勾选"（见图 3 - 1 - 7）、"需要用户手动同意"（见图 3 - 1 - 8）三种方式。

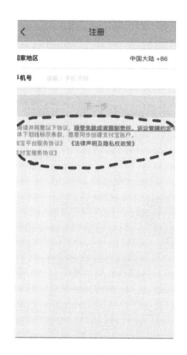

图 3 - 1 - 6　　"点击注册即
表示同意" 方式

图 3 - 1 - 7　　"默认勾选" 方式

图 3 - 1 - 8　　"需要用户手动同意" 方式

目前大部分经营者采取"点击注册即表示同意"的方式；部分经营者在注册页面上隐私协议出现的位置加上一个选择框，可供打勾选择，其中大部分的经营者采取默认勾选的形式，如图3－1－9所示。在用户选择是否同意隐私协议上，经营者大多没有提供给用户选择空间，而是要求用户完全同意隐私协议的内容才能进行下一步的操作，这种设置会剥夺用户在使用该软件过程中是否提供个人信息、如何提供个人信息的选择自由。

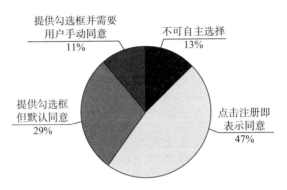

图3－1－9　100款App注册页面同意隐私政策的授权方式统计图❶

二、采集个人信息的情况

个人信息的采集是经营者对个人信息进行利用的基础，经营者主要通过系统日志❷和API（Application Programming Interface）采集❸的方式来实现对个人信息的采集。在个人信息采集过程中，经营者具体采集的内容、方式、目的

---

❶　逾城App隐私政策不合格，文本雷同、盗用问题广泛存在［EB/OL］.［2019－01－30］. https：//mp. weixin. qq. com/s？ __biz＝MjM5NDAyNTQyM Q＝＝&mid＝501667021&idx＝1&sn＝7c1fdb 896c4f6be788de2b942ab9234a&chksm＝3e9c6e6f09ebe779b15b2c2e4a1a01199a687e6e6df63c6f671865516849 e8994d340540d885&mpshare＝1&scene＝1&srcid＝0125K tH7gZmTPkOYv39zePb6#rd.

❷　日志是记录计算机网络上人和物所有行为的一种方式，是数据中极其重要又极其庞大的一个组成部分；日志可实时采集或定时采集计算机网络上的数据。系统日志可以通过埋点技术实现对特定数据的采集。埋点是数据采集领域（尤其是用户行为数据采集领域）的术语，指的是针对特定用户行为或事件进行捕获、处理和发送的相关技术及其实施过程。

❸　API是指应用程序编程接口，手机软件为取得其以外的个人信息需要以API接口为媒介。而调用API接口的前提是获取访问权限。以安卓系统为例，在安卓系统安全框架中，安卓系统将需通过权限访问的个人信息分为正常权限信息和危险权限信息。对于正常权限的信息，系统会自动授权访问；对于危险权限的信息，需要软件方主动向用户申请权限访问许可，如不许可，则不能访问危险权限内的信息。取得访问权限后，手机软件就可以通过API接口获取特定数据。

应当符合合法、正当、必要的原则。经营者为采集个人信息，会通过隐私协议向用户明确告知其采集个人信息的范围、目的、保留的时限和不同意采集时的后果。因此，我们可以从经营者拟定的隐私协议中对经营者采集个人信息的情况进行初步分析。

（一）采集个人信息的范围

采集个人信息的内容主要包括个人基本资料、手机号、电子邮箱、身份信息、生物识别信息、网络身份标志信息、生理健康信息、教育工作信息、财产信息、通信信息、联系人信息、上网记录、常用设备信息、位置信息、车辆信息等。大多数经营者能够在隐私协议中明确告知用户其拟采集的个人信息的范围。经营者采集个人信息的范围因其提供的商品或服务不同而有所不同。例如，通信社交类软件和网上购物类软件采集的个人信息较多，通信社交类软件采集的个人信息主要涉及个人基本信息和联系方式类的信息，而网上购物类软件则较少采集身份信息、生物识别信息、联系人信息等与其实际功能无关的信息；影音播放类软件基于其提供的服务类型，相比较而言，采集的个人信息较少。

1. 经营者过度采集个人信息现象严重

目前，过度采集个人信息的现象仍然十分严重。其中"位置信息""通讯录信息""手机号码"三种个人信息是过度收集或使用个人信息最常见的内容。通讯录信息、手机号码涉及用户的个人隐私，存在较高的商业价值，部分手机软件仅提供手机号注册方式，借助手机权限开放的便利，很容易收集手机号码及通讯录信息。除此之外，用户的个人照片、个人财产信息、生物识别信息、工作信息、交易账号信息、交易记录、上网浏览记录、教育信息、车辆信息以及短信信息等均存在被过度使用或收集的现象。例如，聚看点 App 收集个人身份信息（生日、籍贯）、个人上网记录、个人财产信息、位置信息和通讯录信息，但未明确说明各类信息对应的业务功能；天天 P 图 App 收集用户的位置信息，但未说明提供的是何种相关服务。

2. 经营者采集过程中不区分个人信息和敏感信息

个人敏感信息涉及更高的人格尊严甚至个人隐私，个人敏感信息一旦泄露，将造成个人信息扩散范围和用途的不可控，可能对个人信息主体人身和财产带来重大风险。少数规模比较大的互联网企业隐私协议如京东隐私协议，会对敏感信息进行区别规定，但大部分经营者如中国建设银行隐私协议，对敏感信息并没有区别规定，且对财产信息、可识别生物信息等敏感信息的收集未能向用户明确重点告知，理由含糊不清，也未规定特殊的采集方式和同意规则，涉嫌过度收集。

（二）采集个人信息的目的

采集个人信息的目的是保障用户充分知晓经营者采集个人信息的用途和适用范围，为保证经营者采集个人信息符合必要性原则，经营者也应当向用户披露其采集个人信息的目的。

1. 经营者披露采集个人信息目的不够具体

目前，部分隐私协议并不涉及采集个人信息的目的，部分隐私协议仅以概括性的语言表明其采集个人信息的目的，例如手机软件找到 App 的隐私协议仅对其采集目的进行抽象的描述，只提到为了"实现合同目的""改善体验""使用产品和服务"等。用户阅读此类关于采集个人信息的目的时并不能明确知晓其个人信息的具体用途和适用范围。

2. 经营者在采集过程中不区分不同类型的目的

采集个人信息的目的主要是保障经营者能够实现该商品或服务应有的功能。而在经营者提供的功能中，有些是必要功能，例如购物软件提供的用户注册、商品信息展示、支付和交付产品的功能等；有些是附加功能，例如购物软件提供的个性化推荐、图片上传评价功能等。为实现不同功能而采集个人信息的必要性有所不同，对于必要功能，经营者如不采集相应的个人信息，则无法提供最基本的服务；对于附加功能，经营者不采集此种个人信息并不会影响其提供基础服务。

目前，大部分经营者对采集个人信息的目的没有进行具体区分，即使是规模较大的互联网经营者，例如淘宝网和微信的隐私协议，也没有对此进行区分。淘宝和微信的隐私协议相较于手机应用找到 App 细化了采集个人信息的目的，但是也仅仅是简单列举，并没有区分必要功能和附加功能。也就是说，用户同意为了必要功能采集个人信息，相应地，也同意经营者为附加功能而采集个人信息。

（三）采集个人信息保留的时限

经营者对于采集个人信息保留的时间也应当有规定，但经营者在隐私协议中的规定并不明确对于个人信息保留的时限，大部分经营者未明确提及有关信息保存期限的相关事宜，只有少部分经营者的隐私协议，例如京东、微信的隐私协议，涉及个人信息的储存期限，但其表达也是含糊的，这些隐私协议有的提到会在服务期间存储信息，在用户注销后删除信息，但没有给出具体的时间。另外，还有相当少部分的经营者对产品或服务发生停止运营时的个人信息的保留和处理进行规定。例如，微信隐私协议中规定，"当我们的产品或服务发生停止运营的情形时，我们将以推送通知、公告等形式通知您，并在合理的期限内删除您的个人信息或进行匿名化处理"。绝大多数经营者并没有对其商品或服务停止运营之后个人信息的保留和处理作出规定。

（四）不同意采集个人信息的后果

经营者在隐私协议中并不关注如果用户不同意采集特定个人信息会有什么后果的问题。大部分经营者的隐私协议中完全没有这方面的规定，也不会考虑用户在不愿意提供个人信息时的补救措施。

即使少数规定后果的，表述也特别模糊，往往只在采集个人信息内容的最后提及，而没有单独表明如果不提供相应个人信息的后果。相对来说，对于不同意采集个人信息的后果的规定，比较好的方法是将个人信息通过采集目的分为必要功能而采集的个人信息和为附加功能而采集的个人信息，用户不同意经营者采集不同类型的个人信息，其后果也有所不同。例如，在京东隐私协议中，如用户不同意提供为必要功能而采集的个人信息时，其表述为"您将无法享受我们提供的产品与/或服务"；如用户不同意提供为附加功能而采集的个人信息时，其表述为"您依然可以进行网上购物，但您可能无法使用这些可以为您所带来购物乐趣的附加功能或在购买某些商品时需要重复填写一些信息"。然而大部分隐私协议没有作出此种区分，仅在采集个人信息内容的部分简单表述，如不提供个人信息则无法享受其商品或服务。

经营者通过以上方式单方面提醒用户不同意采集个人信息的后果，并不给予用户选择权，用户即使不同意提供特定个人信息，也没有选择的余地，只能被迫接受隐私协议，这样实际上依旧无法保障用户对个人信息的控制和选择自由。

（五）对个人信息的安全保障措施

在采集个人信息的过程中，大部分经营者会采取技术措施❶保障个人信息

---

❶　此类技术措施包括加密措施、隔离技术、脱敏技术、安全审计等，其中最为常见的安全保障措施就是加密安全套接层（Secure Sockets Layer，SSL）加密措施。SSL加密是一种数据在传输过程中的加密措施，为了保护数据在传输过程中的完整性和准确性，防止被他人拦截或修改。SSL加密是一种为网络通信提供安全以及数据完整性的安全协议，它在传输层对网络进行加密。它是一种一对一的加密解密方法，由"证书中心"（certificate authority）颁发的数字证书保证来源的正确和信息的完整，以此保证信息的安全和准确。

的安全，防止采集的个人信息被非法获取和利用。另外，经营者也会告知用户其保障个人信息安全的方式，此类安全保障措施涵盖个人信息的采集、储存、传输和使用等程序，都是较为专业的技术措施。除了少部分规模较大的互联网经营者外，大多数经营者在向用户告知其安全保障措施时都没有设置专门的安全保障机构，也没有告知发生安全事故之后的处理机制、经营者对其内部员工的要求等，用户也无从证实其个人信息是否真正受到必要程度的安全保障。

三、使用个人信息的情况

经营者对个人信息的使用主要分为直接使用、间接使用以及安全保障。直接使用是指将采集到的个人信息直接用于为用户提供商品或服务，以实现其必要的或附加的功能。例如，购物软件将用户提供的手机号用于用户注册就是对个人信息的直接使用。间接使用是指对个人信息进行组织、调整、计算等处理后使用，其中包括对个人信息进行去标识化、匿名化或形成用户画像后使用。安全保障也是经营者使用个人信息的重要方式之一。例如，在购物软件中，经营者会通过采集浏览信息、订单信息、设备信息等手段判断账号风险，并对程序运行异常进行排查。

（一）对个人信息的直接使用

经营者对个人信息的直接使用需要符合其在隐私协议中提到的采集目的、使用途径等。此部分在上文采集个人信息的内容和目的部分已经涉及，此处不再赘述。

（二）对个人信息的间接使用

1. 将个人信息去标识化或匿名化❶处理后使用

经营者可以通过对个人信息进行去标识化或匿名化处理后使用。此种情况下，经营者经过用户的同意在一定程度上除去个人信息中的可识别性因素，使他人通过个人信息识别到特定个人的可能性降低，但是不同的处理方式对可识别性因素的去除程度不同；相应地，通过不同处理方式处理后的个人信息的使

---

❶ 去标识化是指弱化个人信息的可识别性，但保留额外的数据、保留原始数据副本、数据能够可逆变形且控制者知晓变形方式的数据处理。匿名化是指无法与已识别或可识别的自然人相关联（related to）的数据。两种对个人信息处理的方式都能够在一定程度上除去个人信息中的可识别性因素。也就是说，两种处理方式都可以在不同程度上弱化个人信息识别特定个人的可能性，也就不能直接影响特定个人的人格尊严或隐私。

用方式也应当有所不同。另外，无论是去标识化还是匿名化处理，其仍然能够在一定程度上，结合特定信息再次识别到特定个人。也就是说，即使经过去除可识别性处理的个人信息，仍然具有再次被识别的可能。

然而大多数经营者对去标识化或匿名化此类处理的认识并不准确，大多数经营者不仅不能够区分去识别化处理和匿名化处理，甚至还认为只要经过类似处理，它们就可以在不透露用户个人信息的前提下，直接对用户数据库进行分析并予以商业化的利用。

2. 形成用户画像后的使用

经营者通过对个人信息进行整合、分析、计算等处理形成针对特定人的用户画像。用户画像是根据用户社会属性、生活习惯和消费行为等信息抽象出的标签化的用户模型。构建用户画像的核心工作即是给用户贴"标签"，而标签是通过对用户信息分析而来的高度精练的特征标识。经营者通常通过采集个人的静态信息（包括个人基础信息、社会关系信息、商业交易信息等）和动态信息（包括消费、阅读、评论等行为轨迹信息、决策信息、关联信息等），并对其进行分析，为用户打上标签以及该标签的权重。❶

用户画像的使用方式有很多，主要包括：通过用户画像进行精准营销，分析产品潜在用户；进行用户统计；进行数据挖掘，构建推荐系统，利用关联规则或聚类算法进行分析；进行效果评估，完善产品运营，提升服务质量；对服务或产品进行私人订制，提供个性化服务；进行业务经营分析以及竞争分析，影响企业发展战略。

从算法角度来说，用户画像形成的过程既有非自动化形成的，也有自动化形成的。非自动化形成用户画像的过程本身是可控的，以此种方式形成用户画像后使用，其规则与个人信息的普通使用并无差别。自动化形成的用户画像则有其特殊性，随着计算机数据处理能力的不断提升，计算机的处理能力越来越超出人类的理解和控制，在自动化的计算机处理过程中，我们不能看到程序算法的完整运算过程，因此无法完全理解计算机本身是如何作出决策的，这样我们就很难在信息处理过程中控制其决策。因此，在自动化处理过程中，对于个人信息使用的保护应当更加谨慎，但是目前经营者对此并没有引起重视，在经

---

❶ 标签代表内容，用户对该内容有兴趣、偏好、需求等。权重代表指数，用户的兴趣、偏好指数也可能表征用户的需求度，可以简单地理解为可信度、概率。

营者处理个人信息并形成用户画像的过程中，其仅仅简单通过隐私协议告知用户会使用其用户画像。

3. 利用个人信息进行安全保障

经营者还需要保障用户在享受其提供的商品或服务过程中的安全，为此经营者一般会通过使用用户的浏览信息、订单信息、用户常用的软件信息、设备信息等来判断用户的账号风险，并记录一些可能有风险的链接；经营者也会通过使用用户的设备信息对系统问题进行分析、统计流量，并排查可能存在的风险、排查异常信息。此种对于个人信息的使用是为了保障经营者提供的商品或服务的稳定性，这是经营者提供商品或服务最基本的要求，所以一般经营者都会对其进行严格把控和调整，目前行业中经营者对此普遍都较为重视。

四、共享个人信息的情况

个人信息在流转过程中能实现更大的商业价值，个人信息的共享也是个人信息采集与应用过程中必不可少的过程。共享个人信息是向经营者以外的第三方提供其采集到的个人信息，经营者向第三方提供个人信息仍然应当严格遵守"知情同意规则"，经营者共享个人信息应当充分告知其共享的目的、内容和对象等，并应当取得用户的同意。除此之外，在共享个人信息过程中，涉及用户、采集个人信息的经营者和接受共享的第三方经营者三方关系，其之间的责任承担也应当加以明确。

（一）用户查看个人信息共享的方式

大部分经营者在共享个人信息时不会单独告知并征得用户的同意，只会在隐私协议中提及。例如，淘宝通过隐私协议向用户告知其共享个人信息的目的、内容和对象等内容，提示的方式与提示采集个人信息的方式相同。有部分经营者表明，如果第三方经营者改变个人信息的处理目的，该经营者就会再次征求用户的同意，但是再次征求同意的方式是通过更新隐私协议还是通过弹窗的方式告知用户，用户对于第三方改变个人信息的处理目的是否可以拒绝，这些具体内容在隐私协议中都没有明确的规定。

（二）可以共享个人信息的情形

原则上，经营者不能随意向第三方经营者共享个人信息。经营者欲共享个人信息应当明确列举。一般经营者会列举以下几种共享个人信息的情形：第一，事先获得用户明确同意或授权的；第二，根据法律法规要求的；第三，为保护公共利益共享的；第四，基于学术研究共享的；第五，为了实现商品或服务核心功能而共享的。此种列举都是概括性列举。

由于对经营者共享个人信息没有明确的限制，无论是否必要，经营者都可以按照其需要制定共享个人信息的情形，只要经营者通过隐私协议或其他方式告知用户可以共享个人信息的情形，则用户只能接受，没有其他选择。

（三）共享个人信息的主体

对于共享个人信息的主体，经营者原则上只会将个人信息共享给关联方、有合作关系的第三方，关联方一般是指关联公司，有合作关系的第三方一般包括商品或技术服务供应商、第三方商家、委托进行推广的合作伙伴等。但关联方和有合作关系的第三方经营者的范围太过抽象，大部分经营者在隐私协议中提及仅仅涉及"关联方""有合作关系第三方"的字眼，并不会对其进行详细说明。共享个人信息的主体范围不明确，经营者可以随意扩张共享个人信息的主体。

共享个人信息涉及用户、采集个人信息的经营者以及第三方经营者较为复杂的三方关系，经营者一般通过隐私协议以及与第三方经营者之间的合同保护用户的个人信息，但其中并未规定各个经营者在使用和共享个人信息的责任，这样的关系非常容易造成经营者之间互相推诿责任、用户的合法权益得不到保护的现象。

五、用户自主控制个人信息的规则

部分经营者在隐私协议中还表明用户能够自主控制个人信息，具体方式包括用户可以更正、删除其个人信息等。

（一）用户更正个人信息的规则

我国经营者允许用户更正其个人信息，但一般都是对现有的原本就在用户掌控范围内的个人信息进行更正。例如，在京东隐私协议中有规定用户能够更正其个人信息，能够更正的个人信息包括账户信息、收货信息、订单信息、浏览信息、评论信息、发票信息、档案信息。但是，即使是此种程度的更正个人信息，很多经营者也没有在隐私协议中明确。

（二）用户删除个人信息的规则

我国大部分经营者并没有向用户告知其能够删除个人信息，即使在明确告知可以删除个人信息的经营者中，一般都是对现有的原本就在用户掌控范围内的个人信息进行删除。例如，淘宝隐私协议中，用户可以删除聊天记录、头像、昵称、性别、地区等。

（三）用户携带个人信息的规则

用户携带个人信息的权利来自欧盟《通用数据保护条例》，我国目前并没有相应规定，行业经营者也未为此提供基础支持。

六、我国经营者采集和应用个人信息存在的问题

经过上文关于我国经营者采集和应用个人信息的实际情况进行分析可以发现，我国经营者在保护个人信息过程中仍然存在很多问题，个人信息保护没有统一的标准，不同经营者保护个人信息的程度不同。由于经营者在交易和提供服务的过程中处于信息优势地位，其在采集和应用个人信息的过程中处于主动一方，在告知用户采集和应用个人信息时，经营者往往会选择较为抽象概括性的语句，以规避自己应承担的责任。我国经营者采集和应用个人信息的问题主要体现在以下几个方面。

（一）经营者个人信息保护程度不同

由于我国对于个人信息保护没有统一的规定，都是原则性的限制，所以经营者在采集和应用个人信息中对个人信息的保护程度参差不齐。少数规模比较大的互联网公司，如京东、淘宝、腾讯等，对于个人信息的保护较为重视，在采集和应用个人信息的过程中对用户的知情权和选择自由保护较为全面。

但是其他大部分的经营者并不重视对个人信息的保护，隐私协议的规定粗糙，用语不具体，告知方式不考虑用户的选择自由。在 2018 年 11 月中国消费者协会发布的《100 款 App 个人信息收集与隐私政策测评报告》中提到中小企业手机软件的个人信息收集与隐私政策的平均得分明显低于常用手机软件，且两者差别较大。这说明目前大量中小企业的手机软件在个人信息保护方面问题较为突出，隐私政策缺失或设计存在明显不足。

（二）隐私协议提示和呈现方式不够明显

隐私协议提示和呈现的方式大多以文本的方式呈现，且呈现方式并不明显，大部分隐私协议需要用户主动点击或点击多次才能获取，甚至有部分隐私协议的链接是失效链接。而用户日常会接触大量手机软件，对每款手机软件停

留的时间有限，一般不会主动点击隐私协议并认真阅读。

（三）告知用户的内容不够具体、充分

从隐私协议用语来看，大部分隐私协议对个人信息采集和应用的描述过于抽象，大多使用概括性语句，即使用户认真阅读也不能准确了解其对个人信息的采集和应用的实际情况。

（四）对用户选择自由保护不够

市场上绝大多数经营者对用户的选择自由保护不够。无论是在隐私协议的同意方式上、在采集个人信息的方式上还是共享个人信息的内容上，经营者都没有给予用户充分的选择自由。经营者往往通过"不同意所有隐私协议就无法享有商品或服务"来使用户被迫同意其隐私协议。然而实际情况是，个人信息的采集和应用有的是为了实现其商品或服务的基础功能，有的是为了实现其附加功能。对不同的个人信息采取唯一的同意规则明显是不合理的，也违反个人信息采集的必要性原则。

（五）个人信息过度采集现象严重

在个人信息采集过程中，过度采集个人信息的现象十分严重。几乎所有经营者都存在过度采集个人信息的问题，过度采集个人信息后，用户难以察觉，即使有所察觉救济手段也有限，这也使经营者更加肆意越界采集个人信息。

（六）经营者责任缺位

在采集和应用个人信息的过程中，虽然经营者需要遵守各种原则和要求，但在经营者违反规定时如何追究经营者责任的规定却有所缺失，用户在其个人信息被过度采集、滥用后，既无从知晓，也无处救济。

第二节　我国有关个人信息采集应用的法律现状

一、我国相关立法

在立法上，我国并没有一部单独的法律保护个人信息，对于个人信息的保护散见于各个法条中。我国《网络安全法》《民法总则》《电子商务法》《消费者权益保护法》都为保护个人信息提供了法律依据。例如，《民法总则》第

111 条规定："自然人的个人信息受法律保护。"在孙某某诉鲁山县农村信用合作联社侵犯公民个人信息权案❶中明确指明了"个人信息权"，并依据《民法总则》第 111 条保护原告的权利。《消费者权益保护法》则从保障消费者知情权和选择自由的角度为保护个人信息提供法律依据，在庞某某与北京趣拿信息技术有限公司等隐私权纠纷上诉案❷中，法院适用《消费者权益保护法》第 29 条对原告权利进行保护，法院认为《消费者权益保护法》第 29 条关于经营者应当保障个人信息安全的规定是"立法层面上对消费者个人隐私和信息的保护"。

我国立法对个人信息的保护主要是通过"知情同意"规则实现的，无论是《消费者权益保护法》《网络安全法》还是工信部发布的《电信和互联网用户个人信息保护规定》，都要求经营者应当明示收集、使用个人信息的目的、方式和范围，并且应当经过用户的同意。另外，我国《网络安全法》第 42 条还规定，对于已经经过脱敏处理且不能复原的信息，经营者可不经信息提供者同意而向他人提供。2018 年 8 月颁布的《电子商务法》对个人信息保护规则作了进一步细化。例如，要求经营者对于用户查询、更正、删除用户信息以及用户注销的方式和程序进行明示，且不得设置不合理的条件使上述权益无法实现等。总体来说，我国立法对于个人信息的保护立法不够完善，没有专门统一的立法进行保护，且规定较为抽象，大多仅作了原则性规定，并没有对经营者提出更为具体的要求。

二、我国相关司法

随着个人信息商业价值被发掘，有关互联网环境中个人信息保护的案例越来越多，法院在司法案例中适用我国立法并进行论证和判断对个人信息保护规则的完善也有一定的借鉴意义。法院在司法审判过程中对保护个人信息的方式、个人信息的范围、共享个人信息的规则以及被遗忘权都有相应论述。下面通过 4 个典型案例分析我国司法对个人信息保护的现状。

（一）庞某某诉去哪儿、东航案❸

庞某某诉去哪儿、东航案从举证责任方面入手为用户保护个人信息安全提

❶ 参见平顶山市鲁山县人民法院（2017 年）豫 0423 民初第 3728 号民事判决书。
❷ 参见北京市第一中级人民法院（2017 年）京 01 民终第 509 号民事判决书。
❸ 参见北京市第一中级人民法院（2017 年）京 01 民终第 509 号民事判决书。

供了依据。该案中庞某某委托他人在去哪儿网为其购买东方航空公司的机票，而后原告收到航班因故取消的诈骗短信。对此，庞某某向一审法院起诉，认为东方航空公司和趣拿公司泄露其隐私信息（姓名、手机号码、行程安排），侵害其人身权利。

一审法院认定证据不足，判决原告庞某某败诉。在二审中，法院通过改变举证责任的分配保护个人信息。法院在排除受害人自己泄露或者其他泄露途径的可能性之后，由具有高度泄露个人信息可能性的被告负举证责任，证明泄露个人信息并非因被告自身而致，极大地减轻了受害人的举证负担，更有利于保护个人信息。在该案中，二审法院采取"高度盖然性"理论来重新分配原被告双方的举证责任，解决了一部分案件中原告举证难的问题。

（二）淘宝诉美景案❶

淘宝诉美景案中，淘宝采集用户在网站上浏览、搜索、收藏、加购、交易等行为痕迹信息，淘宝将其进行脱敏、去识别化后计算、处理形成"生意参谋"的数据产品。该案法院对经营者采集痕迹信息、对个人信息的使用规则以及共享个人信息的规则作了论证。

《网络安全法》第76条界定了个人信息的概念，主要认定标准是对特定个人信息识别性，如果信息是能够直接识别或间接识别到个人的，则属于个人信息。该案法院认为，痕迹信息不属于个人信息，没有对痕迹信息按照个人信息进行保护，而是通过网络运营者对用户隐私的注意义务为由类推适用个人信息的保护规则。然而，痕迹信息具有特殊性，其单独确实无法识别到个人，但是在结合其他信息之后，痕迹信息也具有识别到特定人的可能性，因此该案法院通过类推适用个人信息的保护规则实施保护。

在个人信息的使用规则上，法院认为对个人信息的进一步使用应当进行技术处理并达到不能识别到个人的效果，淘宝对个人信息进行脱敏和去识别化的处理，并达到不能识别到个人的目的，因此淘宝公司的"生意参谋"产品对个人信息的使用具有正当性。对于个人信息的共享，法院提出三重授权的要求，要求经营者在共享其采集的个人信息时受到"用户授权网络运营者＋网络运营者授权第三方＋用户授权第三方"的三重授权许可使用规则限制，其中授权许可的方式都是通过隐私协议、用户服务协议的方式实现的。也就是

---

❶　参见杭州铁路运输法院（2017年）浙8601民初第4034号民事判决书。

说，为达到"三重授权"的标准，前提是要求经营者按照法律要求向用户提供隐私协议，并在其中说明个人信息的共享规则，网络运营者为了向第三方共享个人信息，仅需要另外与第三方签订授权协议即可。

淘宝诉美景案的争议点虽然是个人信息的保护，但是法院在该案中提到的对痕迹信息的认定、对个人信息使用规则的适用以及共享个人信息规则论证有一定指导和借鉴意义。

（三）朱某诉百度案❶

在朱某诉百度案中，原告认为被告百度在未经原告知情和同意的情况下，利用其在原告浏览器上的 Cookies 技术❷记录和跟踪原告在互联网空间留下私人的活动轨迹，将其兴趣爱好、生活学习特点等暴露在相关网站上，并向原告推介商业广告的行为，侵犯了其隐私权，影响了其正常的工作和生活。该案也涉及用户痕迹信息的判断，与淘宝诉美景案不同，该案法院并未直接确定痕迹信息是否属于个人信息，而是通过其采集的流程来看否定痕迹信息的可识别性。

该案法院对痕迹信息的保护依据是人格权中的隐私权，法院认为隐私权是自然人享有的私人生活安宁与私人信息依法受到保护，不被他人非法侵扰、知悉、搜集、利用和公开的权利。个人隐私除了用户个人信息外，还包含私人活动、私有领域。一审法院认为该浏览记录属于个人隐私的范畴，但二审法院推翻了这一结论。二审法院认为被告的"个性化推荐服务收集和推送信息的终端是浏览器，没有定向识别使用该浏览器的网络用户身份"，因此事实上被告在此过程中没有且无必要将搜索关键词记录和朱某的个人身份信息联系起来。

这种论证显然是存在问题的，如果浏览器上的浏览记录仅能确定特定浏览器而不能确定特定个人的观点是正确的，那么任何采集和使用的个人信息都只能确定特定客户端、浏览器而无法确定到特定个人。此外，个人信息的范围如何确定，痕迹信息是否是个人信息的问题，无论是淘宝诉美景还是该案都没有给出比较好的判断标准，这个问题仍需要进一步讨论。

---

❶ 参见南京市中级人民法院（2014 年）宁民终字第 5028 号民事判决书。

❷ Cookies 指某些网站为了辨别用户身份、进行跟踪而储存在用户本地终端上的数据（通常经过加密）。

（四）任某某诉百度案❶

任某某诉百度案是我国关于被遗忘权的第一案，法院的论证过程对我国个人信息的保护特别是用户是否有权删除特定个人信息的问题上有指导意义。

该案中，原告认为通过百度搜索原告姓名，结果中出现"陶氏教育任某某""无锡陶氏教育任某某"等字样的内容及链接，由于陶氏教育在外界颇受争议，"陶氏教育任某某""无锡陶氏教育任某某"等信息给任某某名誉造成极大侵害，要求被告百度删除相关链接。欧盟《通用数据保护条例》中规定了被遗忘权，即数据主体有权在特定情形下要求控制者擦除关于其个人信息的权利，但我国立法并没有此规定，如当事人作出相应的诉求，法院应当作出如何回应。该案法院对此作了比较合理的推论。

判断用户是否有权要求经营者删除特定信息，需要明确经营者有没有过错。另外，由于我国并没有规定"被遗忘权"，法院还论证了用户要求删除特定信息是否有权利或利益上的依据。首先，法院认为，原告在百度网站搜索的结果并非人为干预的异常现象，其结果是根据过去其他用户的搜索习惯和与当前检索词之间的关联度计算而产生的，是随着网民输入检索词的内容和频率变化而实时自动更新变化的。百度对于此检索结果并没有过错。其次，法院认为，对此检索结果百度并没有侵犯原告姓名权、名誉权等人格权。最后，法院认为，此检索结果并没有侵犯原告合法利益，按照相关搜索特定算法而自动出现在与检索词"任某某"相关的"相关搜索"的推荐词条上，是对原告从事相关教育工作历史情况的客观反映，该信息是原告行业经历的组成部分，与其目前的个人行业资信具有直接的相关性及时效性，原告认为应删除该信息的利益不具有正当性和受法律保护的必要性，不应成为侵权保护的正当法益，驳回了原告的诉求。

被遗忘权原本是欧盟法院通过判决正式确立的概念，虽然我国学术界对被遗忘权的本土化问题进行过探讨，但我国现行法律中并无对"被遗忘权"的法律规定，我国用户是否能够享有此种权利，以及如果引进被遗忘权后的具体规则应当如何规定，可以以该案审判理由为借鉴。

---

❶ 参见北京市第一中级人民法院（2015 年）一中民终字第 09558 号民事判决书。

三、行业规则、推荐性行业标准等

我国政府和行业协会也十分关注个人信息的保护，通过各种方式对个人信息的保护规则提出相应的建议。

行业中各种主体十分关注个人信息的保护，对目前我国个人信息保护现状作了更加深入的研究。2018 年 11 月，中国消费者协会发布《100 款 App 个人信息收集与隐私政策测评报告》。该报告对包括通信社交、影音播放、网上购物、交易支付和拍摄美化等 10 类，共计 100 款 App 进行个人信息收集与隐私政策测评。评测发现，过度收集或使用个人信息的情况仍较为普遍，特别是"位置信息""通讯录信息""身份信息""手机号码"等敏感信息更容易被过度收集，并提出相应的解决措施。南都个人信息保护中心从 2017 年开始持续关注个人信息保护现状，对手机软件采集和使用个人信息现状作了多次调查，为隐私协议透明度提供技术说明、呈现方式、向第三方披露等 7 项判断标准。

2018 年 5 月，个人信息保护领域的推荐性国家标准《信息安全技术个人信息安全规范》（GB/T 35273 – 2020）（以下简称《规范》）正式实施。《规范》明确个人信息的收集、保存、使用、共享的合规要求，为网络运营者制定隐私协议及完善内控提供具体指引。《规范》对细化个人信息保护方法提出较为具体的意见，其中对于隐私协议的内容、呈现方式以及用户应当享有的权利等方面提出较为可靠的建议。

《规范》为经营者提供了隐私协议的模板，其中包含对个人信息采集和使用，Cookies 技术介绍，个人信息共享、转让、公开披露，个人信息的安全保护，用户的权利，儿童信息的处理，个人信息在全球范围的移转，隐私协议的更新以及联系方式 9 个部分；《规范》还提出可以通过弹窗的方式保障用户的选择同意权；《规范》还规定用户的删除权、访问权和更正权。《规范》虽然属于推荐性国家标准，并没有强制力，但是其中的规定很多有其合理性，可以借鉴。

第三节　外国有关个人信息采集应用的法律现状

外国对个人信息的保护规则探索已久，特别是随着大数据时代的到来，各国加紧对个人信息保护的立法，不断完善其保护规则。2018 年，欧盟和美国都对个人信息的保护规则制定了相关立法，欧盟的《通用数据保护条例》（GDPR）被称作史上最严格的个人信息保护法规；美国加州制定的《加州消费者隐私法案》（CCPA）也被称作美国迄今最严厉、最全面的个人数据隐私保护法案，均对于个人信息的保护规则作出详细的规定。欧盟 GDPR 从用户对个人信息的基本权利和自由出发，规定了个人信息的保护规则；美国 CCPA 的规定则更加偏向消费者利益与经营者利益的平衡。❶ 两者出发点不同，具体的规则也会有所不同，但两者都是大数据时代保护个人信息具有代表性的法规，因此我们选择对欧盟 GDPR 和美国 CCPA 进行对比，以期对我国个人信息保护规则的完善有一定借鉴意义。

一、个人信息的概念和分类

GDPR 和 CCPA 都对个人信息进行界定，都采用概括加列举式，此种方式有助于充分理解个人信息的内涵。GDPR 对于个人信息概念的界定主要采取的是"可识别性"判断标准，GDPR 第 4 条规定个人信息❷是指能够直接或间接识别到个人的信息，并列举了姓名、身份证号等个人信息。除此之外，GDPR 对个人信息进行区分规定，GDPR 第 9 条规定了特殊信息的特殊保护规则，通过对特定个人信息的特殊处理规则将此类个人信息作了与一般个人信息的区分，此类特殊信息主要是指种族或民族起源、政治观点、宗教信仰、哲学信仰、工会成员资格等敏感社会身份信息，个人基因数据、生物特征数据等个人生物信息，健康数据、性生活、性取向等涉及隐私的个人信息。CCPA 对个人信息概念的界定采取"可识别性"和"可连接性"相结合的标准，CCPA 如此规定将更多可能与特定个人识别或连接的信息都纳入到 CCPA 的调整范围内，实际是扩大了个人信息保护的范围，CCPA 中明确将依据普通个人信息创建的画像也纳入个人信息的范畴。

---

❶ GDPR 指引系列［EB/OL］.［2019 - 01 - 29］. https：//mp. weixin. qq. com/s？__biz = MjM 5NjQ4NzY5M g = = &mid = 2654441246&idx = 1&sn = 2acdd2c4a6501b7cd054fb2adaef7790&chksm = bd2b 587d8a5cd16b9688f0735242c719b0a1e12f86e9a21e89799cf54126e03c082714de92a5&mpshare = 1&scene = 1& srcid = 0127 uoZUHKrY3MKHodp8TgMO#rd.

❷ 欧盟《通用数据保护条例》（GDPR）（（EU）2016/679）中使用的概念是个人数据，但是为了方便本书的理解和阅读，本书中一概使用个人信息。

二、个人信息保护的披露规则

个人信息的披露规则是为了保护用户的知情权，GDPR 和 CCPA 对此都作了详细的规定。GDPR 更侧重于对披露形式的规定，而 CCPA 更侧重于对披露内容的规定。个人信息保护的披露规则主要可以分为披露的形式、采集或使用个人信息时的披露规则以及共享❶个人信息时的披露规则。

对于披露的形式，两者都作了描述性的要求。GDPR 要求采集个人信息要透明，并明确对于个人信息的采集、处理、共享的内容披露"语言要求清晰易懂""形式应当符合简洁明了、透明以及易获得的要求"。同时提出，如果用户身份确定，可以向经营者要求口头的方式提供。CCPA 的披露方式主要是赋予用户向经营者主动索要采集和应用个人信息的相关信息，另外，CCPA 要求经营者定时更新隐私协议。

对于采集或使用个人信息时的披露规则，CCPA 规定采集过程中需要披露的内容：采集的个人信息的类别；采集个人信息的来源类别；采集或使用个人信息的企业或商业目的；相关权利。GDPR 则在第 5 条作出原则性的规定，即要求经营者采集个人信息应当基于具体、明确、合法的目的，且随后不得以与该目的相违背的方式处理信息。另外，要求数据处理目的应当符合最小必要范围。GDPR 规定经营者除了应当披露基础的个人信息采集的类别、具体内容、共享方式等之外，经营者还应当向用户提供信息被存储的期限、用户所享有的相关权利、用户向监管机构投诉的权利、共享得到的信息的来源，以及自动化处理（包括用户画像）所运用的逻辑、重要性以及后果等内容。

对于共享个人信息时的披露规则，CCPA 规定了共享个人信息时应当披露的内容：共享的个人信息类别（此可能与采集时的类别相同）；通过对某一类或者某几类个人信息共享给任一第三方，经营者共享个人信息的第三方类别；经营者为商业目的而共享的个人信息类别。另外，CCPA 还规定，消费者有权在任何时候指示一个欲将消费者个人信息出售给第三方的企业都不得出售该消费者的个人信息，即选择退出权，且要求经营者不能因用户退出而歧视该用户。

---

❶ 《加州消费者隐私法案》（CCPA）（NM S. B. 176）中使用的是"出售"，根据 CCPA 第 1798. 140（t）条的规定，"出售"是指个人信息通过各种方法从一经营者转移到另一经营者的过程；为上下文表述的统一，此处统一使用"共享"。

三、个人信息同意规则

GDPR 采取"授权"的采集模式，第 7 条要求经营者尽最大可能考虑用户作出同意的自由意志。GDPR 还规定其他事项应当区分同意，而不能一概一次性同意，目前大多数经营者获取用户同意都是通过提供隐私协议文本的方式，并要求用户一次性同意所有内容。此种方法明显是不符合 GDPR 中区分同意的规则的。GDPR 赋予用户在"任何时候"撤销同意的自由，但此撤销不具有溯及力，同时要求经营者做到同意和撤销同意一样容易。

而在 CCPA 中第 1798.100（b）条中则规定了"通知"的模式，即收集个人信息的经营者应当在收集时或收集前告知其所收集个人信息的类型以及个人信息的使用目的。在未向消费者提供符合该条要求的告知情况下，企业不得收集其他类别的个人信息，或者将所收集个人信息用于其他目的。

四、自动化处理规则

随着数据处理能力的不断提升，个人信息在采集之后的处理过程有可能是自动化的处理，此种自动化处理可能带来黑箱效应，经营者无法对算法运算结果（包括用户画像）予以合理说明，虽然自动化处理本身并不会影响用户的合法利益，但是当使用自动化处理的结果（包括用户画像）时也有可能对用户产生影响。因此，GDPR 第 22 条规定了自动化处理的规则。GDPR 规定了用户对于自动化处理的拒绝权，用户有权拒绝经营者对个人信息的处理，但这种拒绝权并非绝对的。GDPR 对用户行使拒绝权作出了有"特殊情况"的限制，并赋予经营者优势利益抗辩的理由。同时，GDPR 还规定了经营者应当采取措施保障数据主体对自动化处理进行人为干预表达观点和提出质疑的权利，要求经营者承担对自动化处理合理性的解释责任。

五、安全保障义务

经营者采集和应用个人信息的过程中，应当同时保障个人信息不被非法窃取、利用等。欧盟 GDPR 和美国 CCPA 都对此作出相关的规定，两者都要求经营者对个人信息实施适当的技术措施和制定相应的防范机制。两者都要求经营者对个人信息实施假名化或加密等技术措施以从技术上保护个人信息的安全。另外，还要求经营者有信息泄露的应对机制、完整的安全评估和测试制度并告知用户。GDPR 还规定，经营者有在发生信息泄露时应向监管机构和用户报告的义务。

六、监管机构

无论是欧盟还是美国，都设立了专门的监管机构对行业中经营者采集和应用个人信息的行为进行调整，并保证相应法律的实施。GDPR 设专章对监管机构的职责、权限、地位等进行详细的规定，各监管机构应当采取措施提供公众对个人信息保护的认知、监督经营者的行为、监督和促进 GDPR 的适用、认证经营者资格等。相应地，GDPR 还规定了经营者应当设置数据专员与监管机构对接。而美国的行业组织力量雄厚，美国在商业领域一贯实行行业自律模式，美国的民间组织尤其是行业组织发达，很多企业尤其是著名的大型企业几乎都参加一定的行业协会和行业组织，美国联邦贸易委员会主张通过行业自律的方式对个人信息进行保护，美国联邦贸易委员会对个人信息保护的监管也是美国法律保护最重要的一部分。

七、用户享有的权利

欧盟和美国为了保护个人信息，都在立法中赋予用户特定的权利，这些也是个人信息保护体系中非常重要的部分，能够在一定程度上保证用户在经营者采集和应用个人信息过程中的主动性。

（一）删除权/清除权

删除权/消除权是指用户有权请求经营者删除与其相关的个人信息，但删除个人信息应当考虑到个人信息的保障言论自由、信息流动畅通的目的，用户删除其已经同意采集和使用的个人信息应当有一定的限制。

无论是 GDPR 还是 CCPA 均规定经营者收到用户要求删除其个人信息的可验证请求后，应当从其记录中删除消费者的个人信息，并指示所有服务提供者从其记录中删除该消费者的个人信息。但 GDPR 将用户有权删除的信息限制在以下情形：对于采集或应用目的已经不再必要、用户明确拒绝或不再同意共享的个人信息、个人信息被非法处理时。另外，由于互联网环境下数据流通的便捷性，经营者也不能控制和删除互联网中的所有有关信息，因此对于经营者的删除责任，GDPR 规定经营者应当采取包括技术手段在内的合理措施，将用户要求删除的有关个人信息的链接、副本和备份等告知正在处理该个人信息的其他数据控制者。CCPA 对用户行使删除权的限制更多，CCPA 规定经营者在有必要维护用户个人信息时，可以不删除特定个人信息，CCPA 第 1798. 105（d）条中列举了提供用户商品或服务、安全检查、调试功能、言论自由、学术研究、法定义务等必要情形。

（二）更正权

GDPR 中规定了更正权，即用户有权要求经营者立即更正与其有关的错误或不完善的个人信息；也就是说，GDPR 中的更正权是为了保证个人信息的准确和完整而赋予用户所享有的权利。

（三）可携带权/可访问权

欧盟还赋予用户可携带权/可访问权。GDPR 第 20 条规定，用户有权从经营者处获取个人数据，并且有权将这些数据转移给其他经营者，原经营者不可进行阻碍。可携带权/可访问权是欧盟创新性的规定，可携带权的规定极大地保护了用户的利益和在个人信息控制上的主动性。美国 CCPA 没有作出相应的规定，仅在第 1798. 130（a）条中规定用户可以要求经营者提供合理访问的权利。

第四节　完善我国个人信息采集应用法律制度之建议

在前三节中，笔者分析了我国数据行业经营者在收集个人信息时采取的具体方式及其存在的问题，亦分析了我国法律实践的种种努力及其有待解决的问题，以欧盟 GDPR、美国加州 CCPA 为代表的域外经验。该节则试图结合前述分析，对我国如何保护用户个人信息提出建议。该节首先对个人信息的分类提出建议；然后提出作为集中反映个人信息采集与应用规则的隐私协议的应有呈现形式，提出明示同意规则、重点内容清晰提醒与解释规则、协议查看方便规则，这些规则在除了以隐私协议之外的其他形式呈现（如单独的同意提示框）个人信息采集与应用规则时亦需适用；再结合经营者采集与应用个人信息的流程，分别就采集规则、使用规则、共享规则及其他规则提出建议，要求经营者充分披露对用户抉择具有影响的信息、取得用户的明示同意，并对经营者在画像、信息共享方面的行为予以限制。

一、个人信息的概念界定及分类

（一）个人信息的概念

根据我国《网络安全法》的规定，个人信息是指以电子或者其他方式记录的能够单独或者与其他信息结合识别自然人个人身份的各种信息，包括但不限于自然人的姓名、出生日期、身份证件号码、个人生物识别信息、住址、电话号码等。如第三节所介绍的，GDPR 和 CCPA 也都对个人信息概念进行界定，但不论是我国《网络安全法》还是欧盟 GDPR、美国 CCPA，关于个人信息概念的界定都有一个共同点，就是强调个人信息能够直接或间接识别到个人，即个人信息的可识别性。

但是以"可识别性"为内涵实际上并不能准确界定个人信息，特别是在判断间接识别个人的信息时。随着技术的不断发展和信息的爆炸式增长，通过与其他信息结合而识别个人的可能性越来越大，即使被匿名处理后的数据，也可能被间接识别到个人，比如网络匿名购物记录不能识别到个人，但是与浏览地址、网购地址相连就能识别到个人。这种概念界定上的模糊也造成行业脱敏处理效果的困境。❶

欧盟在 GDPR 界定个人数据时除了规定"可识别性"外，同时也界定了可识别的标准，即通过参照诸如姓名、身份证号码、定位数据、网络标识符等一项标识，或者通过参照一个或多个针对该自然人的诸如身体、生理、基因、心理、经济、文化或社会身份因素来识别个人。而美国通过《消费者隐私权利法案（草案）》（CPBR）将个人信息定义为"能够联结到特定个人或设备的信息"，CCPA 中也有"可合理联结"的表述，相较于欧盟指令及 GDPR 中抽象的"识别性"（identifiable），美国立法进一步给出个人信息"关联性"（linkable）的特征，其个人信息范围的认定具有宽泛、开放、动态的特点，这为后续的法律解释提供了有利条件。此外，美国立法将个人信息的范围拓展到"设备"（device）的规定，体现了基于大数据时代个人信息范围扩展的考量。❷

---

❶ 齐爱民，张哲. 识别与再识别：个人信息的概念界定与立法选择 [J]. 重庆大学学报（社会科学版），2018（2）：128.

❷ 范为. 大数据时代个人信息保护的路径重构——初探欧美改革法案中的场景和风险理念 [J]. 网络信息法学研究，2017（1）：96.

（二）个人信息的分类

在确定个人信息概念的界定之后，应当对个人数据进行进一步类型化讨论，因为不同类型的个人信息所涉及的利益不同，相应的保护方式也应当有所不同。从个人的关联程度来说，个人信息可以分为直接联系个人的信息和间接联系个人的信息；从个人的重要程度来说，个人信息可以分为普通个人信息和敏感个人信息。

1. 根据与个人关联程度

根据与个人的关联程度，个人信息可以分为直接个人信息和间接个人信息，目前主流的个人信息的概念中也体现此种分类，无论是我国的《网络安全法》、欧盟的 GDPR 还是美国的 CCPA，它们对于个人信息的界定都包含可以直接识别到个人的信息和间接识别到个人的信息。以此为标准进行分类，将间接个人信息纳入个人信息的范畴，确定了以直接或间接识别性为判断是否为个人信息的标准。

（1）直接个人信息

直接个人信息是指可以单独识别信息主体的个人信息，直接个人信息与用户的关联性更加紧密，且直接个人信息更容易识别到信息主体，对直接个人信息的侵害更加容易也可能导致更严重的后果。直接个人信息包括姓名、手机号、基因信息、身份证号等。

（2）间接个人信息

间接个人信息是指需要结合其他个人信息才能间接识别到信息主体的个人信息，例如工作单位并不能直接识别到信息主体，但如该信息主体在特定时间购买特定的商品，结合他的购买记录，就可能识别到该特定个人。间接个人信息的外延并不确定，特别是随着计算机对数据的采集和处理水平的不断提高，信息的识别和再识别变得更加容易。正如上文列举的工作单位的例子，获取购买记录的渠道越来越多，想要通过结合工作单位和购买记录相结合识别到特定信息主体的难度也就越来越小，甚至经过去标识化处理的信息都有可能成为间接信息通过与其他信息相结合而识别到特定个人。因此，对于间接个人信息的界定需要有一定的限制。对于间接个人信息的判断首先需要考虑的就是该信息能够对特定个人造成影响的可能性，其次可以通过限制"可结合的其他信息"的范围来限制间接个人信息的范围，例如 GDPR 中规定可识别性标准就是可借鉴的。

2. 根据重要性划分

（1）普通个人信息

普通个人信息并没有关系到个人的隐私等重要利益，对于此类个人信息的保护规则相较于敏感信息来说更弱。常见的普通个人信息有个人姓名、性别、年龄、生日、工作单位等。虽然此类信息相较于敏感信息的重要性较低，但是如果经过用心收集整理，能够结合成一个资料人格图，他人非法使用这样的信息也对用户有很重要的影响。

需要特别提出的是，在我国司法审判中，法院认为痕迹信息并不能识别到特定个人，不属于个人信息的范畴，然而《信息安全技术个人信息安全规范》对个人信息的列举包含痕迹信息（个人上网记录），美国 CCPA 也将痕迹信息纳入个人信息的范畴。对于个人信息的保护主要原因在于其采集和使用会对特定个人产生影响，判断痕迹信息是否为个人信息也应当从此出发。而判断是否会产生影响，目前最主流的方式就是判断该信息是否可以识别或关联到个人。痕迹信息是用户在互联网中行为轨迹被记录而形成的信息，个人的痕迹信息体现其兴趣爱好甚至工作习惯、家庭情况等内容。随着数据采集和处理能力的不断提升，他人更容易获取其他相关信息，并与痕迹信息相结合识别到特定人，从而暴露痕迹信息中所包含的对个人较为重要的内容。因此，痕迹信息在互联网时代是属于较为容易识别到特定人进而可能影响其个人生活的信息，应当将其也纳入个人信息的范畴。

（2）敏感个人信息

欧盟 GDPR 对敏感信息进行另外的规定和列举，并且对其处理作了更加严格的限制。我国目前的生效立法中虽未规定对敏感信息的特殊保护，但相关规定在《信息安全技术个人信息安全规范》中得以充分体现：个人敏感信息是指一旦泄露、非法提供或滥用可能危害人身和财产安全，极易导致个人名誉、身心健康受到损害或歧视性待遇等的个人信息。通常情况下，14 岁以下（含 14 岁）儿童的个人信息和自然人的隐私信息属于个人敏感信息。相对于其他个人数据，敏感数据的泄露、非法利用会给数据主体造成更严重的难以弥补的损害，甚至影响社会安定，这是敏感数据应当特殊保护的原因。

由于敏感信息涉及更高的个人尊严甚至个人隐私，所以应当对其进行特殊保护，而对于敏感信息的范围，应当结合我国传统思想、社会风俗、社会价值观等，充分考虑一般公众的认知。欧洲 GDPR 敏感数据中包括的公会成员身份等内容显然与我国实际情况并不相符，而我国国家标准中规定的网络身份标识信息、个人身份信息显然太过宽泛，对于敏感信息的范围应当限定在与个人隐私密切相关的部分，例如性生活、犯罪记录、健康生理信息、宗教信仰等。

二、隐私协议呈现形式

在确定个人信息的分类后，我们需要展开对个人信息采集应用规则的构建。在大多数情况下，只有获得用户"同意"的个人信息采集与应用才具有法律效力。譬如，《网络安全法》第 22 条规定："……网络产品、服务具有收集用户信息功能的，其提供者应当向用户明示并取得同意。"GDPR 中规定的个人信息处理规则中，获得用户同意亦是处理合法化的基本要求之一。❶ 获得用户同意主要有以下两种方式：一是各项要件逐一请求用户同意；二是用户同意隐私协议。就前者而言，在具体发生个人信息采集与应用的场景时才请求用户同意，即使产品的使用变得极为复杂，也不利于经营者活动的展开，因此采取此种方式并不经济。相反，隐私协议是经营者向用户披露个人信息采集与应用的直观、方便形式，经营者可以一揽子的方式向用户展示其采集与应用规则并取得用户的同意，更加有效简便。故采集与应用行为大多数系通过隐私协议而试图使之在总体上得到合法化，并在采集与应用的具体场景中，经营者辅之请求用户单独同意，以使超出原有目的与范围的采集与应用行为合法化。

在讨论用户隐私协议的内容及采集与应用的具体实践前，需要讨论的是，对具有极度重要性的隐私协议应以何种方式向公众呈现，以使用户获得便捷、阅读轻松，从而使其真正理解隐私协议的条件，为用户能作出真实的同意创造基础。

（一）明示同意：不得默认勾选❷

在用户首次注册时，现时不少隐私协议以默认勾选的方式默认用户同意，甚至有以"点击注册即代表同意"的方式进行。尽管我国现时不少用户基本

---

❶ GDPR（（EU）2016/679）第 6 条 1 -（a）："数据主体已经同意基于一项或多项目的而对其个人数据进行处理。"第 7 条更是单条专列"同意的条件"。欧洲数据与隐私保护的咨询机构——第 29 条工作组（W29）亦为此制定了数十页的解释指南，对怎么样才构成有效的同意、应如何获得明确的同意等进行列举。

❷ "不得默认勾选"在《信息安全技术个人信息安全规范》中为"明示同意"所包含，本题称"明示同意"亦即包含"不得默认勾选"的情形。

不会因不同意隐私协议而放弃使用，但大多数用户会接受隐私协议并不意味着经营者有权替代用户作出选择，尤其是作为对其后的采集与应用行为具有重要影响的隐私协议，用户主动勾选的行为是对用户权益的尊重。用户对经营者通过默认勾选隐私协议的方式来获得用户个人信息亦甚为厌恶。2018 年年初，支付宝用户浏览其 2017 年年度使用报告时，支付宝默认设置芝麻服务协议，只要用户查看账单，就等于授权支付宝收集并向第三方共享用户的行为信息、交易信息等敏感信息。用户反映强烈，此事甚至一度引起支付宝的公关危机。为此，禁止设定默认勾选应是隐私协议呈现的基本形式，用户的同意应由用户主动实施肯定性动作，至少应当包含的是主动勾选。正如下文可见，明示同意规则将贯穿于整个采集与应用规则中，其将与经营者的各种信息披露规则等结合，以试图使用户有足够信息作出决策，并真正自愿地作出决策。

（二）重点内容明确提示

隐私协议的篇幅通常较长，专业法律人士阅读起来亦具有相当难度，更遑论普通用户。❶ 先且不论如何通过其他方式使隐私协议撰写得更加清晰，在法学层面，经营者应对下文所阐述的重点内容在隐私协议文本中有清晰的提醒。隐私协议清晰提醒不仅是经营者尊重用户权益的体现，其更影响隐私协议的效力本身，隐私协议在性质上属于格式合同：隐私协议由经营者提出全文，用户只有接受与不接受的选择，当用户不接受时，用户并无要求经营者为其提供服务的权利。故根据《合同法》的规定❷，经营者当然有义务对排除对方权利、加重对方义务、放弃己方责任等对用户权利义务具有重要影响的条款予以清晰提醒。通常而言，清晰提醒要求经营者对重点条款以加大、加粗、使用不同颜色等方式呈现。但隐私协议内容极多，在有限的电子屏幕上阅读的清晰程度远低于纸质，故并不能当然将既往认定隐私协议内容提醒为恰当的规则照搬，应结合隐私协议提供的场景、篇幅、内容阅读难度、重点内容提醒方式等因素综合衡量隐私协议的提示是否已经充分。

---

❶ "近年来的实证证据表明：在金融业等高度依赖信息披露的行业中，提升文本可读性的举措已取得了不少正面的成果……当下，隐私协议的书写尚未跟上这一脚步：从法学到经济学再到计算机学，各领域学者在'隐私协议既不好读，也不好写'这一结论上达成了高度一致。"连美国大法官都不阅读隐私协议，"知情同意"原则如何落地？［EB/OL］.［2019 - 01 - 26］. http：//www.sohu.com/a/286089231_455313.
❷《合同法》第 39 条至第 41 条。

若超越法学，从实际操作层面来看，传统非互联网领域的既有规则不能照搬适用，实质上可以通过更多方法，使经营者提供重点内容的提醒方式变得更具多样性。譬如，向用户提供两个隐私协议版本：一为隐私协议全文文本；二为隐私协议的重点内容及其解释。可通过单个界面逐条呈现或就常见问题以问答形式呈现，用户通过翻页完成阅读。更可仿效 Facebook、Google 披露隐私协议的方式，通过用户问答、图片、动图、小视频的形式向用户呈现重点内容，以降低用户阅读与理解的难度。

（三）隐私协议的寻找

隐私协议作为用户与经营者之间的约定，大多数情况下是通过用户点击同意而完成签署的，故并不存在合约的正本，用户自行存档保留的隐私协议亦不具备合同效力。由此，用户翻看隐私协议的方式仅能在经营者提供的产品中将其重新找出。用户最初在注册时获得隐私协议的方式非常简单，因为只有此等简单的方式才得以使用户有可能知悉隐私协议。故基于同样的考量，在用户的认知能力恒定时，用户在注册以后获得隐私协议的方式同样亦应该简单。隐私协议应在显示用户信息页面（如"我""我的主页"等）首页上，以正常大小及颜色的提示框单独呈现。不在首页中而需经多次点击、多层链接才能寻找到隐私协议的，或隐私协议框架未以正常大小及颜色提示的，均属于寻找不方便之情形。同理，前述第二个隐私协议版本所包含的对隐私协议的解释，亦应作为常态而保留，与隐私协议的正本一样，用户在注册后仍可随时且简单地回看相关内容。

（四）隐私协议的修改

因业务模式的变更，隐私协议中所规定的个人信息采集与应用规则亦会发生变更。隐私协议的变更同样需要用户作出明示同意，主动点击同意，在未同意前仍按原有隐私协议进行。另外，经营者有时会对隐私协议的变更作出提醒，该提醒是必要的，不仅需要告知用户隐私协议已变更的事实，更需告知用户隐私协议发生何种变更、进行对照、提供简单易懂的解释说明，并需告知用户有权拒绝并注销的选择。对于隐私协议的各个版本，同样应当提供方便的寻找渠道。

三、采集规则

同意原则需贯穿个人信息采集与应用的全过程。一般情况下，若经营者在采集信息前未通过隐私协议或其他方式取得用户同意，除非在采集过程中获得用户新的同意，其信息采集就不具备正当性。此部分拟讨论构建在用户同意的基础上个人信息采集的规则：经营者需要先向用户提供何种信息以使用户有作出同意的基础？用户同意应以何种形式作出，以使同意具有效力？

（一）经营者采集前应披露的信息

1. 采集个人信息类型及具体内容

根据前文个人信息的分类，因个人信息包含内容的重要程度不同而被分为普通个人信息和敏感个人信息。为此经营者应以之为标准，对拟采集的个人信息作分类，简明地告知用户分类的标准及依据，在不同的分类之下告知用户拟采集的具体何种个人信息。之所以采取前述披露方法，是使用户可对拟采集的个人信息作出更清晰的辨识，知悉对其个人隐私有何种影响的个人信息将被采集，避免用户因一大堆由经营者列出的无序的拟采集个人信息而产生阅读困难。同时，这种方法也有利于经营者就普通个人信息与敏感个人信息的其他采集与应用规则之差异作出区分。这种方法可从美国加州 CCPA 第 1798.110（a）条中得到启示："消费者有权要求收集消费者个人信息的企业向消费者披露以下信息：（1）该企业收集的关于该消费者个人信息的类别……（5）收集的有关该消费者的具体个人信息。"既然消费者在经营者实际采集个人信息后，有权要求经营者作"分类＋具体内容"式披露，将该规则前移至采集时，要求经营者主动披露其将如何进行，亦同样具有合理性。

2. 采集目的

信息采集是一种渠道及手段，经营者采集个人信息往往本身没有特定的"采集目的"，即采集不是为了采集本身而是为了使用、共享个人信息。故要求经营者在采集个人信息时披露采集目的很大程度上就是要求经营者披露其拟如何使用、共享个人信息。正如前文所示，经营者在用户协议中往往不是作详细的而是宽泛或模糊的说明。该类说明不能使用户对个人信息的采集所带来的必要性、合理性作出预期，导致用户作出有效同意较难，属于不充分披露。

为此，经营者在采集时应明确向用户披露拟采集的具体目的，具体化程度应至产品特定的某个功能。在披露时，应借鉴《信息安全技术个人信息安全规范》的范本❶，经营者应向用户说明产品的何种功能是产品的主要功能，以至于缺少何种个人信息将会导致产品不能被正常提供，以此表明采集此类个人信息的目的及其必要性。产品的附加功能亦可予以说明，告知用户该附加功能的实现需要何种个人信息，并说明用户拒绝接受附加功能，产品仍可正常使用，仅为实现附加功能所需要的个人信息将不会被采集。与之对应，宽泛的采集目的则不具有效力，与实现产品功能之目的无关的采集亦通常不具有效力，而产品推出新功能并需采集其他个人信息时，应向用户披露并重新获得用户的同意。

3. 采集方式

根据前文分析，现时的个人信息采集方式主要包含由用户主动填写、由经营者自行收集两种。就用户主动披露的信息而言，若采集目的是清晰的，用户在主动填写的过程中已知悉采集该个人信息的必要性、合理性，采集方式本身不存在问题。相反，用户并不知悉经营者自行收集个人信息的方式。用户即使知道其具体何种个人信息将会被收集，但并非在所有情况下都愿意此等个人信息被经营者以一切方式收集，为使用户留有选择的余地，为减轻用户因不知悉收集方式而产生的"被偷窥感"，经营者需具体告知用户会因何种特定操作行为而产生个人信息并被收集。若收集方式此后发生变更的，则需重新告知用户并获得用户的同意。

简而言之，现时的隐私协议大多也包含采集规则，但其披露的信息并不足够充分与详细，故为了使用户真实地作出明示同意，经营者应对采集个人信息类型及具体内容、目的、方式作出详细披露。同理，若经营者提供新的采集规则时，在用户决定是否接受新的采集规则时，经营者同样需要遵守前述的披露要求。

（二）采集需经过明示同意

使用与分享个人信息的前提是采集个人信息，采集环节往往需要较早地获得用户的同意，隐私协议正是向用户披露采集规则的重要环节。因此，前文有关隐私协议同意的方式即体现在采集规则的同意中，即同意选项应经用户明示作出而不能作默认勾选、重点内容需要清晰突出、附加必要的解释。如采集规

---

❶ 《信息安全技术个人信息安全规范》附录 C：保障个人信息主体选择同意权的方法；附录 D：隐私政策模板。

则未单独于隐私协议而列出的，同样需要用户作出明示同意，而且用户对此作出同意的轨迹应被记录下来，用户可方便地寻找到。

四、使用规则

若采集规则遵循前文的要求，使用规则在相当部分情况下都能被采集规则所包含，那么经营者的使用需严格在其采集时所披露的范围内进行。若产生新的功能而经营者需采集并使用新的个人信息，此时的使用规则即处于新的采集规则之下，仍被包含于采集规则中。使用规则需要特别探讨的是以下两种情形。

（一）采集时未清晰披露使用范围情境下的使用规则

经营者已经采集到某种个人信息，但经营者对个人信息的使用可能超出在采集时所披露的使用范围，经营者是否应当向用户披露；如应披露，则应当如何披露？需要注意，此部分讨论的是"可能"超出原确定的使用范围，若其明显超出，这种使用毫无疑问是一种非法使用。

1. 对使用范围作限定的合理性与必要性

使用范围的不确定来自以下两种情形：一是经营者制定宽泛的或兜底性的使用规则，其试图将某使用规则解释进去；二是已有的使用规则中存在可供解释的情形，经营者试图论证已有的使用规则可作出涵摄新情形的解释。

无论是何种情形，均不具备正当性。从法理上而言，经营者制定的规则属于格式条款，当格式条款存在解释争议时，应按照不利于格式条款提供方作解释。尤其是宽泛的或兜底性的使用规则，其本质上就如同"最终解释权归××所有"一般，毫无疑问不具有效力。从个人信息规则的构建而言，用户的知情同意权、选择权的发挥依赖于使用户能掌握其个人信息将被如何采集与应用，信息的披露应保持最大限度的透明❶，使用范围的不确定毫无疑问有违制度构建的目的。对经营者制定的使用范围作严格的限定是必要且合理的。

2. 因超出原范围而需重新获得用户明示同意

当经营者的使用范围被限定于其原本的含义时，超出该范围的使用方式便缺少用户的同意，经营者以此方式使用个人信息的，构成对用户个人信息的侵

---

❶　透明要求可参考 GDPR（（EU）2016/679）第 12 条"信息、交流与模式的透明性——保证数据主体权利的行使"。

犯。为此，经营者应重新获得用户的明示同意，在未经用户同意前，应暂停使用。

（二）通过画像而使用个人信息的规则

随着算法水平的提高及个人信息存量的大幅度上升，经营者为用户提供服务时越来越离不开利用算法处理用户的个人信息。上一部分的分析是对经营者使用范围的限定，要求使用范围应被严格解释与限定，该部分则提出在个人信息的使用过程中，经营者即使未超出使用范围，但仍需对通过算法进行自动化画像的使用方式加以规范。

不可否认，现时算法运行的结果仍不乏出现黑箱效应，经营者无法对算法运算结果予以合理说明。但算法的应用有助于经济效率的提高，是社会未来的发展重要的借力点，黑箱效应的出现并不意味着我们因噎废食。故当经营者运用算法处理个人信息时，在不向用户或其他人提供的情况下，对用户的权益并无实际影响，反而是经营者开展内部决策的重要途径，用户无知悉画像过程、拒绝画像的权利。

另外，当经营者试图对外提供经过画像的结果或直接依据画像的结果而向用户提供服务时，此时对用户的影响是明显的，应充分注意算法运行所带来的影响，故应当在使用前告知用户其个人信息可能会经过自动化处理。此外，鉴于"数据杀熟"的现象日益突出，我国《电子商务法》规定了用户有权选择非经过画像而形成的产品服务❶，该规则可应用于存在采集与应用个人信息的其他情形，即用户有反对经营者提供画像结果的权利（并不意味着可以当然反对画像行为本身，如上段所述）。除此之外，欧盟 GDPR 提出了画像应该是"可解释的"❷，该要求具有一定合理性，尤其是对用户利益有重要影响的环节，"可解释"体现对用户知情权的尊重。但由于技术本身的限制，"可解释"并非在所有情况下都能实现，在客观上确实不能解释或解释成本极高的情况下，用户有权拒绝经营者依据画像结果而向其提供产品或服务，而不能要求经营者必须作出解释。

---

❶　《电子商务法》第 18 条。
❷　GDPR（（EU）2016/679）第 22.3 条："在第 2 段所规定的（a）和（c）的情形中，数据控制者应当采取适当措施保障数据主体的权利、自由、正当利益，以及数据主体对控制者进行人工干涉，以便表达其观点和对决策进行异议的基本权利。"

五、共享规则

此处所称的共享既包括经营者直接向其他经营者提供用户个人信息的情形，也包括经营者采取开放 API 接口等方式向其他经营者提供接入、抓取用户个人信息数据库的情形。

在经营者请求用户同意共享时，实际上等于经营者代表其他经营者的名义请求用户同意，使其他经营者成为新的采集者与使用者，因此经营者及其他经营者仍应对前述明示同意、充分披露、限制画像等诸多规则予以遵守。尤其需要注意的是，因共享对用户权益的影响较大，在用户作出同意共享前，经营者需向用户充分披露信息。CCPA 第 1798.115（a）条亦专门对信息共享应披露的信息加以规定："（1）该企业收集的有关该消费者的个人信息类别。（2）通过对某一类或者某几类个人信息出售给任一第三方，企业出售的消费者个人信息类别以及买售消费者个人信息的第三方类别。（3）企业为商业目的而披露的个人信息类别。"故经营者应向用户披露足够的信息包括共享的对象、共享的信息类型、共享的具体信息内容、共享的方式、共享持续时间、共享的安全保障措施、责任的承担等。

（一）平台经营者向进驻平台经营者共享的规则

经营者作为平台与进驻平台的其他经营者在《规范》第 8.6 条中被认为属于"共同个人信息控制者"，只需经过用户一次同意，平台经营者即可授予进驻平台经营者合法的采集与应用个人信息的合法权利。对平台经营者，《规范》要求"个人信息控制者应通过合同等形式与第三方共同确定应满足的个人信息安全要求，以及在个人信息安全方面自身和第三方应分别承担的责任和义务，并向个人信息主体明确告知"。与欧美做法不同，《规范》并无设定较为复杂的平台经营者监管规则，而是要求平台经营者实施内部监控制度。而且《规范》就平台经营者责任的承担亦作了较宽泛规定，不要求补充责任或连带责任。

考虑到平台经营者的特性，平台聚集类似或相同业务的其他经营者向用户提供产品或服务是平台的核心功能之一，因该核心功能而产生的数据采集与应用规则，平台经营者本身即有义务详细披露并征得用户的明示同意。为了实现平台的效率，前述一次同意规则具有存在之必要性。推论可知，若进驻平台的经营者因非在平台达成交易之目的而进行其他采集与应用个人数据的，其应取得用户的明示同意。

笔者认为此时个人信息的有效保障不仅在于要求经营者作细致的监管，更在于确立适当的法律责任。因此，《规范》既无详细的监管要求，在责任分配上也较为宽泛，这并不足以有效敦促平台经营者恰当地履行监管职责。如今平台经营者的经营管理能力早已不再是互联网发展初期一般缺少对进驻经营者有效的监控，提高平台经营者的网络安全管理义务并赋予较重的法律责任的"平台治理""平台主体责任"法律理念日益盛行。❶ 我国法律实践对此亦有回应，譬如《电子商务法》第 27 条至第 46 条，为平台经营者设置了真实信息核验义务、信息提供义务、维护网络安全义务、记录交易信息义务等。为此，应要求平台经营者构建个人信息安全保障平台，平台仅应在进驻经营者展开经营所必需时，向其提供用户个人信息，平台亦应建立长效的个人信息流转监管机制，而平台经营者对违规进驻经营者采取的封禁、收取违约金等救济措施有必要予以承认，即所谓能力与责任挂钩、责任与权力挂钩。在法律责任上，平台经营者不能仅仅根据避风港原则、中立原则提出抗辩，裁判者可根据平台经营者采取的个人信息采集与应用规则整体存在的风险程度、安全保障措施的有效程度、个人信息泄露的原因、平台经营者的补救措施等，在个案中综合衡量平台经营者责任之大小。个人信息所涵摄的内容越敏感，平台经营者的注意义务越高，越应承担更大的责任。

（二）经营者向关联方、其他第三方共享的规则

毫无疑问，经营者向他人共享信息，需要向用户提供足够其决策的信息，需经由用户作出明示同意，前述诸多规则同样需应用于个人信息共享环节。

但更需注意，与经营者自己使用个人信息的情形不同，共享会导致其他经营者同样有可能接触到个人信息，造成个人信息被泄露与不当使用的可能性更进一步提高。而在此处所述的共享中，经营者对作为接收方的经营者的监控远弱于平台经营者对进驻平台经营者的监控，毕竟后者的信息都在平台上流转，前者的信息在不同经营者之间流转。譬如在"剑桥分析"事件中，Facebook 开放 API 给第三方应用程序（用户可用 Facebook 账户登录该应用程序），而致该应用程序取得了超过 7000 万用户的个人信息（如用户名称、用户地址、用户在 Facebook 上发送的帖子、行踪记录、点赞记录等），其中大部分用户并未

---

❶ 于志刚. 中国互联网领域立法体系化建构的路径［J］. 理论视野，2016（5）：38.

注册与使用该第三方应用软件。❶ 故为了保护用户的个人信息，经营者及其接收方不得以免责条款将信息保护义务转嫁给其他接收方，该免责条款不具有法律效力。尤其是泄露敏感个人信息或造成大规模的个人信息泄露的情形下，对具有过错的经营者可设置较重的法律责任，不根据其过错程度而对责任承担份额加以衡量，而要求其对因泄露所产生的全部不利后果承担补充责任。

（三）限制共享情形

由于信息共享对用户权益的影响较为明显，共享的过程亦很容易造成"失控"，信息被泄露或不当使用的可能性较高；信息的不当利用一旦产生，其传播将难以受到控制，产生的影响更难以被彻底修复。既然个人信息共享的风险较高、影响较大，经营者本身又可采取去标识化或匿名化的方式处理个人信息，却没有如此，反而将能识别到个人的信息向他人共享，对其所作之限制理应更多。

1. 明示同意

前文采集与使用规则中所规定的、对采集目的限定及使用范围限定的规则同样应适用，即对特定的采集与应用行为是否经过用户同意，存在模棱两可的解释的，应按照不利于经营者方作解释，此时经营者即需要获得用户新的同意。另外，CCPA 第 1798.115（d）条则规定了在特定情况下个人信息只能共享一次的规则："（d）除非消费者已收到明确通知并且有机会根据第 1798.120 条行使退出选择权，否则第三方不得再出售从前手处购买的消费者个人信息。"该规则值得借鉴，在未经用户明示同意的情况下个人信息二次共享，用户有权通过直接、一键退出接受服务（注销或关闭该功能）而拒绝信息再次共享的规则。

2. 最小必要原则

鉴于同意规则是基于用户自主决定作出的，在已经充分披露信息保障用户知情权及对使用作出必要限制的情况下，原本不再需要加以更多限制。但共享对用户权益的侵害可能性实在强，故经营者更应严格遵循"最小必要原则"。GDPR 第 25 条提出评估共享"最新水平、实施成本、处理的性质、处理的范围、处理的语境与目的，以及处理给自然人权利与自由带来的伤害可能性与严

---

❶ 该事件导致美国国会连续展开多场调查与听证会，哥伦比亚特区更代表特区内的受害者，向哥伦比亚特区高等法院对 Facebook 提起诉讼，认为其违反消费者保护法。

重性之后"，经营者应采取适当的信息共享规则，其在此亦特别列明"数据最小化原则"。因此，经营者请求用户同意共享的情形应该是为了实现其经营目的所必需的；用户同意而经营者共享个人信息的，应当在实现某目的之范围内，提供最小量的必要、够用的个人信息。

六、其他规则

（一）安全保障义务

经营者作为用户个人信息的保管者、使用个人信息的受益者，其对个人信息具有安全保障义务。在个人信息采集与应用过程中发生的数据泄露等安全事故，经营者应当在其过错范围内承担责任。

考察经营者是否具有过错，一方面需要考量其对某个特定用户的个人信息是否尽到安全保障义务，另一方面则需要考量其整体的安全保障措施或体系是否建立并完善。后者意味着经营者需要建立一套保障个人信息安全的制度，譬如区分个人信息的不同类别，对敏感的、非公开的个人信息作去标识化或匿名化处理，区分员工接触个人信息的不同权限，建设防火墙，定期排查安全漏洞、进行安全测试，严格限制个人信息的共享范围与共享内容等做法。若经营者未建立有效的个人信息安全保障机制，或在保障机制出现漏洞后未及时采取有效补救措施，应当承担相应的责任。由于前述事实都是否定性事实，用户对经营者的内部安全机制有无及是否有效难以知悉，故根据盖然性原则，只要能证明信息的泄露较高可能性来自该经营者（即存在因果关系），可推断经营者未尽到安全保障义务，经营者需提出反证（举证责任发生流转），证明其已采取安全保障措施，泄露并非其过错所导致。该规则与前述东航案❶所彰显的裁判要旨保持一致。

（二）可携带/可访问规则

对于经营者是否有义务提供用户可携带的信息及其义务程度之多少，目前尚存在争议。GDPR 对信息的可携带作出非常有利于用户的规则，用户主张的可携带权涵摄信息类型多，包含第 13 条至第 22 条以及第 34 条所规定的情形；信息的可携带程度也较高，要求包含标准化与机械可读的信息，信息内容则用

---

❶ 参见北京市高级人民法院（2017 年）京 01 民终第 509 号民事判决书。

户轻松可读。相较之下，CCPA 第 1798.130（a）条则要求更为宽泛，提供形式仅要求易于使用（通过电子邮件发送的情形），不要求轻松易读，仅为一次性交易（并经此次使用后删除或匿名化）而产生的个人信息不要求可携带。甚至从严格意义上，CCPA 并无赋予用户"可携带权"，称其为"可访问权"更为恰当。

个人信息可携带或可访问对用户权益有重要影响，尤其是当经营者所存储的个人信息越来越多经由经营者主动收集而完成的情况下，究竟经营者有无按照其所宣称那般采集与应用个人信息，用户知悉的难度较高。通过要求经营者提供其收集到的个人信息，可倒逼经营者在采集与应用的过程中更为审慎地行为。据此，经营者提供的信息应包括其已采集的个人信息、采集的渠道、信息的使用与共享情况、安全保障的措施及情况等对实现用户维护其在个人信息上的权利具有重要性的其他信息；此等信息应经过同一性、完整性校验，保证其不被经营者修改。当然，为避免经营者为保存、整理个人信息而产生不合理的经营成本，总体上可借鉴 CCPA 的规则，提供的信息不必需要用户轻松易读，经营者向用户提供阅读教程即可，做到可访问即可，而不需要可"轻松"携带；如前述仅一次性使用而随后可删除的信息，经营者亦无保存的义务。

（三）更正规则

通常而言，当信息由用户主动提供时，用户当然有更正的权利，譬如用户的姓名、联系方式、地址等信息。这也是行业的通常做法，用户可在个人页面中轻松而任意地改变其主动提供的个人信息，此时的"更正"被理解为"更改"将更为恰当，即此等个人信息无论是否是"正确的"，用户均有权自主作出变更。当然，为满足公法上的管理要求，对部分个人信息，经营者有权亦有义务规定，用户一旦提供则难以再有权修改，除非用户提交证明其信息确实存在错误或已发生变更。

另外，由于前述可携带规则的存在，用户可知悉经营者具体收集何种个人信息，故其就此等信息形式更正权亦可实际实现。但由于此等个人信息系经营者自行收集的，更正存在一定程度的麻烦，故用户不能无理由而提出，更正应当以信息确实存在错误或需要更新为理由。同时，更正应当给予经营者一定的处理时间，经营者应告知用户所需的时间，并在完成后告知用户。

（四）删除规则

删除规则涉及的利益较更正规则复杂。一方面，出于保障言论自由、信息流动畅通的目的，对于已公开的无错误个人信息，除非该个人信息本身不应被公开（因信息的性质、因经营者与用户的约定），用户无权要求删除，此等做法既为我国司法判决承认❶，亦可在欧美的做法中找到类似规则❷。同理，基于公法的要求而需要公开的个人信息，除非其继续存留对用户造成不良影响，否则即便该公法的要求已失效，此等信息是对客观历史情况的记录，亦不应当予以删除。

　　另一方面，由于互联网领域中个人信息流动的便捷性，个人信息难以被完全删除，经营者对因个人信息未能完全被删除而产生的损害应如何承担责任需要探讨。为此，我们需要考虑用户系基于何种原因而要求经营者删除个人信息、删除何种个人信息、经营者就该个人信息的删除作出何种努力。毫无疑问，若是经营者超出双方的约定使用或共享信息而致用户要求删除的，其违约行为是信息被不当利用最根本的原因，要求其承担因违约而导致用户遭受的全部损失合乎《合同法》与《侵权责任法》的原理。若用户因注销用户而要求经营者删除个人信息的，则需要考察要求删除的个人信息的性质及经营者为删除个人信息作出何种努力，对个人越有影响的敏感信息，越应要求经营者投入更多的成本删除并且删除的效果应尽可能有效，信息敏感程度与经营者删除努力程度成正相关关系。经营者向其他经营者共享信息的，所称投入的努力当然包括前者对后者的管控，前文所述的因共享而产生的规则同样应运用在删除未彻底的情形。

---

❶　参见北京市第一中级人民法院（2015 年）一中民终字第 09558 号民事判决书。

❷　例如，GDPR（（EU）2016/679）第 17 条所规定的擦除权并非宽泛的，其擦除的主要是非经同意而采集的情形、再无实现处理目的的情形、非法的信息、公法上的要求。而对言论自由权利持高度重视态度的美国，其在 CCPA（NM S. B. 176）中亦明确规定，"如果企业或服务提供者有必要维护消费者个人信息的，其不应被要求遵守消费者请求删除其个人信息的规定……行使言论自由，确保其他消费者行使言论自由的权利，或行使法律规定的其他权利"，则不予删除。

第四章　移动智能终端设备预装软件
行为和线下刷机行为的法律规制

第一节　预装软件及技术背景

一、预装软件的定义

预装软件是指在消费者获取相关移动智能终端设备前，该设备中存在的应用软件。根据置入相关软件的主体以及不同阶段，可分为以下两类。

一类存在于生产商对设备进行生产的阶段，被称为"预置软件"行为。工信部在发布的《移动智能终端应用软件预置和分发管理暂行规定》中给出预置软件的定义是：移动智能终端预置应用软件是指由生产企业自行或与互联网信息服务提供者合作在移动智能终端出厂前安装的应用软件。

另一类则存在于设备出厂后的销售阶段，被称为"线下刷机"行为。早在 2014 年中央电视台"3·15"晚会就曝光了名为"大唐神器"的手机预装软件推广设备，同时也使此类预装软件的黑幕呈现在消费者的眼前。大唐高鸿数据网络技术股份有限公司（以下简称"大唐高鸿公司"）是大唐电信旗下的一家高新技术企业，其所开发的"大唐神器"主要面向经销商，将会全自动智能安装软件，且所安装的软件适用普通方式无法彻底卸载，需要获取手机 root 权限才可删除，而一旦适用 root 权限，手机则不再享受质保。其所安装的部分软件会获取包括 IMEI、MAC 地址在内的设备信息和型号，获取该设备所有应用软件列表，监控用户使用软件的时间、次数、网络流量，并在后台将这些信息发送到大唐高鸿公司的官网服务器。这类预装软件行为特征主要有：未取得移动智能终端生产商的许可，且消费者在选购商品时也对此毫不知情。另外，除了可以向设备中预装软件之外，"线下刷机"还可以将设备原有的操作系统进行替换，结果是导致消费者可能会购买到除外形相同外与期待完全不同的设备。

我国手机市场上销售的设备主要分为安卓系统设备和苹果 iOS 系统设备。线下刷机这一方式是针对安卓系统设备的技术手段，此类恶意的预装软件行为也主要发生在安卓系统设备中。究其原因，安卓系统是一种开源系统，而苹果 iOS 系统是一种闭源系统。所谓开源是指系统的源代码是向公众自由开放。安卓系统的源代码向公众开放，任何市场主体都可以基于安卓原生系统来开发定制自己独特的系统，同时也可以任意开发在安卓系统上运行的应用软件。这一特点也导致适配安卓系统的应用软件没有可以统一规制的渠道，也就无法避免出现大量恶意软件。

二、预装软件的分类

预装软件根据不同的标准，会产生多种分类方式。

（一）根据软件的功能类型，可分为基本功能类软件和扩展功能类软件

电信终端产业协会❶制定了相关的行业标准——《移动智能终端应用软件分类与可卸载实施指南》（以下简称《实施指南》），该指南于 2017 年 5 月 18 日发布，5 月 30 日实施。其中规定了移动智能终端应用软件分类，且适用于移动智能终端预置应用软件以及互联网信息服务提供者提供的可以通过移动智能终端下载、安装、升级的应用软件。该指南也适用于多种移动智能操作系统生态，包括但不限于 iOS、Windows Phone、Android、YunOS 等，也适用于各移动智能操作系统的不同版本。

移动智能终端应用软件分类基于移动智能终端体系结构，包括硬件平台、操作系统、应用软件三个层次。不同的操作系统生态根据各自设计理念稍有差异，可以将移动智能终端应用软件分为基本功能类应用和扩展功能类应用，如

---

❶　电信终端产业协会（TAF，原电信终端测试技术协会）是由中国信息通信研究院（CAICT，原工业和信息化部电信研究院）联同国内电信运营商、电信终端设备制造商、系统设备制造商、认证检测机构和研究机构共同发起的自愿性、非营利的国家级社会组织，主管单位为工信部。

图 4-1-1 所示。其中，基本功能类应用不可卸载而扩展功能类应用可以卸载。

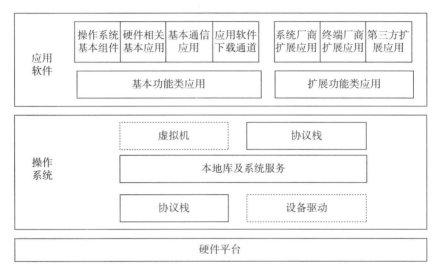

图 4-1-1　移动智能终端应用软件分类框架

基本功能类应用是指保障移动智能终端硬件和操作系统正常运行的移动智能终端应用软件，主要包括操作系统基本组件、硬件相关基本应用、基本通信应用、应用软件下载通道等。扩展功能类应用是指为了丰富用户体验或优化终端系统非用户必需的功能与性能的应用，主要包括操作系统厂商扩展应用、终端厂商扩展应用以及第三方扩展应用。

（二）根据软件来源，可分为生产商软件和第三方开发商软件

生产商软件是指生产商自行开发的与自己所生产的设备相配套的软件。而第三方开发商软件是指由与生产商无关的开发商开发并预装在生产商设备中的软件。

生产商软件中大部分是与设备硬件相适配的软件，即属于上述的基本功能类软件；而第三方开发商软件中大部分是兼容所有设备的软件，即类似于上述的扩展功能类软件。

（三）根据软件是否向用户收费，可分为付费软件和免费软件

付费软件是指该预装软件的费用已经计算在设备的价格之中，用户在购买设备时要为这些软件支付对价。免费软件是指不计算在设备价格中的软件。

以苹果手机为例，为了发挥硬件功能而研发软件的成本都被计算在一部苹果手机的成本之中。同时苹果 iOS 系统优良的用户交互体验也是手机价格高昂的原因之一，而这种交互体验离不开预装在手机上的各种软件。因此用户在支付价款购买苹果手机的同时，也为手机中的 iOS 操作系统以及一系列预装软件支付费用，这些软件就是付费软件。

而我国目前软件市场中的大多数软件属于免费软件，这种软件预装在设备中不会影响设备的价格，因此其性质更接近于对用户的一种赠予行为。

三、线下刷机行为之技术原理分析

所谓"线下"，是指脱离互联网；而所谓"刷机"，通常指代通过一些方式更改或替换手机中原本存在的系统和软件。

其中，主要的重置系统的方式分为两类，包括线刷和卡刷。线刷是指使用 USB 端口连接个人计算机，并在个人计算机上使用相关软件进行修改或重置系统的行为。线刷一般为各个移动智能终端生产商官方所采取的升级方式，主要用来更改固件，例如处理手机故障造成无法开机等情况。卡刷是指将固件或者升级包复制至手机 SD 卡中进行系统更改或重置操作。卡刷主要用于对系统进行升级、降级。两者相比，卡刷在刷机时表现得更稳定，不至于受到断电、数据线意外拔出等问题的影响；而线刷对于手机操作深度更有优势，例如系统的重新分区等。

刷机中一个重要的概念为 root，意指获取设备的最高权限。装有安卓系统的设备本身都自带 root 权限，所以允许任意的操作，例如删除系统文件等。一般来说，在设备出厂时，生产商基于对设备本身以及相关用户的保护，会隐藏这个功能。而自带 root 设备是指通过各种方式获取到设备最高权限。刷机并不要求设备自带 root，但是没有 root 可能会导致刷机之后某些需要 root 权限的功能不可用，从而影响设备的正常使用。

在安卓系统中，各类硬件设备置于最底层，之上为 Bootloader 层。使用最广泛的 Bootloader 是一个叫 uboot 的程序，它支持非常多的体系结构。经过编译后，uboot 会生成一个 uboot. bin 镜像，将这个镜像放置于设备上的一个特定分区去，就可以作为 Bootloader 使用。而 Bootloader 支持交互式启动，即当 Bootloader 初始化完成硬件之后，不是马上去启动 OS，而是停留在当前状态，等待用户输入命令告诉它接下来该做什么。这种启动模式被称为 Fastboot 模式。安卓系统底层架构如图 4 - 1 - 2 所示。

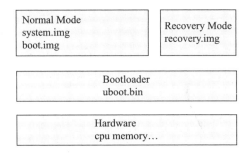

图 4 - 1 - 2　安卓系统底层架构

一个能够正常启动的嵌入式设备的 ROM 包含以下 4 个分区：①Bootloader 分区，也就是存放 uboot. bin 的分区；②Bootloader 用来保存环境变量的分区；③Kernel 分区，也就是存放 OS 内核的分区；④Rootfs 分区，也就是存入系统第一个进程 init 对应的程序的分区。对于安卓系统设备来说，当它处于 Fastboot 模式时，将一个包含 Kernel 和 Rootfs 的 recovery. img 镜像通过 Fastboot 工具刷入到一个称为设备上一个称为 Recovery 的分区去。这个过程就是刷 Recovery，它也是属于刷 ROM 的一种。由于 Recovery 分区包含 Kernel 和 Rootfs，因此将 recovery. img 刷入设备后，设备就得以正常地启动了。这种启动方式被称为 Recovery 模式。

当设备处于 Recovery 模式时，用户操作取决于刷入的 recovery. img 包含的 Rootfs 包含的程序。更确切地说，是取决于 Rootfs 镜像里面的 init 程序。顾名思义，Recovery 就是用来恢复系统的意思，也包含更新系统的意思。这里所说的系统，是用户正常使用的系统，里面包含安卓系统运行时框架，使我们可以在上面安装和使用各种 App。

用户正常使用安卓设备时的系统，主要包含有两个分区，即 System 分区和 Boot 分区。System 分区包含安卓运行时框架、系统 App 以及预装的第三方 App 等，而 Boot 分区包含 Kernel 和 Rootfs。刷入 System 分区和 Boot 分区的两个镜像被称为 system. img 和 boot. img，通常做法是将它们打包和压缩为一个 zip 文件，例如 update. zip，并且将它上传到安卓设备上的 sdcard 上去。这样当进入 Recovery 模式时，就可以在 Recovery 界面上用之前上传到 sdcard 的 zip 文件来更新用户正常使用安卓设备时所用的系统了。这个过程就是通常所说的刷 ROM。

广义上的刷 ROM，实际上包含更新 Recovery 和更新用户正常使用的系统两个意思；而狭义上的刷 ROM，只是更新用户正常使用的那个系统。更新 Recovery 需要进入 Fastboot 模式中，而更新用户正常使用的那个系统需要进入 Recovery 模式中。安卓设备在启动的过程中，在默认情况下，一旦 Bootloader 启动完成，就会直接启动用户正常使用的那个系统，而不会进入 Recovery 模式，或者停留在 Bootloader 中，也就是停留在 Fastboot 模式中。只有通过特定的命令，例如"adb reboot recovery"和"adb reboot bootloader"，或者特定的按键，例如在设备启动过程中同时按住音量减小键和电源开关键，才能让设备进入 Recovery 模式或者 Fastboot 模式中。

因此，一个完整的刷 ROM 过程，包含以下两个步骤：①让设备进入 Fastboot 模式，刷入一个 recovery. img 镜像；②让设备进入 Recovery 模式，刷入一个包含 system. img 镜像和 boot. img 镜像的 zip 文件。

值得注意的是，system. img 镜像和 boot. img 镜像不一定只有在 Recovery 模式才能刷入，在 Fastboot 模式下也是可以刷入的，就像在 Fastboot 模式中刷入 recovery. img 镜像一样，只不过在 Recovery 模式下刷入它们更友好一些。说到这里，就不得不说另外一个概念，就是所谓的 Bootloader 锁。在锁定 Bootloader 的情况下，我们是无法刷入非官方的 recovery. img、system. img 和 boot. img 镜像的。这是跟厂商实现的 Bootloader 相关的，它们可以通过一定的算法（例如签名）来验证要刷入的镜像是否是官方发布的。在这种情况下，必须对 Bootloader 进行解锁才可以刷入非官方的镜像。

所以卡刷和线刷的真正区别在于 Recovery，置入官方 ROM 的 recovery. img，刷机方式就是线刷；刷了第三方中文 recovery. img，刷机方式就是卡刷。无论是卡刷还是线刷，对安卓设备刷机的本质都是通过技术手段替换、篡改设备中存储的原始数据。

四、预装软件行为的动机

（一）市场各主体视角下预装软件行为动机

对于相关消费者而言，一方面，手机预置软件以手机为载体，若将其分离，则该移动智能终端根本无法使用，因此，只有将软件与硬件相结合，才能实现移动智能终端的相关功能，满足消费者的需求。另一方面，当消费者购买相关设备时，实际购买的为移动智能终端和与之预置软件的联合体。因此，预置软件是实现移动智能终端相关功能的基础。

对于设备生产商来说，首先，为了提升用户体验，优化操作，生产商自身或者与相关软件开发商进行合作，预置用户惯常使用、功能强大的软件，发挥设备本身的优越性与竞争力。其次，在当今智能手机等移动智能终端设备越来越普及的现实下，各个移动智能终端设备生产商竞争越发激烈，国内相关市场已经渐趋饱和。2018年3月26日，全球领先的新经济行业数据挖掘和分析机构艾媒咨询（iiMedia Research）权威发布《2017—2018中国智能手机市场研究报告》相关数据显示，2017年中国手机出货量同比下降12.3%，且中国市场竞争激烈与饱和的市场容量使众多手机厂商纷纷出海，寻求海外优势。另外，线上红利的消失促使小米、荣耀等互联网品牌布局线下，而如何实现线上线下两个渠道的融合与提升用户的消费体验是一个难题。2017年，中国手机厂商普遍注重线下渠道，三四线城市竞争日益激烈。在中国市场，设备本身的利润越来越少，因此预装软件给生产商带来的利益就格外重要。据了解，软件开发商在出厂设备中预装一款软件所付出的成本是2~10元。按照中等规模的手机生产商推算，如果年出货量在2000万台手机，每部手机预装10~20款应用软件，那么所获的利润是数以亿计的，而其成本几乎为零。❶ 对于软件开发商来说，当软件被安装在设备上，会提升软件的下载量；当软件被用户激活，则会提升软件的用户量。这两个数字是评定一款软件影响力的重要因素。大型软件开发商本身具有相当的用户群，因此在预置软件时更具备与移动智能终端生产商谈判的话语权。而对于中小型软件开发商以及亟待推广相关软件的开发商而言，通过"线下刷机"预装的方法，一方面可以使更多的用户接触到自己的软件，来推广自己的产品，另一方面可以通过获得巨大的下载量、用户量来进一步获得投资者的青睐，以获得更好的发展机会。规模较大的开发商通过预装，来"引导"用户在同类产品中选择自己的产品，以提高自己产品的市场竞争力和利润。

实际上，手机预置软件并非最新出现的现象，而是由来已久。这一过程与电脑预置软件的发展极其相似。在美国，基于Windows系统的电脑在面向消费者时，往往会存在预置软件的现象，一方面为了适应市场压力与迎合消费者的

---

❶ 软件预装，你所不知道的暴利！[EB/OL].［2018 – 11 – 17］. https：//baijiahao. baidu. com/s? id = 1571784431951097&wfr = spider&for = pc.

口味；另一方面存在许多不必要预置软件的电脑实际价格会更为便宜，主要由于软件开发商往往会对预置其软件的电脑作出"补偿"。这一情形同样适用于智能手机。由于软件开发商与智能手机生产商达成相关合作协议，对于移动智能终端的价格的影响也至关重要。

（二）行为经济学视角下预装软件行为成因

在谷歌案中，欧盟委员会认为，预装软件会创造现状偏好（status quo bias）[1]。这种现状偏好是指，如果用户在自己的移动智能终端上发现预装的软件，他们在同类软件中选择使用这些已经预装的软件的可能性更高。所谓现状偏好，是指人们倾向于保持现状或者维持之前所作的决定。行为经济学先驱丹尼尔·卡尼曼对其定义为，个人更喜欢保持现状的倾向。现状偏好认为人们在作出某些选择时，并不总是根据传统经济理论的最优化假设来决定或调整自己的行为，而是倾向于依据过去的经验，一定程度上受到过去选择的影响。[2] 欧盟委员会调查发现，根据 2016 年的统计数据，在预装谷歌搜索软件的安卓系统设备上，超过 95% 的网络搜索都是通过谷歌搜索软件完成的；而在预装微软搜索软件（必应，Bing）的 Windows 系统设备上，超过 75% 的搜索通过微软搜索软件完成，通过谷歌搜索软件完成的少于 25%。从数据上可以明显看出，预装软件的行为会对消费者的使用习惯有较为明显的引导，消费者有"安于现状"的倾向，这使得预装的软件在与其他同类软件竞争中获得较大的优势。

现状偏好作为行为经济学中的一个现象，其形成的原因也复杂多样。对于现状偏好的成因有以下几种理论解释。

1. 转换成本

转换成本的概念最早由迈克·波特在 1980 年提出，指的是消费者从一个产品或服务的提供者转向另一个提供者时所产生的一次性成本。其包含三大类别——程序性转换成本、财务性转换成本、关系性转换成本。程序性转换成本是指顾客在时间和精力上的付出；财务性成本是指顾客可计量的财物资源的损失；关系性转换成本是指顾客在感情或心理上的损失。仍以搜索软件为例，使

---

[1] 欧盟委员会新闻稿［EB/OL］．［2018 - 11 - 17］．http：//europa. eu/rapid/press - release_IP - 18 - 4581_en. htm.

[2] 郑立明. 现状偏好的来源和成因分析［J］. 现代管理科学，2012（8）：31.

用预装谷歌搜索软件的设备的用户，如果要改为使用微软搜索软件，所付出的成本有：用户需要重新学习和适应微软搜索软件的界面、操作方式、特有功能等；谷歌搜索软件基于用户大数据而提供的个性化服务无法继承到新的软件中，需要用户重新积累这些数据。如果用户已经使用谷歌搜索软件一段时间，那么他转而使用其他软件所付出的成本高于其获得的利益，因为不同的搜索软件在功能和用户体验上不会有过大的差距。因此用户更倾向于"保持现状"。

2. 前景理论

前景理论是描述和预测人们在面临风险过程中表现与传统期望值理论和期望效用不一致的行为的理论。人们在面对得失时的风险偏好行为不一致，在面对"失"时表现为得风险追求，面对"得"时却表现为风险规避；参照点的设立和变化影响人们的得失感受，并进而影响人们的决策。❶ 当人们需要在保持现状和重新选择之间作出决定时，以现状作为参考点，人们把潜在的损失看得比潜在的收益重要，所以更加倾向于保持现状。❷

因此，对于已经具有较大用户数量、占有较大市场份额和影响力的软件来说，首先其开发商与设备生产商达成预装协议的可能性更大，因为预装这种软件可以为生产商带来更多的经济利益。而预装完成之后，这种软件的影响力和用户数量又会因预装进一步扩大，进而形成一种循环。这种循环是软件开发商在现有竞争优势的基础上，通过一种具有限制竞争可能性的行为（预装行为）而产生的。

五、预装软件行为的法律主体及法律关系

预装软件行为的主体分为经营者和消费者两部分。经营者包括生产商、销售商和第三方软件开发商。

（一）生产商与销售商之间的法律关系分析

销售商与生产商之间的法律关系存在以下两种情况。

一是销售商以生产商的名义代理生产商向消费者销售设备，所产生的法律后果由手机生产者承担的法律关系。委托代理是指代理人于代理权限内，以本人即被代理人名义向第三人所为意思表示或由第三人受意思表示，而对本人直

---

❶ 庄锦英. 决策心理学 ［M］. 上海：上海教育出版社，2006：115.
❷ 郑立明. 现状偏好的来源和成因分析 ［J］. 现代管理科学，2012 （8）：32.

接发生效力的行为。即代理人在代理权限范围内实施法律行为的效果直接或者间接由被代理人承担。委托人实施的法律行为的效果并不是直接或间接由受托人承担。在实际操作中，受到生产商的委托后，同时也取得预售设备的合法占有权，但未取得所有权。

在合法占有过程中，销售商与第三方软件开发商合作，在生产商或互联网信息服务提供者不知情的情况下将应用软件大肆地下载到设备的行为构成无权处分，其法律后果需要生产企业和相关互联网信息服务提供者的追认。这一过程中，销售者经过委托代理的程序合法占有手机并对已预装的软件进行卸载、修改，最终这些手机大多被顺利销售，到达消费者手中。《民法总则》第164条规定，代理人不履行或者不完全履行职责，造成被代理人损害的，应当承担民事责任。代理人和相对人恶意串通，损害被代理人合法权益的，代理人和相对人应当承担连带责任。销售商与软件开发商协议通过刷机刷掉生产商预装的软件，使得消费者买到的产品和生产商生产的产品相比，在大量预装软件的影响下，使用体验降低，进而导致产品的商誉受损。这种行为可以定性为代理人滥用代理权，损害被代理人的合法权益，受上述法条规制。

二是买卖关系，即生产商和销售商达成交易，生产商把设备卖给销售商的法律关系，如销售各品牌的手机卖场。这种法律关系相对简单，设备所有权通过销售商与手机生产商订立买卖合同取得。在取得所有权后，销售商将相对预置软件应用进行卸载，此时，销售商已经取得设备的所有权，拥有对设备占有、使用、收益、处分的权利，属于有权处分。但是这种预装行为在交易时并未告知消费者，已经严重侵犯消费者知情权、自主选择权等合法权益，是违法行为。

（二）经营者与消费者之间的法律关系

销售商与消费者之间构成买卖合同关系。消费者和销售商基于平等自愿原则和真实意思表示订立买卖合同。在买卖合同达成之前销售商在设备中预装软件，且没有向消费者明示。对于这些软件，消费者既不知情，也没有选择的机会，其合法的消费者权利受到侵犯。

第二节 国内外司法实践及相关领域立法

一、我国现行法律规制

（一）工信部对于预置软件的规定

工信部《暂行规定》第5条："……（一）提供移动智能终端预置软件的生产企业和互联网信息服务提供者应自觉维护行业公平竞争，依法维护用户的知情权和选择权，不得实施破坏市场竞争秩序、侵犯用户合法权益的行为。（二）生产企业应在终端产品说明书中提供预置软件列表信息，并在终端产品说明书或外包装中标示预置软件详细信息的查询方法。生产企业在提交移动智能终端进网申请时，应提供相关产品符合前述要求的声明。"《暂行规定》第7条："生产企业和互联网信息服务提供者应确保基本功能软件外的移动智能终端应用软件可卸载……（二）生产企业和互联网信息服务提供者应确保所提供的除基本功能软件之外的移动智能终端应用软件可由用户方便卸载，且在不影响移动智能终端安全使用的情况下，附属于该软件的资源文件、配置文件和用户数据文件等也应能够被方便卸载。（三）生产企业应确保已被卸载的预置软件在移动智能终端操作系统升级时不被强行恢复；应保证移动智能终端获得进网许可证前后预置软件的一致性；移动智能终端新增预置软件或有重大功能变化的，应及时向工业和信息化部报告。"

《暂行规定》第5条要求设备生产商和预置软件开发商依法维护用户的知情权和选择权，并向消费者明示设备中预置软件的相关信息；第7条对于预置软件提出了可以卸载的要求，对于基本功能类软件，可以设置为不可卸载，扩展功能类软件则必须可以被用户卸载。对于基本功能类软件和扩展功能类软件以及其具体的可卸载情况，《实施指南》中进行了更为详细的规定。

《实施指南》规定4种基本功能类软件为操作系统基本组件、保证智能终端硬件正常运行的应用、基本通信应用和应用软件下载通道等。操作系统组件不直接为用户服务，普通用户无法感知，目的为保证操作系统正常运行，如操作系统内核指令、本地库和系统服务、应用框架、虚拟机等。硬件相关的基本应用是指保证移动智能终端设备硬件正常运行的应用，需要与移动智能终端内置的硬件配合使用。若硬件相关基本应用卸载后，在公开渠道没有类似替代者，且相关硬件无法正常使用，如外围接口相关应用、多媒体相关应用、定位相关应用等。基本通信应用是指操作系统自带的、提供智能终端基本通信功能或辅助通信功能的应用，如短信、拨号、联系人等。应用软件下载通道是指提供智能终端应用软件下载、分发的通道，如应用商店。根据《实施指南》附录中典型应用软件与可卸载情况的列举，具体判断某一软件是否属于可不支持卸载的基本功能软件，需要判断该软件卸载后相关硬件是否可以发挥其全部功能。以相机软件为例，如果企业可以证明卸载预装的该相机软件后相关硬件无法使用，则该相机软件为基本功能软件；如果预装的相机软件仅提供拍照等功能，则该软件是扩展功能类软件，因为其功能和性质与市场中的其他相机软件没有差别，不是发挥该终端设备全部功能所必需的。

在工信部的相关规定出台后，智能手机预置软件的现实已经被很好地控制，因为我国移动智能终端设备必须经过工信部的检测，并颁发进网许可证才可以正常进入市场进行销售。因此，这类预置软件行为已经较为规范，对于装有不符合工信部相关规定的预置软件的设备，将不会取得入网协议。这一做法可以从源头上遏制预置大量应用软件对于消费者权利侵害的可能性。

正如前文所述，《暂行规定》中将"预置软件"限定为移动智能终端出厂前安装的应用软件，没有包括销售阶段的"线下刷机"行为。然而，为了国内抢占软件市场获取更高额的利润，各软件开发商或销售商在智能手机销售阶段预装大量应用软件，挤压智能手机的内存容量，且相当部分应用软件的安全性无法得到保证。目前，工信部的规定仅仅局限于智能手机出厂阶段，这就造成在智能手机销售阶段的空白。一方面，在这一阶段，被刷机的设备都是已经取得进网许可的设备，工信部难以对其进行有效的限制；另一方面，这一行为本身也极具隐蔽性，有时甚至只有当终端消费者获取相应的智能手机时，才发现手机中被大量预装与该设备描述不相符合的应用软件。

（二）适用《刑法》第 286 条

对于线下刷机行为，预装不符合安全要求的软件，目前主要是通过《刑法》对其进行严格的规制。

《刑法》第 286 条："违反国家规定，对计算机信息系统功能进行删除、修改、增加、干扰，造成计算机信息系统不能正常运行，后果严重的，处五年以下有期徒刑或者拘役；后果特别严重的，处五年以上有期徒刑。违反国家规定、对计算机信息系统中存储、处理或者传输的数据和应用程序进行删除、修改、增加的操作，后果严重的，依照前款的规定处罚。"

对于"后果严重"的含义，《最高人民法院、最高人民检察院关于办理危害计算机信息系统安全刑事案件应用法律若干问题的解释》第4条规定："破坏计算机信息系统功能、数据或者应用程序，具有下列情形之一的，应当认定为刑法第二百八十六条第一款和第二款规定的'后果严重'：（一）造成十台以上计算机信息系统的主要软件或者硬件不能正常运行的；（二）对二十台以上计算机信息系统中存储、处理或者传输的数据进行删除、修改、增加操作的……"第九条规定："明知他人实施刑法第二百八十五条、第二百八十六条规定的行为，具有下列情形之一的，应当认定为共同犯罪，依照刑法第二百八十五条、第二百八十六条的规定处罚：（一）为其提供用于破坏计算机信息系统功能、数据或者应用程序的程序、工具，违法所得五千元以上或者提供十人次以上的……"《最高人民法院、最高人民检察院关于办理危害计算机信息系统安全刑事案件应用法律若干问题的解释》采用概括加列举的解释方法，将"计算机信息系统""计算机系统"界定为"具备自动处理数据功能的系统，包括计算机、网络设备、通信设备、自动化控制设备等"。其中，网络设备是指路由器、交换机等组成的用于连接网络的设备；通信设备包括移动智能终端、通信基站等用于提供通信服务的设备；自动化控制设备是指在工业中用于实施自动化控制的设备，如电力系统中的监测设备、制造业中的流水线控制设备等。计算机信息系统包括计算机、网络设备、通信设备、自动化控制设备等。显然，智能手机属于通信设备，和计算机一样，它拥有独立的操作系统、独立的运行空间，可以由用户自行安装软件等程序，并可以通过移动通信网络实现无线网络接入，应当认定为《刑法》上的"计算机信息系统"。

根据前文对线下刷机行为的分析，其性质属于"破坏计算机信息系统功能、数据或者应用程序"，如果因为所预装的软件本身危害信息系统，例如恶意携带木马病毒等，破坏系统安全，造成严重后果的，则可被认定为符合破坏计算机信息系统罪的构成要件，因而受到《刑法》的规制。例如，在周某破坏计算机信息系统罪案中，被告人周某利用工作上的便利（其为杭州某科技公司程序员，主要负责将公司数据中心上的软件包等复制到流水生产线服务器上，即手机软件包的植入，该科技公司是国内众多手机企业的供应商），将其同事提供的含有恶意软件的软件包安装至某国产品牌某型号的智能手机上，致使该手机出现恶意收费等情况，共计安装 4.8 万台，且全部出厂销售。杭州市萧山区人民检察院以破坏计算机信息系统罪对周某提起公私，萧山区人民法院对该案进行审理，一审判处被告人周某有期徒刑 6 年。

但是，线下刷机行为本质上属于一种市场竞争行为，其涉及的法律关系也属于民事法律关系，因此不应轻易地通过公权力来规制这种市场竞争行为以及民事法律行为，否则将大大限制市场竞争，减缓市场配置效率。因此，只有当相关的主体明知所置入的软件中含有恶意软件，且将其置入移动智能终端中，造成严重后果的，才能构成此罪。

二、国外相关法律规制

（一）谷歌案

北京时间 2018 年 7 月 18 日，欧盟委员会针对谷歌母公司 Alphabet 处以 43.3 亿欧元的反垄断罚款，折合 50.4 亿美元。该委员会认为，Alphabet 凭借搜索引擎方面的主导地位，对安卓设备厂商以及移动运营商作出非法限制。

根据欧盟的相关反垄断规则，仅仅获得市场支配地位并不违反法律，但是获得市场支配地位的主体不得限制竞争、滥用其市场支配地位，无论是在其占据支配地位的市场或者其他不同的市场。

谷歌公司通过对于安卓系统的控制，在可授权智能移动操作系统全球市场上的份额超过 95%（除中国外）。而对于安卓系统的有力竞争者——苹果 iOS 系统来说，基于 iOS 系统非开源型系统，即第三方设备制造商无法获得许可安装该系统，因此，在安卓系统、iOS 系统分属不同市场，而安卓系统在其授权的智能操作系统中毫无疑问占据市场支配地位。此外，欧盟委员会还调查到苹果系统与安卓系统设备之间的竞争，即相关市场力量并未限制谷歌向设备制造商授权的影响力。考虑到谷歌在安卓移动操作系统的市场支配地位，其也在应用程序商店的全球市场（不包括中国）占据主导地位。谷歌的应用程序商店 Google Play 商店占安卓设备上下载的应用程序的 90% 以上。

经过欧盟委员会的调查，谷歌公司对安卓设备厂商以及移动运营商作出 3 种不合理限制，旨在巩固谷歌在一般互联网搜索领域的主导地位。

1. 要求安卓设备厂商绑定谷歌的搜索和浏览器应用程序作为使用 Google Play 商店的先决条件

谷歌公司将其移动应用和服务作为捆绑包提供给设备制造商，其中包括谷歌搜索应用和谷歌浏览器。根据欧盟委员会的相关调查，由于消费者希望在其设备上预先安装 Google Play 商店，设备制造商已经确认 Google Play 商店是必备应用程序。但是，谷歌将其搜索引擎和谷歌浏览器作为授权使用 Google Play 商店的先决条件，因此，欧盟委员会认定，谷歌非法捆绑软件，限制市场竞争。

几乎在整个欧洲经济区内，谷歌搜索应用程序以及谷歌浏览器预装在几乎所有的安卓设备上。委员会认为，预安装软件会造成现状偏好。在设备上预先安装搜索和浏览器应用的用户可能会坚持使用这些应用。

然而，谷歌公司认为，这种捆绑是有合理性的，这是将其有关安卓系统投资的货币化，但是，委员会认为，谷歌仅仅依据 Google Play 商店就实现数十亿美元的年收入，且在装有安卓系统的设备中收集到大量对谷歌搜索和广告业务有价值的数据，并且它仍然可以从搜索广告的大量收入中受益限制。

2. 支付费用以独家安装谷歌搜索应用软件

谷歌公司为一些大型的设备制造商以及移动网络运营商提供了重要的财务激励措施，即支付一定的费用，使其排他地安装谷歌搜索。这一措施给其他搜索引擎应用软件的提供商造成了不公，损害了其正常的市场竞争。与此同时，消除了其安装其他搜索引擎应用软件的可能。

根据欧盟法院对英特尔的裁决，委员会考虑到谷歌公司授予财务激励措施的条件、金额，这些协议所涵盖的市场份额及其持续时间，认为谷歌公司在 2011—2014 年违法。

3. 非法阻碍安卓操作系统的开发和分发

谷歌公司禁止希望预装谷歌应用的设备厂商销售修改源代码的安卓设备。谷歌公司不认可设备制造商使用未经谷歌批准的任何安卓替代版本或安卓系统分支。因此，设备制造商为了能够在它们的设备上预先安装谷歌的专有应用程序，包括 Google Play 商店和谷歌搜索等，它们不得不承诺不开发或销售在安卓系统分支上运行的单个设备。欧盟委员会发现，截至 2011 年，谷歌在安卓移动操作系统的应用程序商店市场占据主导地位，这种行为是滥用市场支配行为。

这种做法极大地减少了在安卓系统分支上运行的设备的开发和销售机会。有证据表明，谷歌公司的行为阻止了许多大型制造商开发和销售基于亚马逊的安卓系统分支"Fire OS"的设备。

这种做法还导致竞争对手关闭引入应用和提供服务的重要渠道，消费者无法获得基于安卓操作系统替代版本的进一步创新的移动智能设备。在此种情况下，谷歌公司而不是用户可以有效确定哪些操作系统能够繁荣。谷歌公司声称，这种限制是为了防止对于安卓操作系统的碎片化，但是，欧盟委员会认为，谷歌公司无法提供任何可信的证据能够证明安卓系统的分支会受到技术故障的影响，或者该系统无法支持应用。此外，谷歌公司依旧能够保证不阻止安卓系统分支的出现，且能够确保使用谷歌公司专有应用和服务的安卓系统设备都是符合谷歌公司的技术要求的。

综上，欧盟委员会认为，在移动互联网的重要性显著增长的时候，这三种类型的滥用构成谷歌公司整体战略的一部分，以巩固其在一般互联网搜索中的主导地位。

谷歌公司限制竞争的做法使竞争对手的搜索引擎失去竞争的可能性，且这种捆绑的做法确保几乎所有谷歌公司的安卓设备上的谷歌搜索引擎和浏览器的预安装，排他的预安装大大减少了预安装其他竞争搜索引擎的可能性，且谷歌公司也阻碍了安卓系统分支的发展，限制了竞争对手的搜索引擎，使其无法获取相关的流量平台。这种做法进一步阻止了竞争对手的搜索引擎从智能移动设备收集更多数据，包括搜索和移动位置数据，这有助于谷歌公司巩固其作为搜索引擎的主导地位。

结合欧盟诉谷歌反垄断案来看，根据我国《反垄断法》第 17 条规定，针对手机预装软件中的扩展类应用软件可以被评价为一种搭售行为。

搭售指的是一种经营者要求消费者购买其产品时，要以同时购买其他产品作为条件的销售方式。对于前述的预装软件行为，其中生产商的预装基本符合"搭售"作为一种销售方式的含义，因为生产商在生产并销售智能终端设备的同时，也将其中预装的软件同时销售给消费者，预装软件的价格被包含在设备整体的价格之中，消费者无法选择只购买设备而不购买其中的软件。

"搭售"一词除在《反垄断法》中规定之外，在 1993 年版的《反不正当竞争法》中也有规定。❶ 但在 2018 年 1 月 1 日实施的《反不正当竞争法》中删除了这一规定。在《反不正当竞争法》修订草案中，第 11 条仍保留了搭售

---

❶　1993 年《反不正当竞争法》第 12 条：经营者销售商品，不得违背购买者的意愿搭售商品或者附加其他不合理的条件。

的规定，但因为模糊了自由竞争与公平竞争的界限，其结果会妨碍竞争自由，最终被删除。这项修订的目的是明确划分《反不正当竞争法》与《反垄断法》的界限。《反不正当竞争法》的立法目的是维护公平竞争，而《反垄断法》的立法目的是维护自由竞争。同样的行为可以由普通经营者实施，但不能由具有市场支配地位的经营者实施，这属于自由竞争的范畴。❶ 因此，如果要将预装软件行为评价为搭售行为，则必须符合《反垄断法》中搭售的判断标准。

对于《反垄断法》中搭售行为的判断标准，存在二要件、四要件等不同的观点。❷ 但这些观点至少包含两个相同的基础要素，即经营者具有市场支配地位及搭售产品和被搭售产品时两个独立的产品。

首先，在预装软件行为中，搭售品的经营者是设备生产商。❸ 对于经营者市场支配地位的判断，我国《反垄断法》第18条、第19条分别规定了认定和推定市场支配地位的要素。结合我国设备生产商和软件开发商的现状❹，到2018年第二季度，我国市场份额排在第一位的生产商华为也只有27%，第二、第三位的OPPO、VIVO都在20%左右。在这种竞争态势下，我国尚且不可能存在一家具有市场支配地位的终端设备生产商。从我国智能手机的系统来看，基于安卓系统，各个设备生产商如华为、小米等公司都对其进行个性化的系统深化，形成自身独具特色的系统，而苹果公司的iOS系统完全是一个非开源性的系统，与安卓系统本身并不在一个研发竞争市场。因此，我国在移动智能终端系统中，也并不存在相应的具有支配地位的经营者。

其次，关于"单一产品问题"的讨论，法院和行政执法机构对该问题所

---

❶ 孔祥俊. 论新修订《反不正当竞争法》的时代精神 [J]. 东方法学，2018（1）：64.

❷ 李剑教授的二要件观点包括：①搭售产品和被搭售产品是两个独立的产品；②经营者具有市场优势力量。参见：李剑. 搭售的法律和经济学分析 [D]. 重庆：西南政法大学，2006.

文学国教授的四要件观点包括：①结卖品和搭卖品是两个独立的产品；②卖方在结卖品市场上具有市场垄断地位；③限制了搭卖品市场的竞争；④限制了购买者的选择权。参见：文学国. 滥用与规制——反垄断法对企业滥用市场优势地位行为之规制 [M]. 北京：法律出版社，2003：364. 其中四要件观点为主流观点。

❸ 由于预装软件行为不会对销售环节代理商之间的竞争产生较大影响且代理商以生产商的名义从事销售活动，本部分未将销售代理商纳入经营者的讨论范围。也因此不讨论在销售环节中对已生产而未销售的设备进行预装的情形，因为被代理的生产商对此行为不知情。

❹ Canalys：第二季度中国手机市场华为第一小米零增长 [EB/OL]. [2018-11-17]. https://tech. sina. com. cn/mobile/n/n/2018-07-26/doc-ihfvkitx0055374. shtml.

秉持的判断方法主要包括需求标准、功能标准和交易习惯标准。❶ 这种标准的差异表明，中国的法院和竞争执法机构在如何处理单一产品问题上还没有形成一致的意见。❷ 需求标准以消费者对两种产品的需求是否相同作为判断标准；功能标准以两种产品的功能作为判断标准；交易习惯标准以消费者在购买两种产品是的习惯作为判断标准。这些标准是法院、执法机构在处理具体案件中总结而来的，有学者对其合理性提出质疑并指出，不管是从需求出发还是从功能、效率或交易习惯出发，如果目前市场上还没有一个与"搭售品市场"相区分的"被搭售品市场"，实际上根本不会产生通过搭售来排除限制竞争的问题。❸ 但在运用这些标准来判断"是否存在两种产品"的同时，对于"是否存在两个独立的市场"的判断也已经被包含其中。如奇虎诉腾讯案中，法院运用功能标准进行判断，认为没有证据表明被诉搭售行为使腾讯公司在即时通信市场上的领先地位延伸到安全软件市场。也就是说，在判断"是否存在两种产品"时，无法避免地要判断"是否存在两个独立的市场"。因此，本书在解决"单一产品问题"时，直接分析预装软件行为中是否有设备市场和预装软件市场❹这两个独立的市场存在。

移动智能设备和预装软件这两种产品关系的判断比传统搭售行为中的关系判断更加复杂。由于预装软件的种类繁多，在判断时需要区分基本功能类应用和扩展功能类应用，由于这两类软件各自的不同特点，在解决"单一产品问题"时会产生不同结论。结合电信终端产业协会《实施指南》以及附录中典型应用软件与可卸载情况的列举，具体判断某一软件是否属于可不支持卸载的基本功能软件，需要判断该软件卸载后相关硬件是否可以发挥其全部功能。以相机软件为例，如果企业可以证明卸载预装的该相机软件后相关硬件无法使用，则该相机软件为基本功能软件；如果预装的相机软件仅提供拍照等功能，则该软件是扩展功能类软件，因为其功能和性质与市场中的其他相机软件没有差别，不是发挥该终端设备全部功能所必需的。

---

❶　需求标准如"陕西广电垄断案"，参见陕西省高级人民法院（2013）陕民三终字第00038号；功能标准如"奇虎诉腾讯案"，参见广东省高级人民法院（2011）粤高法民三初字第2号；交易习惯标准如"惠州大亚湾溢源净水公司垄断案"，参见粤工商经处字（2013）第2号。

❷❸　李剑. 合理原则下的单一产品问题——基于中国反垄断法搭售案件的思考［J］. 法学家，2015（1）：72.

❹　设备市场是指各设备生产商组成的市场；预装软件市场是指同类软件开发商组成的市场，如高德地图、百度地图、腾讯地图等软件组成地图导航类软件的市场。

对于基本功能软件，首先，根据其与硬件配套、发挥设备主要功能的特点，用户一般难以通过公开渠道获取这种软件，因此并不存在一种"基本功能软件"的市场。其次，根据这种特点，如果按照功能标准，终端设备与基本功能软件只有相互结合才能正常地发挥功能。两者在相互分离的情况下，各自都失去应有的功能，因此两者属于同一产品。如果按照交易习惯标准，用户在购买终端设备时的基本要求是可以正常使用其全部功能，为此而购买必需的基本功能软件是符合交易习惯的，因此两者属于同一产品。既属同一产品，则不存在搭售产品和被搭售产品两种产品，不构成搭售。

对于扩展功能软件，首先，根据其丰富和优化用户体验的目的，用户有丰富的渠道了解、选择并获取这种软件。这些针对不同领域、功能的软件之间构成若干独立的市场，与移动智能终端的市场不同。其次，扩展功能软件提供的是用户非必需的功能与性能，是由用户根据使用终端设备时的需求自主选择的产品，根据功能、需求、交易习惯等标准均可以认定其与终端设备分属两种不同的产品。既已存在预装软件和设备两种不同产品，且这两种产品都有各自独立的市场，则符合前述"搭售产品和被搭售产品是两种不同产品"这一要件，存在构成搭售行为的可能性。

综上，我国目前移动智能终端设备生产商的预装软件行为无法满足我国《反垄断法》中"搭售"行为的两个基础要件之一，即经营者具有市场支配地位。如果假定我国存在一家具有支配地位的生产商，那么对于其预装软件的行为，还应区分软件是否属于扩展功能类软件。

（二）韩国预装软件行业政策

韩国科技部于 2019 年 1 月 28 日表示，将从 2019 年 4 月开始实施新的行业政策，使得用户可以删除不必要的预装软件。韩国电信公司必须使其预装的大部分应用程序可以被删除，但是有四类手机软件除外，分别是 Wi-Fi 连接软件、近场通信软件、客户服务中心和手机软件商店。

这四类软件与我国《暂行规定》中规定的非必需卸载软件的类型相比，范围更小。我国规定的非必需删除软件为操作系统基本组件、保证智能终端硬件正常运行的应用、基本通信应用和应用软件下载通道。其中，韩国规定的 Wi-Fi 连接软件、客服中心和近场通信软件属于保证智能终端硬件正常运行的应用或基本通信应用，而软件商店即应用软件下载通道。韩国的这一规定一旦正常实施，就意味着如定位、多媒体、相机等发挥硬件功能的基本功能类软件也可以卸载，并可以由用户在商店中自由选择。这一规定与我国有较大差别，我国允许上述基本功能类软件保留为不可卸载。韩国的行业政策给予用户更多的选择自由，也有利于防止不可卸载的预装软件恶意获取手机权限和用户信息，侵犯用户隐私权的行为发生。

第三节　法律规制建议

在出厂前预置的软件，分为设备生产商自己开发的软件和第三方软件开发商的软件。生产商自己开发的软件更多是用来与设备的硬件功能对接，即基本功能类软件，因此预置这种软件的行为是产品生产行为的一部分，完全具有正当性。而第三方软件开发商的软件预装在设备中的行为，是基于开发商与生产商达成的协议。这种商业合作行为虽然会对消费者对软件的选择产生引导，对同类软件开发商产生一定的限制，但仍然属于自由竞争范畴内的行为。在实际中，生产商生产的设备必须经过工信部检测后才能被许可销售，这些设备中的预置软件必然满足工信部"预置软件需向消费者明示且可以卸载"的规定。既然工信部允许这种符合规定的预置行为，且在软件类型中的解释中包括第三方软件开发商提供的扩展功能类软件，可推知这种开发商与生产商合作预置软件的行为是合法商业行为。因此，笔者仅针对可能存在违法性的线下刷机行为提出规制建议。

一、线下刷机行为危害性分析

移动智能终端预装软件产业极具发展前景，是一个具有发展前景的新兴产业。而通过线下刷机的方式预装软件，一方面，其私自篡改移动智能终端制造商以及相关互联网移动信息提供者的设备的系统信息，可能阻碍各个软件开发商进行公平的市场竞争；另一方面，也可能侵害消费者的知情权和选择权。此外，通过线下刷机所置入的相关软件，部分无法彻底卸载，且私自收集用户信息，篡改用户数据，偷跑流量，留有程序后门以及存在木马病毒等风险，这进一步威胁到移动智能终端的信息安全。

（一）线下刷机损害市场竞争

线下刷机行为的目的是，一方面，软件开发商希望通过这种方式使更多的用户可以接触到自己的软件，来推广自己的产品；另一方面，通过获得巨大的下载量、用户量来进一步获得投资者的青睐，以获得更好的发展机会，也就是通过此行为获得竞争优势。但这种行为是在没有得到生产商许可的情况下而修改设备中存储的数据，替换设备中原有的预置软件。这将其他软件开发商原有的推广软件的机会通过不正当的手段转化为自己的机会，是一种损人利己的行为，且旨在抢夺他人已有的竞争优势，包含明显的恶意。此种竞争行为违背公平、诚信的竞争原则，破坏市场中良好的竞争秩序，对市场竞争产生一定程度的损害。

（二）线下刷机侵犯消费者权利

预装软件可能侵犯消费者的知情权和选择权，以及涉及强迫交易问题。工信部在《暂行规定》中规定预置软件的信息必须向消费者提供，且除基本功能软件外的预置软件必须能够卸载。❶ 设备中的预置软件如果可以被卸载，则用户实质上是有权选择是否使用这些软件的。此外，虽然《暂行规定》对生产商进行规制，但在设备出厂后的销售环节中，线下刷机行为在我国并没有法律规制。对于这些渠道流通出来的产品，其中包含的预装软件与出厂时有很大的差别。通过这种方式预装的软件大多数属于"非正规"软件，甚至有的可能会有恶意获取用户数据、侵犯隐私、暗扣费用等行为，严重侵犯消费者的合法权益。

线下刷机行为侵犯消费者的知情权。我国《消费者权益保护法》第 8 条第 1 款规定："消费者享有知悉其购买、使用的商品或者接受的服务的真实情况的权利……"这是消费者知情权的规定，知情权具有两方面的基本内涵：①消费者有了解商品或服务的真实情况的权利，即经营者向消费者提供的各种情况应为客观的而不是虚假的；②消费者有充分了解有关的情况的权利。❷ 消费者知情权在消费者权利群中处于前导性与基础性地位，是消费者保护的核心性权利，也是其他权利得以行使的先决性权利。

根据前文的论述，生产商根据工信部的《暂行规定》，对于设备中预装软件的信息必须向消费者明示，这种行为可以满足消费者知情权的要求。而经营

---

❶ 《移动智能终端应用软件预置和分发管理暂行规定》第 7 条：生产企业和互联网信息服务提供者应确保基本功能软件外的移动智能终端应用软件可卸载。

❷ 李昌麒. 消费者保护法［M］. 3 版. 北京：法律出版社，2012：69.

者在销售环节中实施的线下刷机行为没有经过生产商的许可，也更不会告知消费者自己已经将设备进行刷机。结果是刷机后的产品中，软件情况与产品包装上标注的信息已经不同，因此实际上是向消费者隐瞒其所销售商品的真实情况，从而侵犯消费者的知情权。

线下刷机行为侵犯消费者的自主选择权。《消费者权益保护法》第 9 条规定，消费者享有自主选择商品或服务的权利。消费者的选择权具有以下几个方面：①消费者有权根据自己的意愿和需要选择商品和服务，其他人不得干涉；②消费者有权自主地选择作为交易对象的经营者；③消费者对经营者的商品和服务有权进行比较、鉴别、挑选，购买自己满意的商品或服务；④消费者有权自主地作出决定，可以在比较鉴别的基础上，根据自己的意愿决定接受或者不接受某种商品或服务。线下刷机在消费者不知情的情况下，利用隐蔽手段，在移动智能终端设备销售环节置入相关的应用软件，就会侵犯消费者的选择权。

二、对线下刷机行为规制的探索

（一）使用《反不正当竞争法》一般条款规制

《反不正当竞争法》规定了 7 种不正当竞争行为：混淆行为、虚假宣传、商业诋毁、不正当有奖销售、商业贿赂、侵犯商业秘密和互联网不正当竞争行为。其中，预装软件行为可能涉及虚假宣传、商业诋毁和互联网不正当竞争。然而，虚假宣传是预装软件可能实现的一种结果，但预装本身不是一种虚假宣传行为。商业诋毁需要经营者客观上实施捏造、散布虚假事实的行为。虽然线下刷机行为是在生产商和消费者不知情的情况下向设备预装大量消费者不需要、占用设备容量甚至恶意的软件，这会使消费者对设备产品的评价大打折扣，也最终损害生产商在市场上的商誉和良好形象。但进行线下刷机的经营者没有主动捏造并散布虚假事实的行为，即预装行为带来的商誉损害不是由诋毁行为造成的。

在 2018 年实施的《反不正当竞争法》中增加了对于网络不正当竞争行为的规定。❶ 但这些条款的宣示意义大于实用价值，且大多数规定是基于对已有

---

❶ 《反不正当竞争法》第 12 条：经营者利用网络从事生产经营活动，应当遵守本法的各项规定。经营者不得利用技术手段，通过影响用户选择或者其他方式，实施下列妨碍、破坏其他经营者合法提供的网络产品或者服务正常运行的行为⋯⋯

典型个案裁判的归纳提炼，能否具有普遍性、普适性和稳定性，仍值得深入研究。❶ 在规定的四种网络不正当行为中，通过文义解释，预装软件行为仅能落入"……（四）其他妨碍、破坏其他经营者合法提供的网络产品或者服务正常运行的行为"这一兜底性条款的范围内。而该规定存在的问题是，其本身没有划清正当与不正当的界限，而"妨碍、破坏其他经营者合法提供的网络产品或者服务正常运行的行为"，很可能就是市场竞争的常态，或者实现创新发展的必由之路。泛泛地对其予以禁止可能背离保护竞争的立法精神。❷ 因此，在适用"互联网条款"时，要考虑竞争中妨碍、破坏其他经营者提供的网络产品的行为是否存在互联网领域的正当性。

然而，线下刷机行为的特殊性在于，虽然当前市场中的大多数软件需要连接到互联网以实现其功能，但线下刷机行为对竞争秩序的干扰以及对用户利益的损害并没有过多地体现在连接到互联网的使用过程中，而主要体现在与互联网联系较少的传统意义上的销售过程中。《反不正当竞争法》第12条第1款规定，经营者利用网络从事生产经营活动，应当遵守本法的各项规定。通过文义解释，"互联网条款"针对的是利用网络的生产经营活动，而不是一切涉及网络的生产经营活动。从第12条第2款的规定也可以看出，"互联网条款"规制的是针对网络产品或服务的竞争行为。至于何为"网络生产经营活动"，在该条第2款规定3种具体不正当行为的情况下，可以从这3种行为中抽象出其共同特点，并运用体系解释的方法来寻求"网络生产经营活动"的含义。

第2款的3种具体行为是基于已有纠纷或司法判例抽象概括而来的，例如，北京百度网讯科技有限公司诉青岛奥商网络技术有限公司等不正当竞争纠纷案、百度诉360不正当竞争案、腾讯诉360不正当竞争纠纷案、金山公司诉奇虎不正当竞争纠纷案、百度诉3721不正当竞争案等。❸ 这些案件中不正当竞争行为的共同特点是，其诉争的产品主要是数字软件，其行为特点是利用网络技术手段，在软件的用户选择、使用环节进行竞争。据此，可以归纳出网络生产经营活动的一个重要特点：生产经营活动依靠网络进行，或者说，经营活动无法离开网络进行。

而对于线下刷机行为，首先，其刷机软件利用的不是网络技术手段，而是

---

❶❷ 孔祥俊. 论新修订《反不正当竞争法》的时代精神 [J]. 东方法学，2018（1）：64。

❸ 刘文琦.《反不正当竞争法》互联网条款下商业行为正当性判别 [J]. 电子知识产权，2018（8）：41.

物理接入电子设备，对电子设备中的数据进行修改。其次，软件的经营是随着移动智能终端设备的经营一同进行的，其经营无须依赖网络。也就是说，离开互联网，生产商、开发商仍可以向终端设备中预装软件，用户仍可以购买、使用移终端设备和其中预装的软件。虽然未接入网络会大大限制设备和软件的功能，但仍有许多如相机、电话、图片等软件可以在无网络情况下使用。最后，消费者购买有预装软件的终端设备与传统经营销售行为，如购买一双鞋同时也购买附带的鞋带和鞋垫并没有本质上的差异，区别是预装的软件可以接入互联网，而一双鞋的鞋带和鞋垫与互联网无关。

基于上述分析，预装软件行为更符合传统竞争行为的特点，而不是网络生产经营活动。在互联网覆盖全领域的时代背景下，我们不能仅因经营活动中涉及互联网就将其纳入网络经营活动的范围中，也不能仅因不正当竞争行为涉及网络，就都纳入"互联网条款"中兜底条款的规制范围。

因此，适用《反不正当竞争法》的一般条款的可能性值得考虑。《反不正当竞争法》第 2 条在修订后成为能够认定未列举行为的一般条款。最高人民法院在山东省食品进出口公司案❶中提出了适用第 2 条规定的要件：①法律对该种竞争行为未作出特别的规定；②其他经营者的合法权益确因该竞争行为而受到了实际损害；③该种竞争行为因确属违反诚实信用原则和公认的商业道德而具有不正当性。北京知识产权法院在北京淘友天下技术有限公司案❷中指出，互联网行业中适用《反不正当竞争法》第 2 条还应满足：①该竞争行为所采用的技术手段确实损害了消费者利益；②该竞争行为破坏了互联网环境中市场竞争秩序。这些认定标准是在 1993 年《反不正当竞争法》的背景之下提出的，而新法修订后，不正当竞争行为的构成要件可以概括为：①在生产经营活动中发生；②违反本法规定，主要是指违反该法第 1 条竞争原则的规定；③损害 3 种利益，即损害市场竞争秩序、损害其他经营者或消费者的合法权益。❸其中，②和③属于实质性判断标准，笔者主要讨论预装软件行为是否满足这两个要件。

线下刷机行为属于不正当竞争行为。在销售环节中预装软件行为的最主要特征是，未经过设备生产商的允许，将出厂设备中预装的软件替换为其他软

---

❶　最高人民法院（2009）民申字 1065 号。

❷　北京知识产权法院（2016）京 73 民终 588 号。

❸　孔祥俊. 论新修订《反不正当竞争法》的时代精神［J］. 东方法学，2018（1）：64。

件。这种替换行为的动机是软件开发商无法在生产环节中预装自己的软件，只能在销售环节与销售的代理商合作，利用技术手段，拆开产品的包装，获取智能终端设备的权限并替换其中的软件。这种行为也是采用 CPA❶ 计费方式，销售商预装的软件数量越多，其在销售手机之外的利润也越多。这种行为发生在与消费者对接的销售环节，没有有效的监管，处于"灰色地带"，消费者往往难以在选购时得知设备中已经预装哪些软件，甚至难以在使用设备时删除这些软件。

线下刷机行为违反商业道德和诚实信用的竞争原则。首先，软件开发商利用技术手段在设备生产商不知情的情况下，在其生产的移动终端设备中预装自己开发的软件，替换设备中原有的软件。这种恶意修改、破坏他人产品以推广自己产品的行为是违背商业道德的。在这种情形中，软件开发商与设备生产商之间存在的是广义的竞争关系，虽然两者之间不属于同业竞争者，但仍然可以构成不正当竞争行为。❷ 其次，软件开发商通过替换预装软件，损害了原有软件开发商已有的竞争优势，同时不正当地排挤了其他同类软件开发商。这种情形中，同类软件开发商之间存在狭义的竞争关系，这种不正当排挤竞争者、损害竞争者的行为违反诚实信用原则。诚实是要求竞争者在竞争中不作虚伪、欺诈的意思表示，不掩盖、隐瞒、歪曲有如实告知义务的事项。诚实信用原则要求竞争者通过诚实信用的交易行为来争夺市场，不得采取违背诚信的手段从事竞争活动。利用技术手段偷换软件这一行为显然是难言诚信的。

此种预装行为损害 3 种利益：破坏原有公平、公正的竞争秩序；损害部分竞争者的已有竞争优势，并排挤其他部分竞争者；损害消费者的知情权、选择权，甚至一些恶意软件会侵犯用户的个人隐私。综上所述，线下刷机行为属于不正当竞争行为，可以利用《反不正当竞争法》的一般条款进行规制。

在适用《反不正当竞争法》时，可以考虑比例原则的适用。比例原则是公法领域中的一项基本原则，但在私法领域中也有其适用的空间。通说认为，比例原则是由妥当性、必要性和均衡性三个子原则构成的整体，既包含事实层面的目的手段衡量，强调多元手段选择中的最小伤害原则，也包含价值层面的

---

❶ CPA（Cost Per Action）是一种广告计费模式，即按照行为（Action）作为指标来计费。
❷ 孔祥俊，刘泽宇，武建英. 反不正当竞争法：原理·规则·案例［M］. 北京：清华大学出版社，2006：41.

· 154 ·

权衡，追求实现主体之间的利益均衡。❶

妥当性的含义是指采取的行为能够达到目的且手段是正确的；必要性的含义是指采取的行为应是多种可达目的行为之中造成损害最小的；均衡性的含义是指采取的行为与达到的目的二者之间要达到利益的平衡。

在移动智能终端市场中，设备生产商和软件开发商虽与消费者处于私法上平等的地位，但由于主体的能力、环境、资源占有等差异的客观存在，私主体之间往往会存在实力差距悬殊的情形，作为强势私主体的设备生产商和软件开发商可以凭借其优势地位对消费者形成单方的强制。而这种单方强制往往又被形式上的平等所遮蔽。如果绝对奉行形式平等原则，经营者和消费者的平等很多情况下会出现实质的不平等。因此，比例原则要求设备生产商和软件开发商在市场竞争中选择合适的竞争手段。

比例原则首先要求经营者要确保竞争行为是正当的，且能够达到竞争目的。如在预装软件的过程中，设备生产商与软件开发商达成的商业合作应当是经过正当的决策程序制定出来的符合法律规定和公司章程的商业计划；双方达成商业合作协议的目的是更好地推广、销售自己的产品，通过产品质量、价格、消费者选择正当地进行市场竞争，而不是为了排挤竞争对手、抢占市场份额而进行商业合作。

此外，经营者还需要选择对消费者损害最小的方式进行竞争。线下刷机行为属于软件开发商推广自己产品的行为之一，而这种经营方式对消费者造成的损害较大，会侵犯消费者的知情权、选择权，严重者会恶意侵犯消费者的隐私。相比于其他经营行为，如通过软件良好的设计、新颖的功能来吸引消费者，通过正常的广告宣传提高产品知名度等方式，线下刷机行为属于不符合必要性的行为，在众多可以达到目的的手段中为造成损害较多的一类。

（二）适用《消费者权益保护法》相关规定

早在工信部《暂行规定》出台之前，我国已经存在预装应用软件诉讼。

2015 年 2 月 14 日，罗某某诉华为终端有限公司买卖合同纠纷案❷中，原告罗某某在华为终端有限公司的拍拍商店购买了华为荣耀 3C 畅玩版（Holly-

---

❶　李海平. 比例原则在民法中适用的条件和路径：以民事审判实践为中心 [J]. 法制与社会发展，2018（5）：163.

❷　深圳市中级人民法院（2016）粤 03 民终 604 号。

T00）手机一台，商品价款为 599 元。原告称其在使用过程中发现该手机预置大量其不需要的应用软件且该软件不能卸载，占用其手机的空间，导致其无法安装其他软件，侵犯了原告作为消费者的自主选择权；同时被告还隐瞒了软件不能卸载这一事实，构成了欺诈。

一审法院根据庭审查明的事实，一审法院认定原告的上述主张不成立。法院认为，第一，涉案的手机所预置的软件已在工业和信息化部进行备案，亦已取得进网许可证，属于可进行正常售卖的手机。第二，涉案手机预置何种软件及软件的详细信息、手机的具体使用手册及获取途径、解锁事宜等也在官方网站及拍拍网站上进行展示及说明，被告已充分履行告知义务，并不存在故意隐瞒用户的行为。第三，涉案手机预置的软件仅是不支持自行卸载，但用户可借助第三方软件进行完全卸载。对此引起的手机的可能性损害，被告亦提供维修。第四，涉案的手机在售卖时已明确告知原告可"七日内无条件退货"，即给予原告无条件退货的选择权，但原告并没有行使该退货权利或向售后人员反映涉案手机存在何种问题。原告称其是因网络及物流等原因导致其延误退货时间，但在被告表示其仍接受原告退货时，原告仍予以拒绝，表明上述预置软件的存在并没有真正影响到原告对手机的使用，符合原告对手机功能的预期。

二审法院认为，该案系买卖合同纠纷，争议焦点在于上诉人罗某某关于被上诉人侵犯其自主选择权且构成欺诈的主张能否成立。

第一，对于自主选择权是否被侵害的问题，消费者的自主选择权是指消费者享有自主选择商品或者服务的权利。上诉人在拍拍网上购买的涉案手机系基于其所述称的"价格合理配置合适"。可见，在此购买过程当中，上诉人的消费选择权并未受到限制，上诉人挑选该款手机是其自主选择的结果。除去预置软件占用空间，手机仍然有相当空间可供上诉人自行安装其他应用软件。该款手机还支持扩展卡，亦可为上诉人提供扩展空间。由此可见，上诉人就预置软件的存在导致其不能安装其他软件、侵害其自主选择权的主张是不能成立的。上诉人同时还主张因为被上诉人强制其使用预置软件而不能使用市面上同类软件亦构成侵权。因此，被上诉人并未限制上诉人自行下载与其预置软件同类的应用软件，被上诉人完全可以自行安装、使用其他软件，从而获得其所需要的用户体验。一审法院认定涉案手机符合上诉人对手机功能的预期，并未影响到上诉人对于手机的正常使用依据充分，法院予以确认。

根据《工业和信息化部关于加强移动智能终端进网管理的通知》（工信部

电管〔2013〕120号）的相关规定，涉案手机所预置的每一项软件均经过具备进网检验资质的泰尔实验室的检验，手机本身也取得了进网许可；就涉案手机新增的预置软件"应用市场"，被上诉人已进行备案。上诉人也并未证明相关预置软件质量低劣，或者属于恶意软件存在后台运行占据大量空间、盗取用户个人信息或隐秘吸取话费等侵害消费者权益的情形。而且，涉案预置软件仅不支持自行卸载，被上诉人已对手机用户开放 root 权限并已在其网站上公示解锁协议，告知用户申请解锁的条件，用户可以借助第三方软件进行完全卸载。因此没有侵犯消费者的选择权。

第二，对于上诉人在该案中是否存在欺诈行为，法院认为，根据《最高人民法院关于贯彻执行〈中华人民共和国民法通则〉若干问题的意见（试行）》第68条的规定，一方当事人故意告知对方虚假情况，或者故意隐瞒真实情况，诱使对方当事人作出错误意思表示的，可以认定为欺诈。根据《消费者权益保护法》第8条的规定："消费者享有知悉其购买、使用的商品或者接受的服务的真实情况的权利。消费者有权根据商品或者服务的不同情况，要求经营者提供商品的价格、产地、生产者、用途、性能、规格、等级、主要成分、生产日期、有效期限、检验合格证明、使用方法说明书、售后服务，或者服务的内容、规格、费用等有关情况。"对于涉案手机的操作系统、预置何种基础软件以及软件的详细信息，在被上诉人产品的官方网站及网站所载用户手册上均有明确的展示和说明，被上诉人同时也在网站上公示了解锁协议以及可能引发的风险。上诉人亦未能举证证明被上诉人在其购买手机商品时有刻意隐瞒该事实阻挠其知悉前述信息的行为。故被上诉人并未侵犯上诉人的知情权，上诉人有关被上诉人没有履行告知义务导致其不可能知道预置软件不能卸载的主张不能成立。作为一名理性的消费者，对于购置与自身工作、生活息息相关且价格不菲的手机产品，于购买之前均会对手机的品牌、款型、配置、功能等进行初步的了解，亦会通过各种途径包括登录手机生产商的官网进行查询，在购机当时也可翻阅随机用户手册以了解、咨询手机相关信息。因此，一审认定被上诉人已充分履行告知义务，并不存在故意隐瞒预置软件不能卸载的事实并无不当，法院对此予以确认。上诉人主张被上诉人构成欺诈依据不足，法院不予支持。

综上，二审法院维持原判，但鉴于被上诉人对此答辩同意解除双方的合同，法院按照上诉人变更之后的诉讼请求进行改判，解除双方的买卖合同。合同解除之后，上诉人应将其所购手机返还被上诉人，被上诉人将购机款退还上诉人。

但是，在上海市消费者权益保护委员会（以下简称"上海市消保委"）诉天津三星通信技术有限公司（以下简称"三星公司"）侵权责任案❶和上海市消保委诉广东欧珀移动通信有限公司（以下简称"欧珀公司"）侵权责任案❷中，同样是针对预置软件，结果却截然不同。

上海市消保委委托专业机构对市场上在售手机的多项性能开展模拟测试。在模拟测试中发现，三星公司所售的 SM－N9008S 手机预装各类应用软件 44 款，欧珀公司所售的 X9007 手机预装各类应用软件 71 款，而两家公司对这些应用软件的名称、类型、功能、所占内存等在外包装和说明书中均未明确告知消费者，在三星公司所售手机中，这些预装应用软件均不可卸载，而在欧珀公司所售手机中，不可卸载的应用高达 47 款。

上海市消保委认为，消费者享有知悉其购买、使用的商品或者接受的服务真实情况的权利和自主选择商品或者服务的权利。三星公司和欧珀公司所售手机的外包装以及说明书均未对其预装应用软件的名称、类型、功能、所占内存等以明示的方式告知消费者，已构成对消费者知情权的侵害。且两家公司在手机中预装的应用软件许多均不可卸载，减弱了消费者依个人需求选择应用软件的权利，已构成对消费者自主选择权的侵害。

三星公司向上海市消保委提交了革新方案以及《预装软件、包装指示、网站途径、宣传资料、客服培训等革新方法之具体说明》。该两个文件明确载明，三星公司将告知消费者 SM－N9008S 手机预装应用软件的信息以及提供预装基本应用软件之外的其他应用软件的卸载途径。同时，三星公司还在革新方案中承诺，"进一步加大对消费者权益的保护力度，在未来新产品中继续加强技术研发，除基本应用外的应用将均可卸载。同时也会通过积极改装产品包装、官网等充分告知消费者预装软件的情况"。诉讼中，三星公司已经实际履行上述承诺。与此同时，欧珀公司也向上海市消保委提交了《OPPO 手机预装软件优化方案说明》。该文件明确载明，将告知消费者 X9007 手机预装应用软件的信息以及提供除基础软件以外的其余预装应用软件的卸载途径。同时，欧

---

❶ 上海市第一中级人民法院（2015）沪一中民一（民）初字第 9 号民事判决书。
❷ 上海市第一中级人民法院（2015）沪一中民一（民）初字第 10 号民事判决书。

珀公司还在该文件中承诺，"愿意积极配合上海市消保委的监督指导，在落实现有优化方案的同时，通过改进产品包装、官网等方式，更方便地告知消费者应用软件可卸载的信息及相关的卸载途径"。据此，上海市消保委认为，其提起该案公益诉讼旨在督促生产经营者要充分保护消费者的知情权和选择权，鉴于三星公司和欧珀公司已经纠正侵害消费者权益的不当行为，上海市消保委的上述诉讼目的已经实现，故向法院申请撤诉。

上述 3 个案例发生时，我国尚未有明确的专门的法律法规来规制移动智能终端预置软件的相关问题，因此原告主要主张《合同法》《消费者权益保护法》等来实现自身利益。

根据我国《消费者权益保护法》的相关规定，消费者的知情权是指消费者享有知悉其购买、使用的商品或者接受的服务的真实情况的权利。消费者有权根据商品或者服务的不同情况，要求经营者提供商品的价格、产地、生产者、用途、性能、规格、等级、主要成分、生产日期、有效期限、检验合格证明、使用方法说明书、售后服务，或者服务的内容、规格、费用等有关情况。而经营者也有如实告知的义务。比较上述的罗某某诉华为终端有限公司买卖合同纠纷案与上海市消保委诉三星公司、欧珀公司侵权责任案中，都涉及预装手机的行为侵犯消费者的知情权与自主选择权。但是两个案件却得出不同的结论，罗某某诉华为终端有限公司买卖合同纠纷案法官认为，基于涉案手机的相关操作系统、预置何种基础软件以及软件的详细信息、相关解锁协议等信息，都已经在被上诉人产品的官方网站及网站所载用户手册上有明确的展示和说明，同时也在网站上公示了解锁协议以及可能引发的风险，所以此种应用软件预置的行为本身不侵害消费者的知情权。然而，在上海市消保委诉三星公司、欧珀公司案中，上海市消保委认定在外包装以及说明书中未记载设备预置软件的情形侵犯消费者的知情权。那么，消费者知情权的边界到底何在，经营者的如实告知义务又需要怎样的程度限制呢？

权利人在一定限度内行使自己的权利，超过该限度，就构成权利的滥用。而权利滥用的规定最早可追溯至罗马法时期，主要是针对地役权所作出的限制。由此，古罗马法确定：行使权利而使他人的权利遭受损害视为不法。此外，在行使权利时，必须受到"公共利益"与"公共福利"的限制，行使个人权利时，不得对公共利益造成损害。消费者的知情权作为权利的一种，其行使当然地受此限制。

我国规定了消费者的知情权，是对消费者作为弱势群体的特殊保护。由于市场地位不平等、市场信息不对等，消费者不可能如经营者一般知晓产品的有关信息。规定消费者的知情权旨在平衡两者的权利义务，使在交易之初，消费者就能获得该产品的真实情况，这也直接决定消费者其他权利的行使。但是，这种知情权的行使并非是毫无限制的，如波斯纳所言，毫无节制的告知义务是低效的，这一问题应取决于交易的何方当事人能以更低的成本展示或取得信息。❶ 这个"限度"必须能够维持消费者与经营者利益的平衡，既不过分保护消费者利益，使经营者的生产积极性受到打击，又不过分向经营者倾斜，使消费者的利益处于不确定的状态。这就要求，一方面，消费者知情权的行使受到除了他人利益、公共利益外的其他相应限制；另一方面，经营者的如实告知义务也并非是无止境的。

消费者知情权应当以能使消费者充分、准确地了解商品或者相关服务为限。这就要求经营者不仅要提供商品的有利信息，还要提供商品的不利信息，对于特殊事项还需要提醒消费者特别注意，且所有提供的信息必须是准确、真实的。这里的"了解"仅仅是指一般程度上的了解，即一个普通消费者应当知晓的与其购买商品有关的事项。对于超出普通消费者知晓的范围，例如对于商业秘密、相关技术手段等信息，经营者将不予告知。而对于一般的显而易见的消费常识，经营者也可不予说明。

消费者知情权的行使要求经营者及时采用适当的方式提供商品信息。消费者的知情权是消费者与经营者交易时首先要行使的权利，这直接影响消费者其他权利的行使。这就要求在消费者购买该商品时，经营者就应当提供上述全部信息，且提供信息的方式能够达到使普通消费者了解的程度。在罗某某诉华为终端有限公司买卖合同纠纷案中，法院认为作为一名理性消费者，在购置手机时，会对手机进行初步的了解，这其中就包括在手机生产商官方网站上查询有关商品信息，而该手机的预置软件以及预置软件相关信息，相关解锁协议以及卸载方式都已经在商品的官网上予以说明，所以并不存在消费者知情权受损的情形。但是，法院依据理性消费者这一前提首先就是有争议的。理性消费者是经济学中的概念，其中理性消费是指消费者在消费能力允许的条件下，按照追

---

❶ 谢晓尧. 欺诈：一种竞争法的理论诠释：兼论《消费者权益保护法》第49条的适用与完善 [J]. 现代法学，2003（2）：164 - 169.

求效用最大化原则进行消费，而效用最大化原则是指当消费者最为满足时效用达到最大，这实际上是指消费者在收入约束下在各种搭配之间选择让他感到最为满意的组合。但是实际中，消费者不可能总是选择最优组合（这会要求消费者考虑过多问题），而是选择次优组合。这就是有限理性，这是介于完全理性和非完全理性之间的一定限制理性，即每个人所掌握的信息都有一定的局限性和不完整性，而人们只能基于自己所掌握的信息来作决策，所以决策往往不是最优组合而是次优组合。显然，理性消费者这一概念不应当采用。消费者在市场中信息不对称、不完整的情况是实际存在的。诚然，消费者在购买商品前会利用各种方式主动了解商品的相关信息，但是这种主动了解并非法定义务，《消费者权益保护法》仅仅是规定消费者的知情权，这实际上是对经营者施加的义务，要求经营者提供相应的信息。其次，有关经营者提供商品信息的方式应当及时、适当。在罗某某案中，华为终端有限公司在官网上披露预置软件的信息，而非直接在商品本身包装与内置说明书中载明相关信息，而消费者购买的是该商品，其了解知晓商品信息的第一途径就是该商品本身，而最能体现商品自身特点与性能的说明书中并未有预置软件相关的说明，也并未提到其不能卸载，实际上是经营者信息披露不完全的体现。此外，对于信息披露方式的适当性主要体现在要求商品标识齐全，商品标识和说明无误导性，且商品的标识和说明要通俗易懂。

在我国，《消费者权益保护法》第8条仅仅是总括性规定，其中有关商品披露的具体规定分散在各个部门法中，例如《食品卫生法》《广告法》等，以及相应的行政规章中，例如《化妆品卫生监督条例》等。在工信部的《暂行规定》出台后，明确了生产企业应在终端产品说明书中提供预置软件列表信息，并在终端产品说明书或外包装中标示预置软件详细信息的查询方法；生产企业和互联网信息服务提供者应确保所提供的除基本功能软件之外的移动智能终端应用软件可由用户方便卸载。因此，针对预置软件，该《暂行规定》已经明确生产商以及互联网信息服务提供者的义务。

但是，经过刷机的智能手机，其软件情况已经与包装注明的内容完全不同，且部分软件无法"方便客户卸载"，有些甚至需要 root 权限才能完全卸载，消费者当然可以主张这种行为侵犯了自身的知情权与自主选择权，要求刷机商或者销售商承担相应的责任。而根据《消费者权益保护法》第9条的规定，自主选择权是指消费者有权自主选择提供商品或者服务的经营者，自主选择商品品种或者服务方式，自主决定购买或者不购买任何一种商品、接受或者不接受任何一项服务。在罗某某案中，法院认为华为终端有限公司在官网上披露了相关解锁协议以及提供了卸载预置软件方法，并不侵害消费者的自主选择权。这一观点实际有失偏颇。对于一般消费者而言，华为终端有限公司所提供的卸载方式操作不易，且解锁方法也并非一般消费者所能掌握，实际上为消费者拒绝接受某一服务增设了阻碍与难度，而这些软件也确实侵占移动智能终端内存。而最新出台的《暂行规定》中，也要求预置的相关软件必须"方便用户下载"，因此，预置的相关软件不能卸载当然是对消费者自主选择权的侵害。消费者可以据此维护自身权利。

（三）加强行业自律

线下刷机的预装应用软件行为的操作手段极具隐蔽性，且已经形成巨大的"黑产"，而我国在该领域并未有明确的法律法规和相关的司法解释进行规制。因此，加强行业自律和自我管理对于遏制线下刷机行为具有不可替代的作用。

行业自律系指行业自律组织为了行业成员的共同利益、保障该行业的持续健康发展而制定的对全体行业自律组织的成员具有普遍约束力的行为规范，它是行业自律管理中普遍存在的一种规范性法律文件。其主要目的在于协调同行利益关系和正当利益，促进行业发展。一方面，它包括行业内对国家法律、法规政策的遵守和贯彻；另一方面是行业内的行规行约制约自己的行为。

针对目前的线下刷机的种种乱象，在无明确的法律或者规章对手机预装软件行业作出规制前，将其纳入行业协会管理是非常必要的。目前已有电信终端行业协会对于预置手机软件作出分类与检测标准——《移动智能终端应用软件分类与可卸载实施指南》，该指南规定了移动智能终端应用软件分类、可卸载原则、可卸载要求及验证方法，是对《暂行规定》的细化，但是该规定仅仅是行业标准与行业约束，并不具有法律强制性，但是这依然为将这一乱象纳入行业协会管理提出可能。

从移动智能终端出厂后至消费者获取前，目前法律或者行业规范依旧是空白的，行业协会可以通过各企业的联合，制定有关移动智能终端在销售环节预装软件的行业协定，打击和遏制该行为。

此外，行业协会比政府以及立法部门更加清楚行业的现状，且对于线下刷机这一"黑产"所涉及的各个环节也更加熟悉，对于移动智能终端软件的开发、运用，甚至对于消费者的相关需求都十分了解。因此，在面对线下刷机这一乱象时，更能够遏制线下刷机所能发生的各个阶段，有效规制移动智能终端预装应用软件的不当竞争，使各个软件开发商都公平地参与应用软件竞争中，促进应用软件的发展，使手机用户的合法权益得到有效保障。

在必要时，可赋予行业协会强制约束权，即相关行业协会在发现违反移动智能终端预装软件的规定时，有权约束违反规定的手机预装软件开发商、销售商在一定期限内不得开发移动智能终端预装软件、销售该设备，情节严重的，可给予一定数额的罚款，该罚款数额可以是违反该规定的手机预装软件的销售额的倍数。

该移动智能终端预装软件的行业协定主要应包括以下 3 个方面。

1. 设立登记制度

在所有的可能涉及移动智能终端预软件的开发商，都要按照协定规定，对所涉及的移动智能终端软件开发者，以及软件的基本信息如种类、功能、所占手机内存等进行登记，并按照相关规定对应用软件予以检测，检测合格方可获得上架资格。该登记制度有利于加强对应用软件的管理与认证，对某些恶意软件能够直接溯源，保证整个应用软件市场的秩序和移动智能终端的安全。如果该应用软件开发者未按照协定进行登记或者不及时登记，行业协会将通知其登记，并给予一定的宽限期。经通知宽限期后仍不登记、不检测的，将无法获得入网资格以及安装资格，若违反协定安装相关软件的，行业协会可适用上文的强制约束权，限制其在一段时间不得开发应用软件。

2. 设立"黑名单"

相关行业协会设立相关举报、投诉机制，使得违反协定的移动智能终端预装软件行为受到社会公众的监督，消费者、设备生产商、移动信息服务商、软件开发商等发现不法行为时，都可以进行举报、投诉。经过核实，对于其中不符合要求的预装软件，包括可能侵害消费者合法权利、非法搜集个人信息等恶意软件列入名单，并下架整改。对于置入相关应用软件的销售商等，要求在一定限期内整改，拒不整改或者整改不符合要求的列入名单。该名单实现行业协会成员与消费者共享，受到协会各成员与社会公众监督。

其中，要严格限制第三方刷机商的市场准入机制，对于发现的由于第三方刷机商预装的应用软件侵犯手机用户的合法利益的，已经被投诉的，责令下架；给消费者造成损害后果的，在赔偿消费者的同时，将受到行业协会的罚款。

3. 允许消费者决定移动智能终端预装软件

在消费者购买相关设备时，可以允许设备生产商、销售商或第三方刷机商针对需求，决定所要预装的具体软件。在预装相关软件时，手机生产厂商、手机销售商要告知所预装软件的种类、用途、所占手机内存等。

尊重消费者的消费习惯，给予移动智能终端预装软件的选择权与处分权，既可满足消费者对于该移动智能终端的需求，又能一定程度上实现该设备的效用最大化。

第四节　结语

移动智能终端软件行业中的竞争行为兼具传统竞争行为和互联网竞争行为的特性，因此对其在竞争法中定性时既要符合竞争行为传统竞争法中的构成要件，也要考虑互联网行业的特殊性质。对于国内的移动智能终端设备预装软件行为，当前暂时难以利用《反垄断法》进行规制，因为我国尚且不存在类似谷歌、微软公司等具有垄断地位的互联网相关行业经营者；在《反不正当竞争法》领域内，由于新修订的"互联网条款"的宣示作用大于实际作用，其适用的具体条件仍需在司法实践中予以明确。因此，预装行为最可能落入一般条款的规制范围。然而在适用一般条款时，仍需区分不同类型的预装软件行为，防止适用法律对自由竞争范围内的竞争行为过多干预而违背《反不正当竞争法》保护公平竞争的立法目的。

第五章　手机软件获取权限行为研究

第一节　相关概念与技术背景

一、手机软件与操作系统

手机应用软件（Application，简称 App），主要是指运行在手机操作系统上的程序，用来完善原始系统的不足以及个性化。手机软件的运行需要相应的操作系统。

手机系统是运行在手机终端的操作系统，主要有 Android、iOS、Firefox OS、YunOS、Windows Mobile 等。操作系统是管理和控制计算机硬件与软件资源的程序，直接运行在"裸机"上的系统软件，其他软件必须基于操作系统的支持才能运行。当前，大众使用的智能手机能够显示与个人电脑一致的正常网页，安装功能相同的软件，采用的是一种运算能力及功能比传统手机更强、更灵活的操作系统，具有优美的用户界面、很强的应用扩展性，用户能方便地安装和删除应用程序。目前使用最多的操作系统是谷歌公司的安卓系统、苹果公司的 iOS 系统，它们彼此之间的应用软件互不兼容。

（一）iOS 系统

iOS 系统的智能手机操作系统的原名为 iPhone OS，它的核心技术与 Mac OS 都是源于 Apple Darwin 操作系统。它的系统架构从上到下可以分为四个层次——核心操作系统（the Core OS layer）、核心服务层（the Core Services layer）、媒体层（the Media layer）、可轻触层（the Cocoa Touch layer）。iOS 系统主要由两部分框架组成：在 iPhone 和 iPod touch 设备上运行的软件程序的技术；它自身使用基于 ARM 架构的中央处理器。

（二）安卓系统

安卓系统是以 Linux 为基础的开放源代码操作系统，该平台由操作系统、中间件、用户界面和应用软件组成。它广泛使用于便携移动设备，当前主要应用于智能手机和平板电脑。安卓系统的系统架构采用分层结构，从高层到低层分别是应用程序层、应用程序框架层、系统运行层和 Linux 内核层。

由于安卓系统是一个开源的操作系统，所以各手机厂商可基于安卓系统开发各自的系统安装在手机上，如华为的 EMUI 系统、小米的 MIUI 系统。

二、权限

权限（Permission）的目的是保护用户的隐私。❶ 最初的应用软件并不呈现"权限请求"这一过程，随着手机系统的更新换代，手机应用软件在品种和功能方面不断丰富，这些服务的实现都要基于用户向其提供个人信息这一基础。随着大数据时代的各种现象显现，人们开始意识到自己的个人信息会被自己手机上的应用软件所获取并可能被第三方获得，而后手机应用软件是否获取用户信息、获取哪些信息、是否正当都成为人们关注的问题。此后无论是手机应用软件还是手机操作系统都开始针对这些问题进行产品升级改进，并且设计出"权限"这一使用户意志能够得以体现、决定自己信息是否被收集、被如何使用的机制。

而随着人们生活各方面对手机的依赖——准确而言是对手机应用软件的依赖越来越强，手机应用软件发展的方向只会是更为广阔地渗入个人生活，这就意味着需进一步利用人们的各项个人信息，甚至是一些隐私信息。这也是如今手机应用软件对个人隐私信息的收集现象只增不减❷的原因。而同时伴随而来的是立法的关注，以及手机应用软件对于人们个人信息的获取与使用行为的不断规范。这一规范的体现过程便是手机权限在应用软件使用和系统管理中的呈现，具体来说，便是应用软件在需要使用一些个人信息时必须向用户询问是否给予该项权限。

---

❶ Permissions overview ｜ Android Developers［EB/OL］.［2018－12－09］. https：//developer. android. google. cn/guide/topics/permissions/overview#normal－dangerous.

❷ 见附录一。

（一）手机系统对于权限的把控

权限这一机制的建立是以操作系统为基础的。手机应用软件是由开发者进行代码编程完成的，该应用软件如何呈现、实现什么样的功能等都通过这一编码过程来呈现，权限也在这个过程中产生。具体而言，开发者在编写的程序代码中写入"〈permission. 〉"加上具体需要使用的权限英文名，便可以实现该软件运行时自动请求系统赋予其该项权限的使命。而在涉及一些"危险权限"的处置问题时，系统会向用户进行询问。对于用户来说，"危险权限"可能并不如字面意义上险峻，而是说这些权限与用户个人信息和隐私相关，但是对于将被提供给无数用户使用的手机系统和应用来说，泄露用户个人信息的漏洞无疑是危险甚至致命的。这也意味着真正在为权限把关、使我们能够行使自由决定是否给予某个应用软件某项权限的权利的，是手机操作系统。

在这样的"权限把控"机制下，一款软件在开发时便需要在程序中配置一个权限标记文件（清单），在里面描述该款软件需要的权限。软件安装在用户手机上开始运行时，手机操作系统便通过这个权限标记文件得知该款软件需要哪些权限，对于一些涉及用户敏感权限的请求，系统会通过弹窗询问用户是否授权。如果用户同意授权，系统就会在自己的一个数据库里标记这个程序被授予的权限。以后每次该应用程序需要使用这个权限时，系统都会根据标记来判断是否允许使用，并对没有许可的权限启动请求进行排除，或在用户试图使用涉及相关权限的功能时再度询问，如图 5 – 1 – 1 和图 5 – 1 – 2 所示。❶

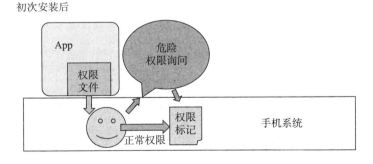

图 5 – 1 – 1　应用软件安装运行后向系统要求特定的权限

---

❶ Permissions overview ｜ Android Developers ［EB/OL］. ［2018 – 12 – 09］. https：//developer. android. google. cn/guide/topics/permissions/overview#normal – dangerous.

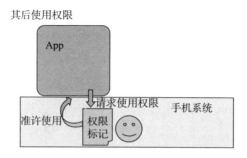

图5-1-2　应用软件要求过权限之后每一次使用特定权限都要经过系统检验

系统对权限的把控是发展的，用户对于权限的控制也是发展的。

就安卓系统来说，在低于 Android 6.0 的版本中可以认为，如果一个应用软件得到运行，它就可以得到在应用清单中声明的全部权限。因为在该系统中应用软件对用户权限的请求是"一揽子协议"，多项权限，一项同意；不同意就无法运行软件，如图 5-1-3 所示。如果设备运行的是 Android 5.1（API 级别 22）或更低版本，并且应用软件的 target Sdk Version 是 22 或更低版本，则系统会在用户安装应用软件时要求用户授予权限。如果将新权限添加到更新的应用版本，系统就会在用户更新应用软件时要求授予该权限。用户一旦安装应用软件，他们撤销权限的唯一方式是卸载应用软件。

图5-1-3　低版本安卓系统手机安装应用时询问权限

资料来源：安卓官网。

　　而从 Android 6.0（API 级别 23）开始，因为用户可以自行去设备中管理每个应用软件的各项权限，打开的权限也可关闭，应用软件的权限询问时间也发生了变化——由在应用软件安装时统一询问所有需要开启的权限调整为在应用软件运行时向用户要求授予权限，如图 5-1-4 所示。在运行软件时，用户会看见一个系统对话框，告知用户应用软件尝试访问哪一个权限组。这个对话框包括拒绝和允许的选项。如果用户拒绝许可，下一次应用软件请求权限时对话框会包含一个复选框提示不再询问。如果用户勾选，则不再出现提示。如果用户关闭相关授权，在其想要再次启用该软件相应功能时，会再次收到系统的权限请求对话框。这一变化有助于引导用户在实际需要的情况下更好地理解应用软件所需要开启的权限内容及其正当性，并且能够确保应用软件在获得权限的情况下正常运行。

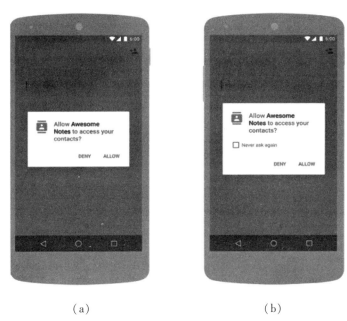

（a）　　　　　　　　　　（b）

图 5-1-4　较高版本安卓系统手机安装应用时询问权限

资料来源：安卓官网。

　　根据当下安卓系统官方主张，安卓系统安全架构的中心设计点是：在默认情况下，任何应用软件都没有权限执行对其他应用软件、操作系统或用户有不利影响的任何操作，包括读取或写入用户的私有数据（例如联系人或电子邮件）、读取或写入其他应用程序的文件、执行网络访问、使设备保持唤醒状态等。❶ 从用语上便可以看出安卓系统对于权限把控的严格要求，但是这也依然是一个设计目的，其实现程度仍然取决于实际技术。

（二）系统权限分类

如上所述，系统会依据所需权限的特点来决定是自动授予权限还是提示用户许可授予权限。这里便涉及系统对于权限的分类问题。

1. 安卓系统

安卓系统权限大体分为两类——正常权限和危险权限。正常权限包括时区等并不会涉及用户敏感信息的权限❷，不会直接给用户隐私权带来风险。如果开发者的应用在其清单中列出正常权限，系统将自动授予该权限。危险权限会授予应用访问用户机密数据的权限，如果开发者列出危险权限❸，则用户必须明确批准该应用使用这些权限。另外，还存在一类特殊权限，这类权限其行为方式与正常权限及危险权限都不同。由于系统警告窗口（SYSTEM_ALERT_WINDOW）和写入设置（WRITE_SETTINGS）对这类权限特别敏感，大多数应用都不涉及使用它们。具体隐私权限分类及说明不完全列举如表 5-1-1 所示。❹

表 5-1-1　隐私权限分类及说明

权限组	权限分类	编写程序中使用的权限名	权限说明
日历 CALENDAR （危险权限）	写日历	android. permission. WRITE_CALENDAR	典型场景举例： （1）制订学习计划、旅行日程； （2）火车票预订、旅行预订； （3）生日、会议等重要事件日程提醒。 风险提示： 该权限可以让 App 读取、分享或保存日历数据。如果该权限被恶意 App 利用，就可以追踪用户每天的行程

❶　Permissions overview ｜ Android Developers ［EB/OL］．［2018-12-09］．https：//developer. android. google. cn/guide/topics/permissions/overview#normal-dangerous.

❷　具体内容见附录二。

❸　具体内容见附录三。

❹　该表格由华为 developer 网站公布的表格和安卓 developer 官网对于危险权限的认定整合扩展而成。

续表

权限组	权限分类	编写程序中使用的权限名	权限说明
相机 CAMERA （危险权限）	拍摄照片和视频	android. permission. CAMERA	权限定义：允许应用使用摄像头。 典型场景举例： （1）美颜拍照； （2）扫描二维码、条形码； （3）录像； （4）人脸识别； （5）智能识图； （6）分享，用于发朋友圈。 风险提示： 获得"相机"权限的App可以拍照片和录视频。恶意App可以在任何时刻打开手机摄像头，监视用户的生活和隐私，并大幅降低电池续航
通讯录 CONTACTS （危险权限）	读取您的通讯录	android. permission. READ_CONTACTS	权限定义： （1）android. permission. READ_CONTACTS：允许用户获取用户通讯录数据。 （2）android. permission. WRITE_CONTACTS：允许用户编辑用户通讯录数据。 典型场景举例： （1）通过通讯录添加好友； （2）备份克隆联系人；
	修改通讯录	android. permission. WRITE_CONTACTS	（3）电话本管理； （4）办公软件添加获取联系人。 风险提示： 该权限允许App读取并修改联系人以及他们的数据（电话号码、邮箱地址等）。"通讯录"权限被流氓App滥用后，被泄露的联系人数据很有可能被传播垃圾邮件/短信/电话的人利用
	查找设备上的账户	android. permission. GET_ACCOUNTS	权限定义： 允许应用从账户服务中获取应用账户列表，如Google账号、微博账号等列表，不包括微信账号、QQ账号和用户手动输入的电话号码等。 风险提示： 该权限允许App获取手机的用户和账号信息，被滥用后用户的账号数据可能会被泄露

权限组	权限分类	编写程序中使用的权限名	权限说明
位置 LOCATION （危险权限）	精准的 （GPS） 位置	android. permission. ACCESS_FINE_ LOCATION	权限定义： （1） android. permission. ACCESS_FINE_LOCATION：获取精准的（GPS）位置。 （2） android. permission. ACCESS_COARSE_LOCA-TION：获取（基于网络的）大概位置。 典型场景举例： （1） 步行、骑行、驾车、公交等导航场景； （2） 跑步、健走等运动健康场景； （3） 停车场、美食、加油站、新闻等定位当前位置场景；
	（基于网络的）大概位置	android. permission. ACCESS_COARSE_ LOCATION	（4） 拍照场景，用于记录照片拍摄位置； （5） 社交场景，用于主动分享位置信息； （6） 情景智能，用于出行日程提醒。 风险提示： 该权限允许 App 通过 GPS 或网络来获取手机的位置信息。从技术上说，只要打开位置权限，服务器便可计算出手机持有者的所处位置以及运动路线轨道。现在大多数 App 都需要此权限。需要注意的是，GPS 定位耗电量很高，而且位置信息也是敏感信息的一种，被不法分子利用的话非常危险
录音 MICROPHONE （危险权限）	录音	android. permission. RECORD_AUDIO	权限定义：授权应用可以使用麦克风。 典型场景举例： （1） 录音机； （2） 语音助手功能，语音导航； （3） 语音通话，聊天； （4） 录屏； （5） 发音学习； （6） 听歌识曲。 风险提示： 该权限允许 App 随时随地开启麦克风进行录音

权限组	权限分类	编写程序中使用的权限名	权限说明
设备信息 PHONE （危险权限）	设备信息：读取手机状态和身份	android. permission. READ_PHONE_ STATE	权限定义： 授权应用可以获取设备 imsi、imei、sn❶ 等可以识别特定手机的设备信息。同时也可以通过此权限，获取手机通话状态，例如来电、响铃中、通话中等不推荐使用此权限，请使用 Android ID 或广告 ID 等替代。 风险提示： 获得该权限的 App 可以查看用户的本机号码和设备 ID、查看用户是否在打电话和正在拨打的电话号码。如果该权限被流氓 App 利用，很可能会泄露设备 ID 信息
通话记录 PHONE （危险权限）	读取通话记录	android. permission. READ_CALL_ LOG	权限定义：授权应用可以读取用户通话记录信息。 典型场景举例： （1）备份； （2）通话记录管理功能； （3）骚扰拦截：一般情况下会删除通话记录
	写入通话记录	android. permission. WRITE_CALL_ LOG	权限定义：授权应用可以读取用户通话记录信息。 典型场景举例： （1）备份； （2）通话记录管理功能； （3）骚扰拦截：一般情况下会删除通话记录

---

❶　imei、imsi 是大部分应用自动采集的设备信息，安卓系统中需要在 MINIFEST 声明权限，6.0 以上手机还需要用户显示授权才可以正常获取。IMEI（International Mobile Equipment Identity，国际移动设备标识），imei 与手机绑定，由 15 位数字组成，与每台移动设备一一对应，且该码全世界唯一。IMSI（International Mobile Subscriber Identification Number，国际移动用户识别码）是区别移动用户的标识，存储在 SIM（Subscriber Identity Module，用户识别模块）卡或者 USIM（Universal Subscriber Identity Module，全球用户身份模块）中，长度不超过 15 位，由数字 0～9 组成。

权限组	权限分类	编写程序中使用的权限名	权限说明
电话 PHONE （危险权限）	直接拨打电话号码	android. permission. CALL_PHONE	权限定义：授权应用可以不经过用户点击授权，直接拨打号码。不建议使用此权限，推荐调起拨号盘，用户手动发起拨号。 典型场景举例： （1）通讯录中直接拨打电话； （2）浏览器中直接拨打电话； （3）联系客服； （4）打开某 App 查看附近的餐厅时，可直接从应用内拨打餐厅电话进行预约。 风险提示： 获取这一权限的 App 可以更改拨打的电话号码，甚至挂断电话。如果该权限被流氓 App 利用，很可能会产生电话费用
	添加语音邮件	com. android. voice- mail. permission. ADD_VOICEMAIL	权限定义：授权应用添加语音附件到邮件中。 典型场景举例：如定义，邮件场景
	拨打/接听互联网通话	android. permission. USE_SIP	权限定义：拨打/接听互联网通话。 典型场景举例：拨打 SIP 协议的互联网通话
	重新设置呼出的路径	android. permission. PROCESS _ OUTGO- ING_CALLS	权限定义：重新设置呼出的手机号码，可以监听呼出的通话状态。 典型场景举例： （1）呼出电话监听场景，通讯录； （2）儿童手表
	读取电话号码	android. permission. READ_PHONE_ NUMBERS	权限定义：读取手机号码。 典型场景举例：暂无典型场景，新权限
	接听来电	android. permission. ANSWER_PHONE_ CALLS	权限定义：授权应用可以接听来电。 典型场景举例：车载模式下接听电话

权限组	权限分类	编写程序中使用的权限名	权限说明
身体传感器 SENSORS （危险权限）	人体传感器 （如心跳速率检测器）	android. permission. BODY_SENSORS	权限定义：授权应用访问那些被用于测量用户身体内部状况的传感器数据。一般特指心率传感器数据。 典型场景举例： （1）运动/健康相关，用于显示用户的心率状况，如三星健康 App； （2）可穿戴设备应用； （3）允许 App 进行计步数和测心率等功能
短信 SMS （危险权限）	发送短信	android. permission. SEND_SMS	权限定义：授权应用发送 SMS 短信。 典型场景举例： （1）短信管理应用，如中国移动； （2）手机号码注册或登录时的验证码场景，如 AcFun 应用，允许通过手机号码接收到的验证码来注册用户； （3）游戏软件中的短信支付场景。 风险提示： 该权限如果被流氓 App 利用，可能会产生资费
	接收文字讯息 （短信）	android. permission. RECEIVE_SMS	权限定义：授权应用接收 SMS 短信。 典型场景举例： （1）短信管理类应用，如中国移动、GO 短信； （2）手机号码注册或登录时的验证码场景，如 AcFun 应用，允许通过手机号码接收到的验证码来注册用户。 风险提示： 实时短信验证码是很多关键服务的"最后防线"
	读取您的文字讯息 （短信或彩信）	android. permission. READ_SMS	权限定义：授权应用读取 SMS 短信。 典型场景举例： （1）短信管理类应用，如中国移动、GO 短信； （2）手机号码注册或登录时的验证码场景，如 AcFun 应用，允许通过手机号码接收到的验证码来注册用户。 风险提示： 实时短信验证码是很多关键服务的"最后防线"

权限组	权限分类	编写程序中使用的权限名	权限说明
短信 SMS（危险权限）	接收文字讯息（WAP）	android. permission. RECEIVE_WAP_ PUSH	权限定义：授权应用接收 WAP 推送信息。 典型场景举例：短信管理类应用，如中国移动、GO 短信
	接收文字讯息（彩信）	android. permission. RECEIVE_MMS	权限定义：授权应用监听到来的彩信业务，拦截彩信接收信息。 典型场景举例：短信管理应用，如中国移动、运营商系列应用
	读取小区广播消息	android. permission. READ_CELL_ BROADCASTS	权限定义：授权应用读取小区广播短信
存储 STORAGE（危险权限）	读取您的 SD 卡中的内容	android. permission. READ_EXTERNAL_ STORAGE	权限定义：授权应用读取、修改或删除 SD 卡中的内容。 典型场景举例： （1）下载文件场景，如浏览器从网络中下载文件到手机中； （2）阅读器场景，打开本地的文件； （3）游戏场景，需要下载大量资源并存储到 SD 卡上； （4）拍照场景，需要存储图片或打开照片； （5）发送文件，如社交类 App 发送本地的照片、文件、视频； （6）读取、管理本地文件，播放本地文件。 风险提示： 该权限允许 App 写入和读取机身存储和 Micro - SD 卡内的数据。需要注意的是，如果该权限被流氓 App 利用，用户的敏感数据很可能会丢失、被修改或被泄露
	修改或删除 SD 卡中的内容	android. permission. WRITE_EXTERNAL_ STORAGE	

续表

权限组	权限分类	编写程序中使用的权限名	权限说明
设备管理器	设备管理器	android. permission. BIND_DEVICE_ADMIN	在其他应用上显示定义： 该功能需要激活后生效，入口在设置中搜索（设备管理器）可以查看到该功能： （1）删除设备数据； （2）设置锁屏密码规则； （3）屏幕上锁。 系统默认是非激活状态，需要在设置中激活后功能才生效。 典型场景举例： （1）手机找回/查找我的手机功能，用于远程控制设备、恢复出厂设置等； （2）企业办公场景，如 anyoffice，要求用户设置锁屏密码后才允许在设备上办公
显示在其他应用上面	显示在其他应用上面	android. permission. SYSTEM_ALERT_WINDOW	在其他应用上显示定义： 在其他应用上覆盖显示，用户按 home 键或者 back 键后，该弹框仍显示在其他界面之上。 典型场景举例： （1）微信视频聊天场景，home 键之后，仍在桌面上有小窗体显示视频信息； （2）直播软件或者播放视频等小窗体播放场景； （3）录屏软件，有悬浮按钮，方便操作； （4）音乐软件在桌面上显示歌词
修改系统设置	修改系统设置	android. permission. WRITE_SETTINGS	修改系统设置定义： 修改系统设置，非隐私或者安全相关的设置项，该设置项改变系统整体状态。此权限非动态弹框授权，需要到设置中打开开关。 典型场景举例： （1）视频应用屏幕滑动调整音量和屏幕亮度； （2）音乐播放软件调整音量，设置铃声； （3）电子书籍应用可以调节音量、护眼模式、调整亮度等； （4）设置桌面背景图片

权限组	权限分类	编写程序中使用的权限名	权限说明
监听通知栏	监听通知栏	android. permission. BIND _ NOTIFICA-TION_LISTENER_ SERVICE	监听通知服务定义：监听其他应用的通知栏显示内容。 典型场景举例：手表手环穿戴应用，需要将通知栏信息引导到穿戴设备
应用使用情况	应用使用情况	android. permission. PACKAGE_USAGE_ STATS	应用使用情况定义： 获取其他应用的使用统计数据，例如使用频率、应用的使用时长，以及语言设置等使用记录。 典型场景举例：应用市场需要监控应用的激活状态
残疾人辅助：屏幕取词等	残疾人辅助：屏幕取词等	android. permission. BIND_ACCESSIBILI-TY_SERVICE	无障碍定义： 应用程序会通过屏幕取词、模拟用户点击等方式，方便用户操作的功能。 典型场景举例： （1）合理的无障碍人使用场景； （2）talkback

权限的基本分类是特定的。安卓系统和 iOS 系统在具体分类上不太一样，但是总体上概括的功能大同小异。而基于安卓系统开发的其他手机系统虽然在权限的描述、概括用语以及分类上有所不同，但是追根溯源，其依据的语言都是安卓系统的英文版本。

权限的内容是发展的。当今世界技术发展日新月异，手机设备性能不断丰富，愈发强大，从最初的通信为主，到后来引入相机、无线网络、Wi-Fi、蓝牙、GPS，再到可对人体特定数据实施监控记录……手机越是智能，功能越是"体贴""实用"，就意味着用户和服务器信息交互水平越深越广。同时人们对于手机应用软件获取个人信息的认识也越来越多，担忧与日俱增，对于权限管控的要求也在逐渐加强，一些以往没有过的权限或者没有细化出来的权限也都被列上"权限清单"，进入用户可以管控的范围内。例如，苹果手机 iOS 12 以上的系统已经在定位权限管理下细化出"重要地点"（或"常去地点"）这一新的用户可以关闭的权限，如图 5-1-5 所示。

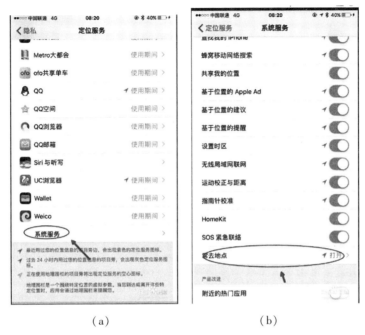

（a）　　　　　　　　　（b）

图 5 - 1 - 5　"常去地点"权限

2. iOS 系统

iOS 系统的权限分类更为粗略，权限命名更为通俗易懂，也有一些安卓系统没有的权限。这些权限分类在概念上可能并不是并列的，而是按照重要和常用的程度进行调整，例如把"照片"独立出来，把"语音识别"也独立出"麦克风"。该系统的权限分类包括：

（1）麦克风；

（2）日历；

（3）相机；

（4）提醒事项（读、写、删除系统的提醒事项）；

（5）HomeKit（HomeKit 库是用来沟通和控制家庭自动化配件的，这些家庭自动化配件都支持苹果的 HomeKit Accessory Protocol。HomeKit 应用程序可让用户发现兼容配件并配置它们。用户可以创建一些 action 来控制智能配件（例如恒温或者管线强弱），对其进行分组，并且可以通过 Siri 触发）；

（6）照片（类似安卓系统中的"存储"，专门单出的一类）；

（7）健康（允许应用软件获得设备中的健康数据）；

（8）运动与健身；

（9）语音识别；

（10）定位服务；

（11）蓝牙共享；

（12）Apple Music；

（13）您的媒体资料库；

（14）您的音乐和视频活动；

（15）社交媒体账户。

iOS 系统对用户信息安全的把控另有一套严密的加密系统，以保证一些重要的用户信息不被其他方所获知，甚至在手机落入他人手中时也可以远程消除设备中的个人信息与设置。❶ 故权限并不是安全保障的核心，而只作为用户理解并决定是否对部分权限授权的一种机制。iOS 系统更像一个只给孩子有限自由的监护人，对于一些一般用户不需要理解、掌控的权限，系统会自动进行把控和管理。

（三）权限组（安卓系统）

系统可能会依照设备的性能或特征将各权限分成几个权限组。任何权限都可属于一个权限组，包括正常权限和应用软件自行定义的权限（这里不讨论 iOS 系统，因为 iOS 系统的权限分类本就不如安卓系统细致，而是基于所需要的主要权限进行大概的分类，其有的分类原本就是一个"权限组"）。

一个权限组下包含几个权限声明，例如"短信"的权限组包括读取短信和接收短信。系统在向用户请求权限的时候，可能请求的是一个权限组的权限。不同品牌的安卓系统手机对于权限的分组大同小异，iOS 系统也有一套自己的分类系统。而不同品牌手机在请求权限的时候描述也不尽相同：有的会提示该权限组下的具体权限，例如提示应用软件请求设备权限时会用较小字体标明"授权应用软件可以获取设备 imsi、imei、sn 等设备信息"；有的只简单标明请求"读取设备信息"。

在安卓系统中，所有危险的权限都属于权限组。❷

---

❶ 参见《iOS 安全指南》（iOS Security Guide），2018 年 1 月。

❷ 安全性｜Android Open Source Project ［EB/OL］．［2018 - 12 - 09］．https：//source. android. google. cn/security/.

如果设备运行的是 Android 6.0（API 级别 23），并且应用软件的目标 SDK 版本是 23 或更高版本，则当应用软件请求危险权限时系统会发生以下行为。

如果一款应用软件的请求清单中列出某项危险权限，而该应用软件目前在包含该危险权限的权限组中没有任何权限，则系统会向用户显示一个对话框，只描述应用软件要访问的权限组，不会描述该组内的具体权限。例如，如果应用软件请求"读取联系人"权限，系统对话框只说明"该应用软件需要访问设备的联系人信息"。如果用户批准，系统将向应用软件授予其请求的权限。

如果一款应用软件的请求清单中列出某项危险权限，而该应用软件在包含该危险权限的权限组中已有另一项危险权限被用户授权，则系统会立即授予该权限，而无须与用户进行任何交互。例如，如果某应用软件已经请求并且被授予"读取联系人"权限，然后它又请求"写入联系人"，系统将立即授予该权限。

如果设备运行的是 Android 5.1（API 级别 22）或更低版本，并且应用软件的目标 SDK 版本是 22 或更低版本，则系统会在安装时要求用户授予权限。但是这时系统只告诉用户应用软件需要的权限组（见图 5 - 1 - 6），而不告知具体权限。

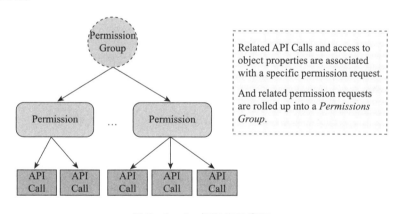

图 5 - 1 - 6　权限组示意图

资料来源：安卓开发者官网。

系统划分权限组的初衷是通过权限组的方式可以让用户进行更为有意义且了解详尽的选择，不会被复杂的技术权限请求所困扰。❶ 因为通常情况下系统

❶　在运行时请求权限 | Android Developers［EB/OL］．［2018 - 12 - 09］．https：//developer. android. google. cn/training/permissions/requesting.

向用户进行权限询问时采用的仍然是技术语言，通过这样的语言，一般用户并不能实际了解如何使用该项具体权限，如果对于每个单项权限都一一询问，很可能会引起用户的担忧或者不耐烦，从而直接导致放弃使用该款软件，而对一个权限组进行统一询问效果则会好得多。

但是，由于系统对于用户的提示只会说明应用软件需要的权限甚至权限组，而不会解释为何需要这些权限，依然会给谨慎的用户带来困惑。应用软件自身可能会在请求权限之前向用户解释需要相应权限的原因（开发者可以这样设计），但是目前来说，大部分应用软件并不会就权限使用向用户进行通俗易懂的解释。在各家手机应用软件市场中，一个应用软件的介绍通常都会注明检测出来的敏感隐私权限，并且配以用途说明，但是该说明也只是权限的具体定义，用户并不能够通过该说明了解该权限会被用在何时、何处，如何应用。

尽管权限组的设计有利于改善一般用户的应用使用体验，从该设计的缺陷上来说，即便正常权限的权限组不会带来消极影响，但是应用软件申请的权限为危险权限时，权限组的设置可能给用户带来一些"消极体验"❶——通过对整个权限组的授权，或者通过授权一个权限组中的一个权限，导致无意或被迫开启不愿意开启的权限，甚至因此致使用户不愿被读取、改写的信息被应用读取或改动。这个利益平衡或许是一枚硬币的正反面，照亮一面就不免蒙阴另一面，设计者有所权衡和取舍，但是依然不能掩盖这一风险是切实存在的事实。

第二节　各主流品牌手机权限保护机制及用户体验概览

一、现有权限保护机制

（一）操作系统对应用软件获取权限的控制

如前文所述，安卓操作系统会对应用程序使用权限进行严格的把控，会根据权限清单上对于某一应用软件获得权限的记录来审核每一次应用软件访问权

---

❶　安全性 | Android Open Source Project［EB/OL］．［2018 – 12 – 09］．https：//source. android. google. cn/security/.

限行为，只有被允许的应用软件才能进行权限访问行为。需要强调的是，即便应用软件已经获得过许可，每一次应用软件需要访问相应权限时仍然需要接受是否获得授权的检查，因为用户可能再次关闭曾经授予的权限。一旦发生应用软件缺少必要权限的情况，在用户试图启用相应功能时，系统就会再度提示，向用户要求授权。例如，如果用户把一款主打相机功能应用的相机权限关闭，其欲再次使用该应用拍照时，系统便会提示该应用软件需要相机权限，请求用户授权，只有用户同意授权，才能够启动该应用软件的相机功能。

（二）应用市场安全检测与权限提示

应用市场是统一为用户提供应用软件下载安装的一款应用。尽管也有一些独立的应用市场，如腾讯应用宝等，但现阶段用户用来下载应用软件的主流来源仍然是手机自带且不可删除的"应用市场"这一应用。

各手机厂商都拥有自己的应用市场。例如，专用 iOS 系统的苹果手机有统一的 App Store；而安卓手机中，国外有统一的 Google Play，国内不同手机品牌纷纷基于安卓系统各自衍生出具有各自特点的系统，有各自专门的应用市场。手机系统可能会对软件设计者提出独特的设计要求，以优化该系统用户的使用体验，不同版本的系统也可能存在一些要求上的差别。而应用市场只有对软件进行审核后才给予上架的可能，上架后的应用软件才能被消费者下载使用。

1. 安卓系统应用市场

国外的 Google Play 和国内各手机品牌的应用市场是安卓手机用户下载应用软件的主要渠道，用户也能通过网页下载应用软件。应用市场会对其发布的软件进行整合管理，以杜绝非法应用软件以及带有病毒、恶意攻击行为和引用，以供用户安全使用。

各品牌安卓手机系统都会对其应用市场上上架的软件进行审核，只有被授权的软件（给予识别码的形式）才能在应用商店上架，被用户下载、使用。安卓系统手机并不排斥从应用市场外进行软件下载，但是在安装前，各品牌手机系统都会进行不同程度的风险提示（有的表达显得后果更为严峻），并提示用户前往手机自带的应用商店进行软件下载（有的手机系统会统一关闭"未知来源"的应用安装，需要安装必须先去设置中打开这一开关）。

不同手机系统给予用户的风险提示存在一些用语上的差别。这种风险提示会以系统弹窗的形式出现，并给予用户继续安装或者不再安装的选项，有的手机系统还会给出跳转应用市场安装的选项。在提示用语上，有的手机系统会告知"检测到广告插件，可能会推送大量广告、造成流量消耗"，有的仅仅告知"未经过安全检测存在风险"；在警示用语表达上，大部分手机会告知用户如果继续安装则自担风险（具体举例见后文列表），且警示用语会以红色字体展现。大部分用户在看到这样的警示之后都会前往应用商店下载应用软件（除非应用商店中不存在相应的应用软件而用户的需求又比较迫切）。华为手机网络下载软件时来自系统的风险提示如图5-2-1所示。

（a）　　　　　　　　　　（b）

图5-2-1　华为手机（系统：EMUI8.1.0基于Android 8.1.0）
网络下载安装软件时来自系统的风险提示

各系统的开发者平台网页都对欲在该应用商店上架的应用软件给出一些特定的要求，基本上包括兼容性要求、性能要求、功耗要求、安全性要求、稳定性要求、隐私保护要求等，这些都是应用商店对于应用软件的审查要求。对于其允许上架的应用软件，应用商店会在每款软件的介绍中列出检测出的敏感隐私权限并给出用途说明，有的应用商店只会用技术语言来进行描述。如图5-2-2所示，"小红书"App给出了更为具体的权限描述。

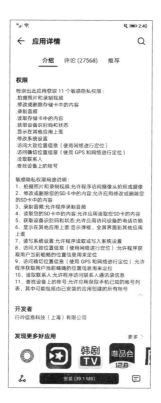

图 5 - 2 - 2　华为应用市场"小红书"App 软件介绍页面中的权限检测说明

谷歌应用商店（Google Play）则会在权限细节页面提供应用软件所需要的所有权限。另外，Google Play 会在用户安装应用之前提供权限信息的快速预览，用户只需要在应用商店应用页面翻滚即可，然后点击权限细节就可以查看这款应用软件需要的功能和信息。此外，它也会给出为什么应用软件需要访问这些功能或数据，但是谷歌公司必须依赖于开发者提供的这些理由。

2. iOS 系统应用市场

iOS 系统的应用市场只有 App Store。在苹果手机中，除非用户个人进行"越狱"等操作（破解其检查机制）对系统进行一定程度上的变动，软件下载只能在 App Store 中进行（亦不能从网页下载安装应用软件）。苹果 App Store 对其内发布的软件产品进行严格的权限把控。

相比于安卓系统的应用商店，iOS 系统应用商店的审查更为严格。苹果 App Store 在用户安装前会提供一些更为详细的权限信息。苹果对于应用软件上架有一套比较严格的审核标准，这在某种程度上也可以减少应用软件开发者滥用访问信息的风险。App Store 能绝对控制应用软件的上架，是因为欲在 iOS 系统发布应用程序的软件开发者必须使用苹果提供的程序接口（API）进行开发，再上传到苹果唯一的应用开发平台，由其审核通过，用户才能看到并下载使用。因此，iOS 系统在用户的使用行为和软件的信息收集行为上都可实现更强的控制，并形成较为鲜明的自身特点。

App Store 以及 Google Play 都提供了应用软件隐私政策链接。在每款应用软件的"信息"介绍中，都会附有一个名为"隐私政策"的网络链接。在这个隐私政策中，开发者需要详尽地说明该应用软件进行各种操作、运行各种功能时需要收集、使用到的个人信息（包括种类与作用）。这种说明对于用户来说是更亲和的，因为其使用的语言描述更为具体，会结合用户的实际使用场景进行说明，而不是纯粹的技术语言。但是这个隐私政策并不是必须提供的，在美国只有一些州监管机构要求应用软件开发者提供有关应用软件商店的隐私政策。苹果 iOS12.11 系统 App Store 中"微信"应用软件的信息介绍及"隐私政策"对信息收集的说明如图 5 – 2 – 3 所示。

图 5 – 2 – 3　iOS12.11 系统 App Store 中"微信"应用的信息介绍及"隐私政策"对信息收集的说明

除此之外，苹果 App Store 不会提供太多有关"权限"信息的细节，但会提供有关这款应用软件是否包含应用内购买等信息。

（三）应用软件安装时的权限请求

不同系统对于权限请求的设计思路是不同的，下面以安卓系统和 iOS 系统为例进行阐述。

1. 安卓系统

在用户使用应用软件时，相较于 iOS 系统，安卓系统将提供更多权限细节信息，并询问用户是否许可。安卓系统会在软件安装之后、用户打开时进行权限提醒，用户可以在此时选择对该软件开放哪些权限。在软件安装完毕被初次打开的时候，会出现权限请求提示。该权限询问可能有两次，分别来自 App 自身和手机系统。有的软件本身不设置权限请求，那么只会出现系统的提示请求。EMI 8.1.0 版本、基于 Android 8.1 系统，华为手机 LOFTER 安装后询问权限授权如图 5 - 2 - 4 所示，授权后打开的权限如图 5 - 2 - 5 所示。

（a）　　　　　　　　　　（b）

图 5 - 2 - 4　EMUI 8.1.0（基于 Android 8.1 系统，

华为手机 LOFTER）安装后询问权限授权

注：（a）为 App 自带询问，（b）为手机系统提示询问。

（a）　　　　　　　　　　（b）

图 5 - 2 - 5　EMUI 8.1.0（基于 Android 8.1 系统，

华为手机 LOFTER）安装后询问权限授权及打开的权限

正如前文在技术背景中所说，安卓系统对于权限把控的严格程度不断增加，权限询问方式和询问时间都发生了较大变化。从最初的在应用软件安装完成初次打开时给出"一揽子协议"（即全部列出只需要一次同意），到后来的表面分项询问部分权限、默认打开剩余权限，再到如今较为严格地遵守用户的意愿，在运行相应功能时进行相关权限询问，均体现出其责任意识的增强和对用户选择尊重程度的提高。

在权限询问的内容方面，各品牌手机都是就安卓系统官方定义的"危险权限"进行询问。故存储权限是其询问的权限之一，无线数据不在其请求权限的范围之内，而是手机统一控制。而且在定位功能方面也有较大差异，除了 GPS，安卓系统手机并没有整体关闭定位的功能。而安卓手机有 3 种方式可以对用户进行定位：①可以通过手机设备的 GPS 进行定位，精确度最高；②可以通过手机无线网络进行网络定位，次于 GPS 定位；③还可以根据移动、联通、电信运营商的网络基站进行粗略定位。

随着人们对个人信息保护的重视和相关法律法规的不断发展，近年来安卓系统手机软件对于获取用户权限的态度也越来越谨慎，在权限询问上的做法也愈发规范。不同品牌的安卓手机对于权限的分类和在授权询问的表达上存在一定差异。以同一软件在不同手机系统中安装后的权限请求为例，可以看出，不同手机品牌间既有对权限描述的表达差异，也存在询问权限数量的差异，有的手机系统会进行更多权限的询问。具体而言，以安装"无他相机"这一应用软件为例，如表5-2-1所示。

表5-2-1　各品牌安卓手机下载"无他相机"后的权限询问及问题❶

安卓手机品牌、系统	网页安装下的风险提示	安装打开后的权限询问（及用户操作）	权限管理中列出的权限（及授权状态）	备注
华为 P20 EMUI 8.1.0 Android 8.1.0	网页安装下进行风险监测：选择继续安装，自行承担风险。系统提示跳转应用市场	（1）使用存储权限（允许）；（2）电话权限（允许）；（3）位置权限（拒绝）；（4）【初次使用相机时】相机权限（允许）	存储（允许）；位置（未开启）；电话（允许）；相机（允许）；麦克风（未开启）。单项权限：读取本机识别码（打开）；调用摄像头（打开）；启用录音、读取位置信息（打开）；读取运动数据（未开启）；读取已安装应用列表（打开）	（1）只进行权限组询问，不显示具体权限内容；（2）列表显示只打开了允许开启的权限，但点开单项权限可以发现其中打开的权限并未全部经过询问和允许；（3）存在权限组不被授权后，其中某项权限仍然被开启的情况

❶　内容收集统计于2018年12月。

安卓手机品牌、系统	网页安装下的风险提示	安装打开后的权限询问（及用户操作）	权限管理中列出的权限（及授权状态）	备注
红米 note5a MIUI 9 Android 8.0	禁止安装来源不明的应用（可在"安全"中打开"未知来源"应用安装功能，其后会更为严厉地提示风险，要求"自行承担全部责任"）	（1）访问设备上的照片、具体内容和文件（允许）；（2）获取手机号码、IMEI、IMSI 授权（拒绝）；（3）网络和卫星定位（拒绝）；（4）【初次使用相机时】相机权限（允许）	发送彩信（询问）；定位（询问）；获取手机信息（获取手机号码、IMEI、IMSI 授权）（询问）；读取应用列表（允许）；相机（允许）；录音（询问）；读写手机存储（允许）	（1）询问权限组下的单项权限；（2）允许了权限组中的一项权限后，整个权限组的权限都会被许可；（3）拒绝授权的权限后显示"询问"，并未置于完全禁用状态
OPPO A79 Color OS 3.2 Android 7.1	检测提示："发现广告插件：该插件会弹出广告且消耗流量"，提示软件商店安装	（1）存储空间（始终允许）；（2）访问通话、获取手机识别码（始终允许）；（3）位置信息（始终允许）；（4）【初次使用相机时】相机权限（允许）	获取手机识别码（允许）；发送彩信（询问）；使用摄像头（允许）；录音或通话录音（询问）；读取、写入或删除存储空间（允许）；读取位置信息（允许）；读取应用信息（允许）；可修改系统设置（未开）	（1）使用的提示语言暧昧不清，例如"访问通话"；（2）打开了未经提示授权的权限"读取应用信息"

安卓手机品牌、系统	网页安装下的风险提示	安装打开后的权限询问（及用户操作）	权限管理中列出的权限（及授权状态）	备注
VIVO X5M FUntouch-able OS Android 5.0	安装包未经 VIVO 安全检测（安全认证），请谨慎安装	定位权限（允许）	发送彩信（禁止）；定位手机（允许）；访问手机识别码（允许）；拍照（询问）；摄像（询问）；录音（询问）；打开/关闭 WLAN（询问）；打开/关闭蓝牙（询问）	（1）I管家❶禁止自启动权限；（2）打开询问只有定位询问，对于手机识别码没有询问默认开启。（3）存在系统落后问题

由此可以看出，在实际操作上，软件实际打开的权限可能并没有全部经过用户授权，或者要求授权的描述较为模糊。究其原因，一部分是各系统对安卓权限定义（英文）的翻译不同，有的翻译不能体现该权限真正的内容。最重要的原因仍然是安卓系统采取的对权限组统一授权的方式。前面也已经叙述过，只要打开权限组一项权限的内容，该权限组的其他权限都会被系统统一许可。

从一般用户角度来看，尽管用户可以从应用商店中看到该软件可以打开的权限以及具体对应的信息操作行为，但是大部分用户并不会仔细查看，而是更为倾向于在系统简要询问时进行直接选择，而这个选择基于的文字提示可能是模糊的，也可能存在"以偏概全"的情况。仍然存在软件默认开启个别权限的行为，并且也存在软件能够开启不必要的权限的功能。

2. iOS 系统

iOS 系统十分重视用户信息安全，这体现在其对应用软件提供的严格控制、应用软件的安装等各方面。iOS 系统作为一个闭源系统，是苹果品牌自行开发的专用系统，这使苹果可以更有利地实现自己的设计思路，也能更全面地进行风险控制。

---

❶ I管家是 VIVO 手机的一种安全管理系统，可以进行权限管理，但不是所有机型都有，有的是安全助手。

iOS 系统对用户的个人信息保护力度更大，也体现在它设计更多的提示以使用户更全面地把控自己的权限许可。例如，在苹果手机中，即便是想要安装一款应用软件，也需要输入密码；进入指纹识别时代后，苹果手机对应用软件的安装也开启了个人指纹验证。并且，不同于大多安卓系统手机，在 iOS 系统的权限询问中，无线数据也是被要求的权限之一。

在 iOS10 系统之前，除非用户阅读隐私保护政策，否则在整个安装过程中，几乎不会收到任何有关应用软件权限信息，因为经 App Store 检验上架的应用软件也经过严格的权限审查，系统会自动为其打开其需要的权限。iOS 10 之后的系统对隐私权限的控制管理变得更为严格，访问摄像头、麦克风等硬件都需要提前请求应用权限，用户允许之后才可以使用。❶ 而 iOS 系统询问的权限也只包括涉及用户隐私的权限，而存储权限这类与个人隐私没有关系的权限并不会询问，如图 5－2－6 所示。

（a）　　　　　　　　　　　　　（b）

图 5－2－6　iOS 系统苹果手机安装"LOFTER"和"无他相机"安装后询问权限授权

---

❶　iOS 各个版本的特性和差别［EB/OL］.［2018－12－12］. https：//blog. csdn. net/u013896628/article/details/79800734？ from＝singlemessage.

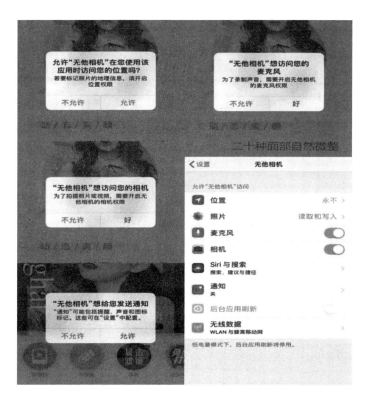

（c）

图 5 – 2 – 6　iOS 系统苹果手机安装"LOFTER"和"无他相机"安装后询问权限授权（续）

　　苹果的权限询问内容也在不断增加。iOS 8 之前的系统对于软件必要开放的权限是默认开放的，但如果用户需要打开其他权限，需要自行到手机系统设置的权限管理下对该软件开放特定权限；对于定位这一核心隐私权限，该系统则采用对所有软件统一进行控制的设计。而现在的苹果手机在安装应用软件的时候仍然会一一询问是否打开软件所要求的权限，对于定位这一权限，也罗列出各款软件供用户自由分配权限，甚至还给出更为细致的选择，如"永不开启""使用期间开启""始终开启"等，后又增加"常去地点"这一可关闭的定位权限。

（四）系统权限管理

　　安卓系统对于权限的分类基本是统一的，各个基于安卓系统开发出来的系统可能在权限组分类和描述翻译上存在部分差别，但是基本上大同小异。而iOS 系统有自己的权限分类思路。iOS 系统给出的分类并不如安卓系统细致，而是按照功能进行较为大致的分类，体现在手机管理系统中也是一样的简洁，如图 5 - 2 - 7 所示。

（a）　　　　　　　　　　（b）

图 5 - 2 - 7　iOS 系统苹果手机总权限控制与单款软件权限分配

就权限控制而言，安卓系统给用户更多的弹性。用户可以设置哪一款应用软件可以接受或者发送 SMS 信息，即安卓系统可以让用户改变默认的 SMS 应用，这一点是无法在 iOS 系统上实现的。简而言之，通过更为细致的权限分类，安卓系统可以给用户更大的权限管理自由度。换言之，相比 iOS 系统，安卓系统显得有些"随意"。

尽管安卓系统为用户提供更多细节权限的控制自由，但是安卓系统所使用的文字语言描述非常专业化。如果用户是一位计算机技术控，便能够理解安卓权限文字描述；但是如果用户不能理解这些术语，这些权限描述也就没有意义。

iOS 系统缺乏安卓系统那种专业化权限描述，但是它在隐私设置页面上的描述语言更为直接，甚至包括一些额外的文字解释。比如"设置""隐私""照片"，用户会看到这样一段提示语："储存在 iPhone 上的照片可能包含其他信息，例如照片的拍摄时间和地点。"苹果手机避免使用一些专业术语，转而采用相应的文字描述来达到更为通俗易懂的目的，其权限设置页面更友好、干净。

二、现有控制机制总结

应用程序调用个人设备上的信息应受控制这一概念，通过操作系统设计"权限"并严格把控应用调用权限行为、应用市场检验、权限询问等实际操作得到实现。但是这个机制只能在应用程序规范运作、用户谨慎注意的情形下才能实际达到保护用户个人信息的目的。尤其是允许用户网页下载应用的安卓系统，如果存在恶意应用软件被用户盲目信任的情况，那么这一切设计都将失去防护作用。而苹果手机的 iOS 系统对于应用软件来源管控更为严格，虽然其限制部分用户下载应用的自由，但是在确保用户设备不被恶意软件攻击上的确更为有力。

手机系统的权限机制已经较为全面地建立起来，并且与时俱进地进行改进，但也仍然存在可以完善的空间。例如，安卓系统权限组内一项授权则导致统一授权的问题，实际上多多少少存在对用户有一定的隐瞒和欺骗。想要呈现给用户更多更具体的选择空间无可厚非，若是统一询问权限与实际打开权限的描述会更有利于避免误会。但用户是否需要进行如此细节的权限控制也值得思考，细致的分类真地有利于用户控制他们的权限吗？他们真地知道这些权限的意义吗？过多的"可管理事项"是否会使管理者反而疲于管控呢？

如何加强用户对于权限的认识从而更好地处置权限仍然是一个问题。在这一方面，iOS 系统的确做得更好。权限询问的呈现方式如何，取决于设计者想要实现的目的。一个更希望用户理解其收集信息合理性并信任他的应用软件设计者，会利用更贴近用户的语言来解释自己的信息收集行为。iOS 系统在权限分类名称上就更容易被用户理解，在进行询问的时候也会简短解释该权限的目的是什么；相比之下安卓系统则更显"形式化"，使用的语言更为生硬、技术化，询问权限的目的更难被用户理解，用户只能凭着自己的联想或者因为疲于多想而随意选择授权或不授权，对于权限的实际作用并不真实知情，其实际保障效果并不是那么明晰。

随着手机应用进一步紧贴每个人的生活，人们越发关注个人隐私信息泄露的问题，法律也向这个领域投入更多关注和要求，未来的权限保护机制仍然会不断发展、完善，朝着更有利于保护个人信息的方面演进。

三、相关改进建议

在相关技术方面，结合用户的信息安全考虑以及相关法律法规的要求，在现有的基础上，可以提出如下改善建议。

（一）系统设计方面

在系统设计方面，iOS系统的"家长式监护模式"或许更值得借鉴。因为大多数手机用户都是非专业人士，甚至有非常多的用户对于权限授予毫无敏感度，完全不知道这一授权行为的意义以及后果，只知道如果不同意授予将会导致软件无法使用。

在这种情况下，为了更好地保障用户的知情同意权，可以从系统层面进行一定改进：针对一般权限，甚至是安卓系统定义的部分危险权限（例如存储权限），系统可以自动授予，避免用户在使用时因为过多无关紧要的权限提示而困扰或被消磨掉注意力，从而直接同意危险权限的授予；而对于一些真正意义上的危险权限，没必要开启的可以直接默认不予开启。

现在的安卓系统只在用户使用相关功能时才进行相关的权限询问，这是合理的，这样能够较好地提示用户该权限的作用，也能使用户较为清楚地管理权限。但是在这样规范的行为外观下，有的软件仍然会在暗中打开一些未经用户同意的权限，这些权限甚至可能包括安卓系统定义下的危险权限。开启未经用户同意的权限，是不符合法律规定的用户知情同意原则、必要性原则和明确性原则的。即便默认开通这些权限是因为存在技术上的考虑，即便在表面上合法地向用户请求部分权限，也依然是违反法律法规的，并且这种行为一旦被发现，就会导致人们的不信任。

在安卓系统的权限组设计上同样存在这样的问题。既然安卓系统划分可以共用一项同意的权限组，那么最好在询问的时候也就权限组的内容统一询问，让用户直接同意其获取整个权限组的权限，否则是违反法律规定的用户知情同意原则的。

另外，从用户个人信息保护层面来说，在权限组的内容划分上也存在不合理之处。按照现有划分，一个权限组内的权限，有的是非常危险的，有的则不然。例如，在短信相关的权限中，允许接收短信是一般用户都会同意的，而允许应用软件发送短信则是人们普遍不会同意的。然而，依据安卓系统的设计，只要权限组的一项权限被同意，该权限组的其他权限都会被授予。也就是说，如果用户同意一项一般性的权限，可能导致一个用户不愿意同意的权限也被授予。这足以说明安卓系统按照概念相关的方法来进行权限组分类以及这样的授权规则是不合理的，这对用户非常不友好。如果权限组只是一种功能的罗列，对于用户的信息安全并没有充分考虑，那么它就不太符合"权限"这一机制的设计理念。从用户信息安全考虑，从权限重要性上进行衡量，重新分配权重会更加合理。重要的权限更适合单独列出，并明确地获得用户的同意才能被授予。

在系统的权限询问语言方面，应当尽量采用亲民的、用户易于理解的语言，这才能保证用户的同意是真实有效的。其实，安卓系统中的"权限"这一用语本身给人的感受也比较模糊。用户看见这个词不免会想：应用软件拥有我手机中的"权限"，是否就意味着它能掌控、主宰与此相关的一切功能呢？大多数用户是凭自己想当然地对这些系统语言进行解读，难免存在许多用户自己的误解。实际上，这一用词翻译自英文的"permission"，是"允许访问、使用"的意思。在这一点上，iOS 系统做得更出色，它在询问时采用的是用户能够理解的语言。例如，在一款相机 App 中它对于打开定位请求的询问添加这样的描述："为了标记照片的地理位置，请开启位置权限。"只有通过对该权限的用途更为详细地解释，才能够更好地实现用户管理权限的自由。既然法律规定用户在自己的个人信息授予上享有知情同意权，那么系统首先应该做到的就是先让用户充分知情。

（二）软件设计方面

在系统没有对权限进行详细解释的基础上，软件可以自行对自己需要的一些特别权限进行解释，请求用户信任与授权。这样能使用户更好地理解应用软件请求该项权限的原因，也能使用户更加信赖该应用软件，从而进行授权，以获得更好的使用体验。这也是应用软件提供方积极呼应法律要求的表现。另外，软件开发者也应当遵守法律法规以及相关行业规定，不获取应用软件不需要的用户信息。

现在，安卓系统的应用商店也开始在应用软件介绍的页面对应用软件获取相关权限行为分别进行简要的解释，在个人信息越发受到重视的将来，用户或许会进一步要求所有应用软件提供方给出权限及必要性清单。

第三节　现行法律对用户个人信息保护的规定

智能手机时代，手机已经成为一个人生活的缩影。而手机不只是自己的小世界，通过我们留在设备上的一些个人信息，一些能获取到这些信息的人也在尝试与手机用户交互。例如，电商可以根据用户的搜索记录向其推送更为贴近其需求的商品，警察可以通过手机发送的数据追踪犯罪逃脱的路径……这一切都源于手机应用软件对我们个人数据的收集和分析。如果对这种收集和分析没有一定的限制和禁止，那么毫无疑问，我们的个人隐私将受到严重侵犯。因此，相关法律制度应运而生，并且有待进一步加强、完善。目前国内外已就公民信息保护制定一些规定，从法律法规上规制包括应用程序在内的网络服务运营商、提供方的个人信息收集行为，并形成一些行业规范。

一、国内规制与保护

我国对于手机应用软件不正当获取手机权限的行为，无论是法律法规还是地方规章、部门规章等，目前还没有具体而明确的规制，仅有一些概括性规定。由于手机应用软件不正当获取手机权限的目的，除了利用某些权限维持软件的后台活跃度等之外，主要是通过获取权限收集手机用户的个人信息。因此，笔者下面探寻是否能从现行法中对个人信息的保护这一路径对手机应用软件不正当获取手机权限的行为进行规制。

（一）法律规定

我国《民法总则》第111条对个人信息的保护进行总括性的规定："自然人的个人信息受法律保护。任何组织和个人需要获取他人个人信息的，应当依法取得并确保信息安全，不得非法收集、使用、加工、传输他人个人信息，不得非法买卖、提供或者公开他人个人信息。"但该规定适用起来较为概括和单薄，更倾向于一种权利宣誓条款。

在经济法领域，我国《消费者权益保护法》第14条规定了消费者享有个人信息受到保护的权利❶；第 29 条规定了经营者收集、使用消费者个人信息的合法、正当、必要原则以及内容明示、消费者同意、规则公开、严格保密等要求❷；第 50 条则规定了经营者侵害消费者个人信息的责任，主要是一种民事责任❸。相比于《民法总则》的规定，《消费者权益保护法》的规定进一步具体化，且有较为明确的责任承担方式。

　　我国的《网络安全法》作为一部互联网方面的专门法，对有关问题作了更加有针对性、更加具体的规定。其中，第 8 条规定，负责统筹协调网络安全工作和相关监督管理工作的是国家网信部门，国务院电信主管部门、公安部门和其他有关机关在各自职责范围内负责网络安全保护和监督管理工作。第 22 条规定了网络产品、服务的提供者收集用户信息应当符合的原则和要求。❹ 第 41 ~ 43 条规定了网络运营者收集、使用用户信息应当符合的原则和要求。❺ 对

---

　　❶ 《消费者权益保护法》第 14 条：消费者在购买、使用商品和接受服务时，享有人格尊严、民族风俗习惯得到尊重的权利，享有个人信息依法得到保护的权利。

　　❷ 《消费者权益保护法》第 29 条：经营者收集、使用消费者个人信息，应当遵循合法、正当、必要的原则，明示收集、使用信息的目的、方式和范围，并经消费者同意。经营者收集、使用消费者个人信息，应当公开其收集、使用规则，不得违反法律、法规的规定和双方的约定收集、使用信息。经营者及其工作人员对收集的消费者个人信息必须严格保密，不得泄露、出售或者非法向他人提供。经营者应当采取技术措施和其他必要措施，确保信息安全，防止消费者个人信息泄露、丢失。在发生或者可能发生信息泄露、丢失的情况时，应当立即采取补救措施。经营者未经消费者同意或者请求，或者消费者明确表示拒绝的，不得向其发送商业性信息。

　　❸ 《消费者权益保护法》第 50 条：经营者侵害消费者的人格尊严、侵犯消费者人身自由或者侵害消费者个人信息依法得到保护的权利的，应当停止侵害、恢复名誉、消除影响、赔礼道歉，并赔偿损失。

　　❹ 《网络安全法》第 22 条第 2 ~ 3 款：网络产品、服务的提供者应当为其产品、服务持续提供安全维护；在规定或者当事人约定的期限内，不得终止提供安全维护。

　　网络产品、服务具有收集用户信息功能的，其提供者应当向用户明示并取得同意；涉及用户个人信息的，还应当遵守本法和有关法律、行政法规关于个人信息保护的规定。

　　❺ 《网络安全法》第 41 条：网络运营者收集、使用个人信息，应当遵循合法、正当、必要的原则，公开收集、使用规则，明示收集、使用信息的目的、方式和范围，并经被收集者同意。

　　网络运营者不得收集与其提供的服务无关的个人信息，不得违反法律、行政法规的规定和双方的约定收集、使用个人信息，并应当依照法律、行政法规的规定和与用户的约定，处理其保存的个人信息。

　　《网络安全法》第 42 条：网络运营者不得泄露、篡改、毁损其收集的个人信息；未经被收集者同意，不得向他人提供个人信息。但是，经过处理无法识别特定个人且不能复原的除外。

　　网络运营者应当采取技术措施和其他必要措施，确保其收集的个人信息安全，防止信息泄露、毁损、丢失。在发生或者可能发生个人信息泄露、毁损、丢失的情况时，应当立即采取补救措施，按照规定及时告知用户并向有关主管部门报告。

　　《网络安全法》第 43 条：个人发现网络运营者违反法律、行政法规的规定或者双方的约定收集、使用其个人信息的，有权要求网络运营者删除其个人信息；发现网络运营者收集、存储的其个人信息有错误的，有权要求网络运营者予以更正。网络运营者应当采取措施予以删除或者更正。

比之下，对网络产品、服务提供者的规定要少于对网络运营者的规定，除了向用户明示并取得同意以及遵守法律法规的要求外，对网络运营者还规定了收集、使用个人信息的正当、必要原则，公开收集和使用个人信息的规则，确保用户个人信息安全等要求，以及一些禁止性规定，例如，不得收集与其提供的服务无关的个人信息，不得违反法律法规的规定和双方的约定收集和使用个人信息，不得泄露、篡改、毁损收集的个人信息，未经被收集者同意不得向他人提供个人信息等。第44条明确禁止任何组织和个人非法获取、出售、提供个人信息。第64条规定了网络运营者、网络产品或者服务的提供者违反以上规定的责任，主要是一种行政责任。分析上述规定，相比于该法第76条中对于"网络运营者"的定义❶，手机应用软件的提供者应当更符合"网络产品、服务的提供者"的定义，对其仅规定收集用户信息应向用户明示并取得同意的要求似乎不能完全规制不正当获取手机权限的行为，例如手机应用软件明示且经过用户同意获取一项与该软件运行和使用毫无关联的权限，并达到一些与该软件运行和使用毫无关联的目的。

最后，我国《刑法》第253条之一对非法出售、提供、获取公民个人信息的刑事责任进行了规定："违反国家有关规定，向他人出售或者提供公民个人信息，情节严重的，处三年以下有期徒刑或者拘役，并处或者单处罚金；情节特别严重的，处三年以上七年以下有期徒刑，并处罚金。违反国家有关规定，将在履行职责或者提供服务过程中获得的公民个人信息，出售或者提供给他人的，依照前款的规定从重处罚。窃取或者以其他方法非法获取公民个人信息的，依照第一款的规定处罚。单位犯前三款罪的，对单位判处罚金，并对其直接负责的主管人员和其他直接责任人员，依照各该款的规定处罚。"《最高人民法院、最高人民检察院关于办理侵犯公民个人信息刑事案件适用法律若干问题的解释》则对上述法条中的"公民个人信息""违反国家有关规定""提供公民个人信息""以其他方法非法获取公民个人信息""情节严重"等措辞进行详细的解释。从中可以看出，刑事入罪门槛较高，要求信息用于实施犯罪、信息达到一定数量或违法所得达到一定金额等。另外，刑事责任应仅适用于严重破坏公共秩序、造成恶劣社会影响的情形。因为《刑法》作为"最后

---

❶ 《网络安全法》第76条第3款：本法下列用语的含义：……（三）网络运营者，是指网络的所有者、管理者和网络服务提供者。

法"应当保持一定的谦抑性，也不宜用来直接规制一般违规行为，而是在相关行为严重侵犯社会、个人利益时才进行规范。因此，手机应用软件不正当获取手机权限的行为一般不依据《刑法》进行规制。

（二）法规、规章规定

2016 年，由国家互联网信息办公室发布的《移动互联网应用程序信息服务管理规定》首次在较高层级上专门对互联网应用程序的管理进行规定。其第 3 条规定了由互联网信息办公室负责移动互联网应用程序信息内容的监督管理执法工作。第 7 条规定了移动互联网应用程序提供者的信息安全管理责任，包括用户真实身份认证，收集使用用户个人信息的合法、正当、必要等原则，以及明示收集使用信息的目的、方式和范围并经用户同意等要求。其中第 4 项明确提出："依法保障用户在安装或使用过程中的知情权和选择权，未向用户明示并经用户同意，不得开启收集地理位置、读取通讯录、使用摄像头、启用录音等功能，不得开启与服务无关的功能，不得捆绑安装无关应用程序。"该项规定与手机应用软件不正当获取手机权限的行为有较为准确的对接。但是如何定义"与服务无关"、以什么程度为准存在较大的模糊性，还需要一个更加细化且明确的标准。遗憾的是，《移动互联网应用程序信息服务管理规定》没有对应用程序提供者违反上述规定的责任进行明确，仅在第 8 条中规定由互联网应用商店服务提供者对应用程序提供者履行管理责任，视情况采取警示、暂停发布、下架应用程序等措施。但在实践中可能由于种种原因，应用商店难以及时履行或怠于履行这种管理责任，相对于国家监管部门也缺乏一定的权威性。

同年，工业和信息化部发布的《暂行规定》对应用软件的预置和分发行为作了相关规定，其中也包括对用户个人信息的保护。其第 5 条规定了生产企业和互联网信息服务提供者应依法依规提供移动智能终端应用软件，切实保护用户合法权益，如维护用户的知情权和选择权、未经明示且用户同意不得使用手机用户个人信息、开启软件、捆绑其他软件等；同时生产企业应提示销售中的安装行为，不得擅自安装软件等。其中第 2 项明确规定："生产企业和互联网信息服务提供者所提供移动智能终端应用软件不得调用与所提供服务无关的终端功能、违法发送商业性电子信息……"这也是对手机应用软件不正当开启手机权限的禁止规定，但比较粗略。

（三）行业规范及其他文件

2013 年，我国首个个人信息保护国家标准——《信息安全技术公共及商用服务信息系统个人信息保护指南》（GB/Z 28828—2012）由国家质量监督检验检疫总局和国家标准化管理委员会发布。这是国家标准化指导性技术文件，属于行业标准。该指南规范了全部或部分通过信息系统进行个人信息处理的过程，为信息系统中个人信息处理不同阶段的个人信息保护提供指导。其中详细规定了"个人信息""明示同意"等术语的含义以及个人信息保护的原则，特别是针对个人信息处理过程的收集、加工、转移、删除四个主要环节分阶段对个人信息的保护进行详细的规定。该标准可为个人信息保护的程度和范围提供参考，但无法律效力。

2017 年，全国信息安全标准化技术委员会组织制定和归口管理的国家标准《信息安全技术个人信息安全规范》（GB/T 35273—2017）正式发布。该规范对市场上比较集中的几类违反个人信息保护原则的现象如过度收集用户个人信息、强制授权、"一揽子授权"等突出问题提出了相应的合规标准。如在第5 条"个人信息的收集"中，明确规定了收集个人信息的合法性要求、收集个人信息的最小化要求、收集个人信息时的授权同意、征得授权同意的例外、收集个人敏感信息时的明示同意等。这也使一些手机应用软件无法再将所有服务和业务功能捆绑在一起，通过强迫用户一次性同意授权各项业务功能收集多种个人信息，来变相达到符合个人信息收集、使用"明示" ＋ "同意"的原则性要求。

2019 年，公安部网络安全保卫局、北京网络行业协会、公安部第三研究所联合发布《互联网个人信息安全保护指南》。它与上述《信息安全技术个人信息安全规范》不同，是公安机关在总结大量真实执法案例基础之上制定的、作为未来侦办侵犯公民个人信息网络犯罪案件和执法监督管理实践的指导性文件，代表着具有更强执法权的公安机关对法律的理解和执法尺度。在个人信息收集方面，类似地规定了不得捆绑功能强制收集信息，不得大规模处理我国公民的种族、民族、政治观点、宗教信仰等敏感数据，以及收集个人信息须进行安全检测和过滤。在个人信息的保存方面，将应当加密存储的范围扩大至收集到的所有个人信息。在个人信息的应用方面，完全依靠自动化处理的用户画像技术应用于搜索结果排序、定向投放广告等增值应用时，可事先不经过用户的明确授权。个人信息的展示应当进行去标识化处理。在个人信息的删除方面，应当防止通过技术手段恢复已删除的个人信息。

同年，中央网信办、工信部、公安部、市场监管总局四部门联合发布《中央网信办、工业和信息化部、公安部、市场监管总局关于开展 App 违法违规收集使用个人信息专项治理的公告》。为落实相关部署，受四部门委托，全国信息安全标准化技术委员会、中国消费者协会、中国互联网协会、中国网络空间安全协会成立 App 违法违规收集使用个人信息专项治理工作组，并编制《App 违法违规收集使用个人信息自评估指南》。在隐私政策方面，主要评估隐私政策的独立性、易读性，是否清晰说明各项业务功能及其所对应收集的个人信息类型以及个人信息处理规则等，是否规定免除自身责任或排除用户主要权利等不合理条款。在 App 收集使用个人信息行为方面，主要评估是否明示收集目的、方式、范围等，是否经用户自主选择同意及是否存在要求用户一揽子同意的情形，收集信息是否满足必要性要求。在 App 运营者对用户权利的保障方面，主要评估是否提供用户注销账号、更正或删除个人信息的途径，用户注销账号后是否及时删除其个人信息或进行匿名化处理等。但与上述规定相比，该自评估指南主要供 App 运营者参照并对其收集使用个人信息的情况进行自查自纠，并无强制效力。

（四）小结

目前我国在法律层面还没有具体提到手机应用软件不正当获取手机权限的行为以及对该种行为的规制，而主要在个人信息保护这一上位层面进行一系列规定，并且涉及民事、行政以及刑事三个方面的责任，可以说这也反映了我国对个人信息保护的日益重视。需要指出的是，这些保护规定还较为笼统，大多是原则性的规定，例如收集、使用个人信息的合法、正当、必要原则以及收集、使用个人信息应当明示并经过同意，这些内容在各法律法规中都有涉及，但还需进一步细化，如出台相关解释等，而有关具体案件中的法律适用也有待进一步释明。

而在法规、规章层面上，对于个人信息的保护规定则较为细致，特别是有专门针对手机应用软件方面的规定。从中可以看出，在责任方面采取的是警示、暂停发布、下架应用程序等措施，属于行政责任，那么这就要求监管部门要有较强的监督和执行能力。同时，相比于应用软件提供者给用户带来的侵害，这些责任较轻，不足以形成威慑力，不能解决用户信息被非法收集和使用的问题，不能挽回和弥补用户的损失。另外，按照规定，负责移动互联网应用程序信息内容的监督管理执法工作的国家互联网信息办公室，作为国务院办事机构❶，从行政法理论上来说，本身不具有独立的行政管理职能，不具有行政主体资格，那么其颁布的规定效力能达到何种层面，其执行又能操作到何种程度，都令人质疑。

从有关部门监管方面的规定来看，在《网络安全法》和《移动互联网应用程序信息服务管理规定》中均规定了国家互联网信息办公室的监督管理地位，而国务院电信主管部门、公安部门和其他有关机关则"在各自职责范围内负责网络安全保护和监督管理工作"，这样的规定令人疑惑它们的职责范围划分是否清晰？由这样多个部门参与监管工作是否会造成混乱和资源的浪费？

那么消费者被动维权的情况又如何呢？在前不久江苏省消费者权益保护委员会诉百度公司案中，江苏省消费者权益保护委员会根据消费者投诉调查发现，"手机百度"和"百度浏览器"两款手机应用软件在未取得用户同意且未告知其所获取的各种权限及目的的情况下，以设置默认勾选方式获取诸如"监听电话、定位、读取短彩信、读取联系人、修改系统设置"等权限。江苏省消费者权益保护委员会认为，作为搜索及浏览器类应用软件，上述权限并非提供正常服务所必需，已超出合理范围，于是向北京百度网讯科技有限公司（以下简称"百度公司"）发送《关于手机应用程序获取权限问题的调查函》，要求其派员前来接受约谈。但百度公司仅书面对问题作了简单说明，回应称百度 App 不会也没有能力监听电话，而百度 App 所涉及敏感权限均需用户授权，且用户可自由关闭，并将权限通知及选择等义务推卸给手机操作系统，消极应对江苏省消费者权益保护委员会调查。在江苏省消费者权益保护委员会向南京市中级人民法院提起民事诉讼、请求法院依法判决百度公司停止其相关侵权行为之后，百度公司才开始主动与江苏省消费者权益保护委员会联系，多次派员工沟通汇报整改方案制定及软件升级改造情况，最后提交正式整改方案，从取消不必要敏感权限、增设权限使用提示框、增设专门模块供权限选择、优化隐私政策等方面对软件进行升级。最终江苏省消费者权益保护委员会考虑到百度公司整改行为已基本体现出互联网领军企业应有的责任，可以保障消费者个人信息安全，提起消费民事公益诉讼的目的已经达到，本着节约诉讼成本和司法

---

❶ 中国政府网. 国务院组织机构［EB/OL］.［2018 - 12 - 12］. http：//www. gov. cn/guowuyuan/zuzhi. htm.

资源的原则，依法向南京市中级人民法院撤回起诉。

可见，面对庞大的网络企业，消费者只知晓且只能通过消费者权益保护的组织进行维权。然而，面对江苏省消费者权益保护委员会的调查和约谈，百度公司一开始似乎并不在意，直至被诉至法院才开始积极整改，可见没有有权机构监督管理就无法对其形成足够的威慑。而应用程序对用户个人信息的侵害又往往具有隐蔽性，其中的具体操作和利益往来往往只有应用程序提供方知晓。仅靠消费者意识到并向消费者协会申请维权这一事后监督的方式不利于个人信息保护。毕竟从技术层面来说，完全可以使用户手机中的信息皆在其掌控之中，而这些信息被用作何种用途亦是在其把控之下，即便被用在不合法、不必要的范围内，他人也很难知晓。对于大多数消费者来说，甚至都无法意识到自己的个人信息是否被非法收集利用。基于这个事实，要切实保护公民信息在这个"大数据"时代不被非法侵犯，专业人员的监控和判断以及明确的监管执行部门尤为重要。

二、国际经验

在个人信息的保护以及对互联网行业的规范方面，欧美国家无疑走在世界前列。下面将列举和分析欧美国家与个人信息保护及应用程序规范的相关法律和判例，从中借鉴经验，以探讨中国应如何对手机应用软件不正当获取手机权限行为进行更为有效可行的规制。

（一）美国

1. 《应用程序之隐私保护和安全法案》以及美国联邦贸易委员会

美国是世界上最早提出并通过法规对隐私权予以保护的国家，在 1974 年通过《隐私法案》（Privacy Act），1986 年颁布《电子通讯隐私法案》（Electronic Communications Privacy Act，ECPA），1988 年制定了《计算机匹配与隐私权法》（The Computer Matching and Privacy Protection Act）及《儿童网上隐私权保护法》（Children's Online Privacy Protection Act）。

美国于 2016 年颁布的《应用程序之隐私保护和安全法案》（Application-Privacy，Protection Security Act）是美国第一部全国性的专门规范手机应用软件收集用户隐私信息的法案。该法案旨在提高移动应用程序收集与处理数据的透明度，加强用户控制，并增强这些数据的安全性。

该法案第二节（section 2）对手机应用软件的透明度、用户控制和安全作了详细规定。其中，（a）项规定，在移动应用程序收集关于应用程序的用户的个人数据之前，应用程序的开发者应向用户提供个人数据的收集、使用、存储和共享的条款的通知，并获得用户对此类条款和条件的同意。这种通知应当包括将收集的个人数据的类别、个人资料将被使用的目的类别、个人资料将被分享的第三方的类别、个人数据将被存储的长度和条件等内容。相对于我国"通知并获取用户同意"的类似规定，这里对通知应当包含的内容展开了详细的列举，提高了针对性，增强规定可行性的同时也增强了对用户个人信息的保护。

（b）项规定了手机应用程序应当为用户提供一个退出机制，允许用户在打算停止使用某应用程序时，通知该应用程序的开发者停止进一步收集通过该应用程序获得的个人数据，并由用户选择是否在可行的范围内删除应用程序收集后开发者存储的任何个人数据，或禁止进一步使用或共享这些数据。从我国现有规定和应用软件行业规范上来说，这种退出机制是从未有过的，从信息保护层面来说值得研究、借鉴。

（c）项规定了个人数据和非识别性数据的安全："移动应用程序的开发者应采取合理和适当的措施，防止未经授权访问该应用程序收集的个人数据和非识别性数据。"

值得注意的是，该法案还有一个强有力的执行机构——美国联邦贸易委员会（Federal Trade Commission，FTC），能够使该法案的相关规定得到切实执行，避免使该法案成为纸面上的法律。该法案第三节（section 3）（b）项明确规定，该法案由美国联邦贸易委员会执行："（1）不公平或欺骗性的行为。违反本法或根据本法颁布的规章应被视为违反联邦贸易委员会法关于不公平或欺骗行为的第18（a）（1）（B）条规定的行为。（2）委员会的权力。委员会应以同样的方式，以同样的手段，以同样的权力和义务，实施本法和根据本法颁布的条例，如同《联邦贸易委员会法》的所有适用条款和条款都被纳入该法并作为该法的一部分。任何人违反本法或根据本法颁布的规定，应受到处罚，并有权享有《联邦贸易委员会法》规定的特权和豁免。"

美国联邦贸易委员会是执行多种反托拉斯和保护消费者法律的联邦机构，其目的是确保国家市场行为具有竞争性，且繁荣、高效地发展，不受不合理的约束，同时也通过消除不合理的和欺骗性的条例或规章来确保和促进市场运营

的顺畅。❶

FTC 为保护消费者隐私、促进数据安全而履行的职责有：两年一次的外部专家评估、对消费者的金钱救济、追缴非法所得，删除非法获取的消费者信息，为消费者提供高透明度的揭露和选择机制。违反特定关于隐私的法规（如《儿童网络隐私保护法案》（the Children's Online Privacy Protection Act）、《公平信用报告法案》（the Fair Credit Reporting Act）、《电话营销销售规则》（the Telemarketing Sales Rule）等）时，有权对违法者处以罚金。

FTC 进行了超过 500 起保护消费者个人信息的相关执法活动，涉及众多著名企业如谷歌（Google）、脸书（Facebook）、推特（Twitter）以及微软（Microsoft）。通过接受消费者的投诉进行调查，向相关企业发出声明，以监督改正企业的不当行为。

例如，共享出行优步公司（Uber Technologies Inc.）未经提示密切监视消费者和司机的数据，公司员工不正当获取了消费者数据。FTC 接到投诉进行调查，优步公司称其有严格的政策禁止员工获取乘客和司机数据，除非在有限的合法商业目的内，员工才能密切持续进行数据监视。2014 年 12 月，优步公司开发了一个自动化系统监视员工获取用户个人信息的行为，一年之后停用。FTC 接到投诉指控优步公司其后 9 个月的监控失职行为。之后双方达成协议，优步公司同意执行全面的隐私保护计划，并接受常规的外部审计。❷

2. 加利福尼亚州的隐私保护建议书

在加利福尼亚州司法部长（Attorney General）发布的《隐私保护在路上——手机生态系统建议书》（Privacy on the GO—Recommendation for the Mobile Ecosystem）中，对涉及个人信息保护的各方主体提出相应的建议。需要注意的是，该建议书并没有法律效力，其主要内容还是鼓励行业自主规范。

（1）应用软件开发者

鼓励软件开发者在设计时考虑隐私问题。从一开始就给出数据清单，列出应用软件可能收集的个人信息（可认证身份的信息，personal identifiable data），并严格遵守。清单应说明信息收集的必要性，如何使用收集来的信息，数据存储的必要性、存储时间，是否和第三方分享，第三方如何使用等内容，

---

❶　资料来自美国联邦贸易委员会《2017 年隐私与数据安全保护工作报告》（Privacy and data security update：2017）。

❷　其他案例见附录四。

并明确机构内谁能接触用户信息、软件是否面向 13 岁以下的儿童、要请求开启什么权限、如何向用户申请授权等。

禁止或限制收集应用软件基本功能不需要的个人信息；不留存可识别个人的信息，不超时存储（及时删除）；进行风险监督，确保责任到位。

制定并向用户和潜在用户提供明白、准确、明示可见的隐私政策，在其中详细描述个人信息的收集、使用、分享、披露、留存方面的信息，并给出维权途径。对一般隐私政策辅以一定的强化手段——特别提示或者简短的隐私声明来提示用户可能无法预期的数据操作，并允许用户在涉及无关应用基本功能的信息或敏感信息时进行有效选择是否授权。

（2）应用软件平台提供者

应用软件平台提供者应制定在平台可查知的应用软件隐私政策，使用户在下载应用软件之前可以浏览，以及利用平台向用户传播手机隐私相关的知识。

（3）移动网络广告商

移动网络广告商应尽量避免在应用软件环境之外发布广告，如通过修改浏览器设定或在手机桌面新创图标来显现的广告。还应制定隐私政策，并向通过自己网络投放目标广告的广告开发商提供该政策。

（4）操作系统开发商

操作系统开发商应开发允许用户通过软件控制数据和设备特征的全球隐私保护设定；与手机厂商或其他合适方合作，定期修复系统安全漏洞；与设备制造商和手机厂商共同制定隐私信息控制的交互平台标准，设计能显现出特别隐私提示和隐私标识的方式；向软件开发者提供能综合评估数据的收集、使用和传播过程的手段。

（5）手机厂商

利用和手机用户的持续关系，向他们传播手机隐私知识，特别是涉及儿童隐私问题；鼓励用户在下载应用软件之前了解该软件的隐私政策，在下载应用软件之后寻求隐私保护和隐私控制。

该建议书比美国联邦政府发布的《应用程序之隐私保护和安全法案》要详尽得多，建议内容也比法案的规定更加严格，但是由于其没有法律效力，其约束力如何还需进一步观望。不过，其相关内容仍具有一定的借鉴和参考价值。

（二）欧盟

1. 《通用数据保护条例》

欧洲对于个人数据的保护也起步较早。1970 年德国黑森州制定的《黑森州数据法》是世界上第一部专门性个人数据保护法；1973 年瑞典颁布的《瑞典数据法》是世界上首部全国性的个人数据保护法；1977 年，德国也制定了全国性的《联邦数据保护法》；1978 年，法国通过《信息、档案与自由法》；1984 年，英国也在争议中通过《英国数据保护法》；2018 年 2 月，爱尔兰正式发布《2018 年数据保护法案》。❶

上述立法对于欧洲的数据保护立法产生了广泛而深远的影响。1995 年，欧盟通过了《个人数据保护指令》，针对个人数据采取统一立法模式。2018 年 5 月 25 日，欧盟的《通用数据保护条例》（General Data Protection Regulation，GDPR）正式生效，它也被称为史上最严的数据保护立法。

GDPR 特别重视数据主体即个人的权利，在个人数据的定义以及使用方式上相对以往的立法都有很大变化。首先，应当受到保护的个人数据更加宽泛，除了姓名、地址、电话、邮箱、身份证件号码等数据外，生物信息如医疗健康信息和指纹、宗教信仰、政治观点、性取向等信息都被纳入应受保护的个人数据之列。

其次，数据保护的应用地域范围扩大，不论公司是否位于欧盟境内，只要其业务涉及欧盟居民个人数据，就必须遵守欧盟条例。这项条款主要是针对跨国公司，防止其利用欧盟内外立法严格程度的差异而逃避监管。因此，以谷歌、亚马逊、脸书、苹果为代表的美国网络巨头在欧盟的运营势必受到更加严格的监管，同时有志于在欧洲发展业务的中国网络公司也将面临更严格的要求。

再次，对于用户权利的多重保障，GDPR 特别强调了网络用户的知情权和同意权。网络公司必须用易于理解的语言向用户清楚说明数据使用的内容，并明确征求用户的同意。特别需要注意的是，用户授权公司使用其个人数据并不意味着用户权利的终结，用户在授权后仍然拥有撤回同意的权利、销毁数据的权利（被遗忘权）以及迁移数据至其他服务商的权利。GDPR 还规定网络公司收集和使用个人数据必须遵循"绝对必要"即"最小化"原则，同时强化数

---

❶ 张新宝. 从隐私到个人信息：利益再衡量的理论与制度安排 [J]. 中国法学, 2015 (3)：38 – 59.

据的保护，避免出现泄露。

最后，侵犯个人数据将受到欧盟的严厉惩罚。对一般的数据违法行为，最高可处以 1000 万欧元或上一年度全球营业收入 2% 的处罚；而对严重的数据违法行为，惩罚可能翻倍；如果涉及犯罪，还会被追究刑事责任。欧盟规定如此严厉的处罚，显然也是针对财大气粗的跨国互联网巨头，以达到足以震慑的目的。

（三）小结

从欧美的相关立法和规定中我们可以看到许多值得借鉴的地方。

一是对个人信息的保护更加详细具体。例如，对于收集和使用用户个人信息应向用户明示并经用户同意的类似规定，欧美立法中还明确了这种"明示"的内容应当包括将收集的个人数据的类别、个人资料将被使用的目的类别、个人资料将被分享的第三方的类别、个人数据将被存储的长度和条件等内容。又如，对于不得收集、使用与应用软件功能无关的个人信息，不得开启与应用软件运行无关的手机权限，欧盟立法中使用的是"绝对必要"一词，即"最小化"原则。

二是对个人信息的保护明确涉及和分配到各个主体，如应用软件开发者、应用软件平台提供者、操作系统开发商、手机厂商等。在个人信息的收集、存储、使用等多个环节，通过多个主体相互配合，使用户和消费者的个人信息得到更全面的保护。

三是设立用户的退出机制。我国规定大多聚焦于用户的授权与同意，但在欧美立法中，这并不是个人信息保护的终点。用户的退出机制使用户有权在停止使用应用软件后要求应用软件提供者或开发商停止收集、使用、共享其个人信息并删除已存储的个人信息。这就可以从源头上防止应用软件提供者或开发商对个人信息进一步的不当使用和泄露。

四是规定了明确的监管部门。例如，从美国涉及手机应用软件不正当开启手机权限、不正当收集和使用个人信息的多个案件中可以看到，代表国家提起诉讼的都是美国联邦贸易委员会，这是唯一而明确的监管部门。相比之下，中国网信部门、电信主管部门、公安部门等一系列单位在监管中权责较为模糊，用户和消费者所求助的消费者权益保护协会也不具有实权和威慑力。

五是具有足够震慑力的处罚措施。虽然中国侵害个人信息的行为规定了相应的民事责任、刑事责任和行政责任，但大部分情形下刑事责任难以适用；停止侵害、恢复名誉、消除影响、赔礼道歉、赔偿损失等民事责任以及警示、暂停发布、下架应用程序等行政责任似乎对一些财大气粗的互联网企业没有足够的震慑力。以巨额罚金给企业画出一条触及个人信息警戒线，在中国是否可行，还需进一步探讨。

第四节　规制建议

在目前的技术设计上，手机权限的关注点是应用软件获得用户信息的正当性；而立法关注的远不止于此，除了收集行为，还包括使用、分享、披露、留存、删除等对个人数据处分行为的规范性和正当性。当前应用软件收集个人敏感信息的正当性来自用户授予权限的行为，而对于收集到的数据进行处理、处置等方面行为的规范则更依赖于应用软件运用方监督机构的监督检查以及自我规范，在这些方面监督的有力程度还远不及我们的期待。未来的数据安全监管无疑将朝着更加严格的方向发展，一系列技术上、法律规范上的制度仍然有待进一步构建。

根据上述对手机应用软件不正当获取手机权限的现状以及现行规定分析，对手机应用软件获取手机权限的行为进行管理和规制具有极强的现实必要性和合理性。对手机应用软件获取手机权限的行为进行管理和规制应借鉴欧美经验，结合我国的现实状况，多管齐下，综合治理。

一、法律方面

法律作为国家效力最高的规定性文件，具有固定性和强制性，不可能也没必要对社会生活中的方方面面都进行特别详细和精确的规定。对于手机应用软件获取手机权限的行为，笔者认为，可以就现有法律中对于个人信息保护的规定进一步细化，作为规制该行为的有效路径之一。同时，结合相关司法解释、法规、规章、行业规范，与这些规定进行对接，使其成为司法实践中法律适用的依据。

二、法规和规章方面

虽然目前我国已经出台针对手机应用软件的相关规定，但还应依据现实情况，不断具体化、细化对于获取权限这方面的规制。首要的目标如下。

1. 明确统一而有力的监管部门

如前文所述，我国现有相关规定中，网信部门、电信主管部门、公安部门等虽均有涉及，但权责分工较为模糊，现实可行性较差，反而起不到良好的监管效果。可以借鉴美国经验，在法规甚至更高层级的法律中，明确网信部门在规制手机应用软件不正当获取手机权限行为方面的监管地位，并详细说明其权力和责任，如调查、处罚等。当然这里主要涉及的是行政违法方面。若不正当获取手机权限行为还涉及违反其他法律范畴，如刑事犯罪和民事侵权，则可以由相应的部门参与。

2. 加强责任规定，特别是提高责任的威慑力

虽然我国目前针对侵害用户个人信息和个人隐私的行为从刑事、民事、行政三个方面均进行规制，但是由于一般不易构罪，用户又处于弱势地位，行政责任是最主要的规制手段。与欧美国家相比，我国的责任规定仍需加强：一是需要提高监管部门的权威性，如前文所述，可以通过在更高层级的法律法规中明确其地位和权责，提高权威性；二是增强违法责任的威慑力，除警告、下架应用软件之外，还应大幅提高处罚金额，这样才能对一些财大气粗的企业达到威慑效果。

3. 明确各主体对获取手机权限的义务和责任，分工配合，使对用户和消费者的保护覆盖全过程

仅有事后的处罚显然是治标不治本的做法，通过营造良好有序的行业环境，只有切断不正当行为的源头，才能更好地保护用户和消费者的利益。因此可以借鉴欧美国家的做法，将法规、规章的目光投射至整个产业链条上，明确应用软件开发者、应用软件平台提供者、操作系统开发商、手机厂商等各主体对获取手机权限的义务和责任，分工配合，保障达到保护用户和消费者的个人信息和隐私的最终目的。

三、行业规范方面

在行业规范方面，由于规范不具有国家强制性效力，主要依赖于行业自律，规则一般更为详细和严格。可以专门出台有关手机应用软件获取手机权限的规则，在符合法律、法规对于收集用户隐私信息的明确、必要、经用户同意授权等原则的基础上，进行进一步细化规定。例如，①安卓系统翻译语言应规

范化、询问应亲民化，使用户更加明白自己被授予何种权限；②系统询问以权限组进行，并在必要时说明其下的单项权限，给予适当解释；③应鼓励应用软件自身对其所需要的权限在用户易察觉的地方进行解释，说明收集行为的正当性，给用户充分的知情权和决定自由。

第五节　结语

目前我国手机厂商利用的大多是谷歌公司的安全系统。安卓官方推特在2019年伊始曾表明谷歌公司将在2019年第三季度向中国厂商进行收费。2005年，谷歌公司开始收购安卓团队，2012年签订协议约定免费给中国手机厂商5年使用权。时至今日，该免费使用权本该过期，但是谷歌公司仍然未对中国厂商进行收费。有传闻说谷歌公司正在开发一个新的系统，该系统可以全面取代安卓系统并且性能更佳，并即将放弃安卓系统。这可能意味着安卓系统快要走向终结。也有依据表明，现在国内厂商也正在积极开发自己独立的系统。在这个手机系统不断优化的时代，越发注重用户个人信息保护是一个必然的保护趋势。国内外厂商在进行系统开发时也应紧跟时代的步伐，按照法律的要求，设计出更安全、更利于保护公民个人信息的系统。

在对相关行为监管和规范方面，政府和司法机构也应切实加强管控力、执行力。应用软件获取的不仅是权限，更重要的是数据。而数据不仅包含公民个人信息，也可能蕴含商业秘密，甚至影响一国政治。数据监管不仅需要法律、法规的完善，人力的积极参与，更需要技术监管。只有技术才能真正与技术对抗，只有了解技术才能监控技术，才能真正知道应该从何处进行监控与管理。关于数据安全法律的制定，将需要相关技术人员更为积极地参与进来，无法脱离行业规范。数据相关行为的规范与治理，依然任重道远。

第六章　移动应用软件相互唤醒问题研究

第一节　技术原理解析

一、相互唤醒动机分析

应用软件相互唤醒也被称为"关联启动"或"链式启动"，是在国内安卓系统手机应用软件中十分常见的一种现象。具体来说，就是当用户打开一款应用软件时，通过安卓系统自身的广播机制，用户的这一行为会生成一条"广播"，其他应用软件在收到这条广播后，也会被唤醒。这里的被唤醒和一般我们在使用手机时启动一个应用软件有所不同，后者所说的"启动"会有具体的应用界面出现，而前者是使应用软件的部分进程留驻系统后台，用户不会看到具体的应用软件界面。因此，应用软件相互唤醒的情况用户大多并不知情。

相互唤醒的情形常见于同一公司旗下或具有一定关联关系的应用软件之间，典型的如我们常说的"BAT全家桶"。当用户启动手机淘宝应用时，其他的"阿里系"应用软件就可能被唤醒，如支付宝。但笔者通过调查发现，应用软件间的相互唤醒并不限于上述情形，很多没有任何关联的应用软件见也经常出现相互唤醒的情况，如图6-1-1所示。

软件要搞清楚移动应用软件相互唤醒的技术原理，首先要解决一个问题：相互唤醒导致大量应用软件留驻手机后台，造成耗电量增加，严重降低系统运行的流畅性，既然如此，应用软件开发者是出于何种目的要为应用软件增加相互唤醒的功能呢？这是笔者研究的出发点。

（a）　　　　　　　　　　　　（b）

图 6 - 1 - 1　有关联应用软件和无关联应用软件均存在相互唤醒的情形

经过调查笔者发现，应用软件相互唤醒的动机有可能包括以下几个方面：第一，应用软件的后台留驻率及留驻时间是考察一款应用软件市场绩效的重要指标之一，因此开发者通过相互唤醒的方式来提高应用软件的后台留驻率和留驻时间，进而获得更好的市场绩效数据；第二，应用软件在留驻后台的过程中可以收集用户的相关信息乃至竞争对手软件的运行数据，以此来获得在市场竞争中的优势。但这两个原因很大程度上是来自于一些媒体和分析机构的推测，并没有确凿的证据表明应用软件开发者是基于以上两种目的。至于应用软件被唤醒后进行的一些不合理的后台活动，如收集用户信息等，缺乏确凿的证据证明，同时应用软件进行这些后台活动也往往需要用户赋予其相关权限。

还有一个更重要的原因比较容易被忽视，但无疑是移动应用软件相互唤醒最为直接的动机，即提高消息推送的成功率。为了验证这一推断的正确性，笔者询问了该领域内的一些专业人士。❶ 其中，中国信息通信研究院吴荻博士表示："市场上的一些 App 有互拉机制，因为只有后台保活，才能收到推送，App 才能继续运营。这件事的思路是这样的。因为国内无统一的安卓推送通道，App 只能自建通道，通过 push 长链接保活，收推送消息。各种 App 通过各种技术手段进行保活、互拉。"另有从事应用软件开发工作的技术人员也作出类似的说明："……主要就是为了自己程序不被安卓系统杀死，这样才能保持推送服务，才能给你实时推送信息，还有可能实时获取你的信息。"

消息推送是指手机通知栏中弹出式的消息提醒，随着移动互联网的飞速发

---

❶　针对应用软件相互唤醒的问题，笔者向中国信息通信研究院吴荻博士和一些从事应用软件开发工作的技术人员进行咨询。

展，推送消息成为移动终端上的应用软件触达用户的重要手段，也演变为和短信一样提醒和通知用户的重要方式。比如，微信的消息通知、地图软件的路况提醒、新闻软件的即时新闻以及购物软件的促销信息都是通过消息推送这一途径来实现的。由于一些特殊的原因，国内的安卓系统没有建立完善的推送机制，使应用软件为了获得推送消息必须常驻后台。也就是说，如果应用软件留驻后台被系统或者用户主动限制，那么该应用软件就无法收到相应的推送消息。然而，安卓系统手机为了保证系统运行的流畅性，系统会定期"杀死"长时间留驻后台的应用，用户也能通过一些系统清理工具主动关闭长时间留驻后台的应用。因此，为了提高消息推送的成功率，应用软件采用"抱团取暖"的方法，即开启一个应用软件，就会有其他很多应用软件在后台被唤醒，以此来保证尽可能多的应用软件在后台留驻尽可能长的时间，从而实现消息的有效推送。

二、相互唤醒问题的特殊性分析

笔者通过检索发现，应用软件相互唤醒的问题主要出现在国内安卓系统手机应用软件中，而这一问题在国外安卓系统手机应用软件中并不明显，在苹果手机应用软件中完全不存在。有网友曾进行的一项实验也验证了这一结论。该实验中，实验者分别选取国内和国外使用率最高的 16 款安卓应用软件在同一款手机上进行安装，来比对安装后的手机的运行状况。结果显示，安装 16 款国外常用应用软件的手机的耗电情况和运行速度并无明显变化，而安装 16 款国内常用应用软件的手机的电池消耗大幅增加和运行速度大幅下降。其中，16款国外应用软件并无明显的相互唤醒行为，而 16 款国内应用软件出现了严重的相互唤醒的情况。❶ 前文中提到，应用相互唤醒的主要动机是保障消息推送的成功率，因此要搞清楚相互唤醒问题主要出现在国内的安卓应用软件当中的原因，需要从苹果手机与国外安卓手机消息推送机制、国内安卓手机消息推送机制的区别入手。

（一）苹果手机与国外安卓手机的消息推送机制

苹果手机、国外安卓手机的消息推送机制与国内安卓手机的消息推送机制有很大的不同。简而言之，苹果手机和国外的安卓手机通过建立系统层面的统一

---

❶ 安卓手机老卡顿？装了 16 个国产 App 后我懂了［EB/OL］.［2019 - 02 - 21］. http：//www. ifanr. com/app/818364.

推送机制，使得应用软件无需在后台留驻，即可实现接收推送消息的功能，因此就无须通过相互唤醒来保证应用软件在后台的留驻时间，如图 6－1－2 所示。

图 6－1－2　苹果手机消息推送机制示意图

Provider 是指某个应用软件的服务器，APNS 是 Apple Push Notification Service 的缩写，是苹果的服务器。当有消息需要进行推送时，应用商（比如腾讯）的推送服务器将消息发给苹果的消息服务器，苹果的服务器查找有相应标识的 iPhone，并把消息发送到该 iPhone。iPhone 再把收到的消息传递给相应的应用程序（比如微信），并且按照程序设定弹出推送通知。iPhone 上的消息推送和通知进程是 iOS 系统的一部分，一直保持后台运行，所以第三方应用完全不必保持后台，而是当 iOS 系统的消息推送进程收到消息后再由系统识别对应的应用软件。可以说，iOS 系统的消息推送和通知进程就是应用软件接收通知的代理。

国外安卓手机的推送机制和苹果手机的推送机制基本相同，由谷歌提供统一的系统层面推送服务，该服务被称为 FCM（GCM）。简单来说，就是将图 6－1－2 中的 APNS 替换为由谷歌提供的 FCM 服务器，应用软件同样无须保持后台留驻就能够收到推送消息。

（二）国内安卓手机消息推送机制现状

众所周知，谷歌提供的相关服务在中国大陆无法正常使用。因此，这条实现手机消息推送的路径被堵死了。没有谷歌提供的统一推送机制后，国内的安卓手机消息推送机制一直没有理顺，导致国内安卓手机消息推送送达率低。阿里云推送的开发者文档中也对这一问题有所说明："Android 端推送和 iOS 端推送存在很大的区别。iOS 推送统一接入 APNS 服务，属于系统级通道，到达率普遍在99%以上。Android 端碎片化现象较重，大多国内厂商都剥离了 Google GCM/FCM 系统服务，同时对进程保活和弹窗也有严格的限制，所以才导致 Android 端到达率比 iOS 低很多。"❶

---

❶　为什么 Android 端推送的到达率比 iOS 低很多？［EB/OL］．［2018－12－01］．https：//help. aliyun. com/knowledge_detail/56052. html? spm = a2c4g. 11186623. 2. 49. 6bff338938tbgk.

如前文图6－1－2中所示，国内的安卓手机消息推送没有FCM这一中间环节，那为了实现推送的功能就必须使每个应用软件单独与对应的推送服务器（即Provider）建立连接，为此该应用软件就必须处于后台运营的状态。但对于大多数中小型的应用软件开发者而言，自建一条应用软件和自有服务器之间的推送通道显然在成本上无法接受。因此，第三方服务商和手机硬件厂商纷纷建立通道提供给应用软件开发者使用，目前国内安卓系统应用软件的推送功能主要就是通过集成第三方服务商和手机硬件厂商提供的第三方推送服务实现的。

第三方推送服务主要分为两大类。第一类是由第三方服务商提供的，典型的有极光推送、个推、友盟，以及腾讯信鸽推送、阿里云推送、百度云推送等。这一类推送服务都是在应用层面上的，需要应用软件在一定程度上留驻后台才能起作用。第二类是由手机厂商提供的，典型的有小米推送、华为推送等。这一类推送服务是在系统层面上的，无须应用软件留驻后台。

对于第一类由第三方服务商提供的推送服务，其工作原理大同小异，故笔者以个推为例进行解释说明。

如图6－1－3所示，应用软件开发者若要使用个推提供的推送服务，只需在应用软件中集成个推提供的软件开发工具包（SDK）即可。当有消息需要推送时，应用软件的服务器先将消息发送至个推的服务器，个推的服务器再将消息发送至集成个推SDK的安卓应用。需要注意的是，这里所集成的SDK是集成在具体的应用软件当中，而非手机系统当中，因此这一推送路径的畅通要以应用软件在后台留驻为前提。为了防止应用软件被"杀死"而无法留驻后台，一些第三方推送服务具有"共享链路"的功能。举例而言，若一个手机中同时安装集成个推SDK的A、B、C三个应用软件，若A、B应用软件被"杀死"，其仍可通过在后台留驻的C应用软件的SDK获得推送，即共享C应用软件的推送路径。

对于第二类由手机厂商提供的推送服务，多为系统层面（小米推送在该品牌手机上是系统级推送，在其他品牌上是应用级推送），其工作原理和苹果手机的推送机制与国外安卓手机的推送机制基本相同，无须应用软件留驻后台。图6－1－4以华为推送为例加以说明。

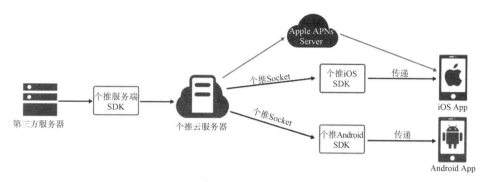

图 6 - 1 - 3　个推工作原理示意图

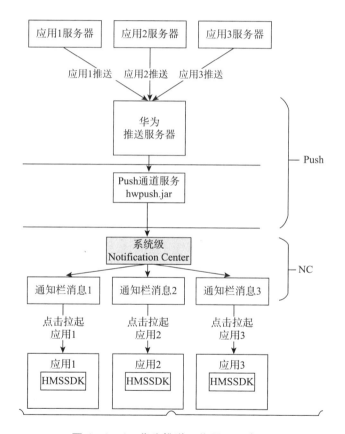

图 6 - 1 - 4　华为推送工作原理示意图

由于由第三方服务商提供的推送服务仍需应用软件留驻后台，应用软件能否"保活"就成为衡量第三方推送服务是否可靠的一个重要因素。因此，第三方服务商提供的需要由开发者集成到应用软件中的 SDK 文件大多具有相互唤醒的功能。即使是具备"共享链路"功能的第三方推送服务，因其无法保证使用同一 SDK 的应用软件不会全部被"杀死"，也会具备相互唤醒的功能。在几大第三方推送服务的开发者文档中，对相互唤醒的功能均有所表述，如表 6-1-1 所示。

表 6-1-1　几大第三方推送服务开发者文档中关于"相互唤醒"的表述

第三方推送	内容表述
极光推送	(1) 功能列表中明确列出具有"App 进程相互拉起"的功能； (2) 共享通道在启动的时候会扫描一遍其他应用，导致别的应用被拉起来，也可能被其他应用的共享通道拉起自己的 App……
腾讯信鸽	信鸽主 Service 在接入信鸽的应用中随机启动一个备份的 Service，两个 Service 相互拉活，互为备份
阿里云推送	SDK 有应用保活以及拉起机制，但是推送 SDK 的保活能力受到 ROM 管控的影响。部分手机的 ROM 对应用自动拉起管控较严格，导致应用被杀死后无法接收到推送
小米推送	(1) 如果是在非 MIUI 系统中，需要应用驻留后台才能接收消息的，因此如果应用被杀死并且不能后台自启动的话，是没有办法接收消息的。为了让 App 尽可能地留驻后台，小米推送服务 SDK 监听了网络变化等系统事件，并且有应用之间的互相唤醒，但这些措施并不能保证应用可以一直在后台留驻。 (2) ……而小米推送服务通过应用之间互相唤醒、时钟周期同步唤醒这两个机制，同样也能做到这两点，并且不需要开发者承担使用单通道的风险

通过安卓手机安全应用软件"LBE 安全管家"的相互唤醒路径追踪的功能（见图 6-1-5），也可以看出，很多相互唤醒的应用软件是集成同一第三方推送服务的 SDK，这也是前文中提到的并非同一公司旗下或具有一定关联关系的应用软件之间也会出现相互唤醒情况的原因。

除了相互唤醒之外，各大第三方推送服务提供的 SDK 标准并不统一，导致各自为政。举例来说，虽然华为推送服务能在华为品牌手机保证较高的消息到达率，但是在非华为手机上就无法发挥作用，因此应用软件开发者往往会在同一应用软件内集成多家第三方推送服务的 SDK，以提高消息的送达率。同一个应用软件中有多个推送 SDK 同时发挥作用，保持与远端服务器的多条长链接，进一步增加手机的电量消耗。

（a）　　　　　　　　　　　（b）

图 6 - 1 - 5　"LBE 安全管家"相互唤醒路径截图

三、小结

至此，我们大致可以总结出国内安卓手机应用软件存在严重的相互唤醒情形的基本逻辑：由于各种各样的原因，谷歌的统一推送服务（FCM & GCM）无法在中国使用。因此，第三方服务商与手机厂商纷纷自建推送通道提供给应用软件开发者使用，并维护各自 SDK 与推送服务器的长链接。但是，维持长链接会消耗流量，以及对移动设备来说至关重要的电量，尤其当程序不在前台运行时，系统完全无法判断众多长链接的合理性，所以会"杀掉"它认为不必要的长链接。链接不存在，推送自然无法触达。为了保证触达效率，推送服务商往往都通过应用软件"相互唤醒"的方式，维持推送 SDK 后台进程的存活与长链接。这些 SDK 进程在后台留驻或者经常唤醒，会大量消耗用户手机的电量。

第二节　应对措施现状

一、手机厂商的应对措施与利益冲突

（一）手机厂商的应对措施

对于应用软件相互唤醒造成的手机运行速度变慢和耗电量增加，一般的用户往往会将其归罪于手机硬件厂商，因此手机硬件厂商对于解决这一问题显得更为急迫。其采取的措施主要包括两个方面：一方面，自建通道为应用软件开发者提供系统级的推送服务；另一方面，通过深度定制系统的方式加强对后台应用软件的管理。

就前一种方式而言，在我国市场占有率较高的手机品牌中，华为、小米、魅族、HTC、VIVO 等手机厂商都建立了属于自己的系统级推送通道，OPPO、一加、锤子手机尚未建立专属的系统级推送通道。而即使是创建系统级推送通道较早的小米、华为等手机厂商，已经接入其系统级推送通道的移动应用软件范围仍然有限，例如微信和 QQ 这两个使用范围极广的移动应用软件仅接入腾讯自身运营的信鸽通道，未接入其他手机厂商提供的系统级推送通道，其推送的接收仍需要其在后台的常驻，HTC 等手机品牌提供的系统级推送通道支持的则主要是自身的移动应用软件。部分知名应用软件已接入的企业系统级推送通道如表 6 - 2 - 1 所示。

表 6 - 2 - 1　部分知名应用软件已接入的厂商系统级推送通道

移动应用软件名称	接入的厂商系统级推送通道
抖音	华为、VIVO、小米、魅族
支付宝	华为、魅族、小米
微博	华为、魅族、小米
美团	华为、VIVO、小米、魅族

由于各厂商各自为政，开发者往往都会花费更多成本接入多个推送服务。因此，一个应用软件中会存在多个推送 SDK 同时发挥作用，耗电的问题仍然没有得到较好的解决。小米 MiPush 系统级推送通道的运作原理如图 6 - 2 - 1

所示；已接入 MiPush 通道的部分移动应用软件如图 6-2-2 所示。

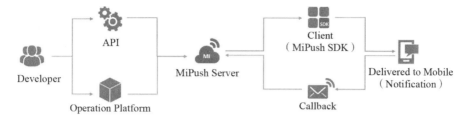

图 6-2-1　小米 MiPush 系统级推送通道的运作原理

图 6-2-2　已接入 MiPush 通道的部分移动应用软件

后一种方式是被国内手机厂商普遍采用的方法。国内的主流厂商大多在安卓系统的基础上推出自己的深度定制系统，如华为的 EMUI、小米的 MIUI、VIVO 的 Funtouch OS、魅族的 Flyme 等。这些经过定制的系统在后台管理上大多采取比较激进的策略，即采取多种手段最大限度地禁止应用软件在后台留驻。在极光推送的开发者文档中列举一些厂商定制系统"杀死"后台进程，导致推送服务无法正常使用，需用户手动操作的情形，可以从侧面反映出厂商定制系统对应用软件后台留驻的严格限制，如表 6-2-2 所示。

表 6-2-2　极光推送列举第三方系统收不到推送消息需用户手动操作情形❶

手机品牌	具体操作
小米	自启动管理：需要把应用加到【自启动管理】列表，否则杀进程或重新开机后进程无法开启。 MIUI7 神隐模式：允许应用进行自定义配置模式，应用在后台保持联网可用，否则应用进入后台时，应用无法正常接收消息。【设置】下电量和性能中【神隐模式】

❶　Android SDK FAQ［EB/OL］.［2018-12-01］. http：//docs. jiguang. cn/jpush/client/Android/android_faq/.

手机品牌	具体操作
华为	自启动管理：需要把应用加到【自启动管理】列表，否则杀进程或重新开机后进程不会开启，只能手动开启应用。 后台应用保护：需要手动把应用加到此列表，否则设备进入睡眠后会自动杀掉应用进程，只有手动开启应用才能恢复运行
魅族	自启动管理：需要把应用加到【自启动管理】列表，否则杀进程或重新开机后进程无法开启。 省电管理：安全中心里设置省电模式，在【待机耗电管理】中允许应用待机时，保持允许，否则手机休眠或者应用闲置一段时间，无法正常接收消息
VIVO	内存一键清理：需要将应用加入【白名单】列表，否则系统自带的"一键加速"，会杀掉进程。 自启动管理：需要将应用加入"i管家"中的【自启动管理】列表，否则重启手机后进程不会自启动。但强制手动杀进程，即使加入这个列表中，后续进程也无法自启动
OPPO	冻结应用管理：需要将应用加入纯净后台，否则锁屏状态下无法及时收到消息。 自启动管理：将应用加入【自启动管理】列表的同时，还需要到设置—应用程序—正在运行里锁定应用进程，否则杀进程或者开机后进程不会开启，只能手动开启应用
三星	内存一键优化：需要将应用加入【白名单】列表，否则系统内存优化后，会杀应用进程

从表6-2-2也能发现，各大厂商后台管理的逻辑是基本一致的，即默认先由系统代替用户作出应用软件留驻后台的合理性判断，其结果就是绝大多数应用软件的后台活动被系统限制或"杀死"。同时，厂商也意识到有些用户使用频率较高，且对消息推送的及时性有需求的应用软件留驻后台具有一定的合理性，比如微信、QQ等，厂商会将这类应用软件默认设置为"白名单"，使其不被系统的后台管理机制主动"杀死"。最后，由于不同的用户有不同的需求，系统也没有办法完全代替用户判断哪些应用软件后台留驻是合理的，因此会保留用户自主作出选择的开关，使用户可以自主决定允许或禁止具体某个应用软件是否可以被关联启动。

对于手机厂商会设置默认的后台应用软件"白名单"这种说法，笔者并没有从各家手机厂商处得到证实，也无法获知这一"白名单"的具体范围和入围标准。但一些材料能从侧面印证这种"白名单"的存在，如腾讯信鸽推送的开发者文档中有如下表述："目前第三方推送都无法保证关闭应用过后还可以收到推送消息，这个是手机定制ROM对信鸽service的限制问题，信鸽的一切活动都需要建立在信鸽的 service 能够正常联网运行，service 被终止后，由系统、安全软件和用户操作限定是否能够再次启动。QQ、微信是系统级别的应用软件'白名单'，相关的 service 不会因为关闭应用软件而退出，所以用户感知退出应用软件过后还可以收到消息，其实相关的 service 还是能够在后台存活的。"❶

　　另外，在安卓系统手机中进行实验也可以发现存在下载安装不同软件后系统作出不同的默认后台管理设置的情况。在此以 OPPO 手机（Color OS V3.0系统）的操作界面为例（见图 6 - 2 - 3），在手机中进入"设置"，选择进入"电池设置"，在"耗电保护"选项中，可以看到手机中所有移动应用的耗电保护设置情况。在未进行手动调节的情况下，下载微信与网易云音乐这两个应用软件于 OPPO 手机。微信的后台冻结设置默认为关闭，并且开启选项旁附有提示文字"为避免微信消息延误，请谨慎开启"；而网易云音乐应用的后台冻结设置却默认为开启，用户在使用网易云音乐时，如果开启后置于后台不进行使用，则只有再次打开该应用时才可接收到该应用的相关通知，且再次进入该应用时就需要重新进行启动缓冲。

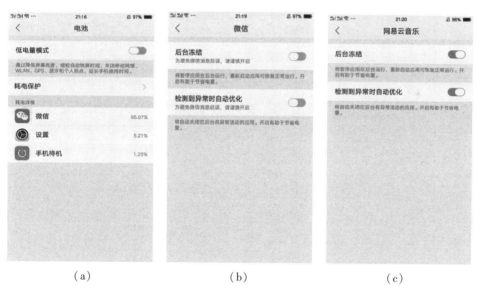

　　（a）　　　　　　　　　　（b）　　　　　　　　　　（c）

图 6 - 2 - 3　OPPO 手机默认耗电保护、后台冻结界面

---

❶　Android 常见问题［EB/OL］．［2018 - 12 - 01］．https：//cloud. tecent. com/document/product/548/36674.

这一差别可以体现出厂商对于不同的移动应用软件进行不同的后台管理默认设置，其中的依据和判定笔者并不明确。按照用户的使用需求，即时通信类应用、导航类应用、音频类应用一般会需要在使用其他应用时有维持其在后台运作的需求，但厂商对不同移动应用软件的默认设置显然至少不完全是根据这一一般用户习惯进行的选择。依旧以 OPPO 手机（Color OS V3.0 系统）的操作界面为例（见图 6−2−4），对于微信、QQ 等通信类应用软件其默认的后台管理设置是关闭后台冻结且不在检测到异常时自动优化，而对百度地图这一地图类应用软件、爱奇艺等视频类应用软件则虽默认关闭后台冻结，但默认开启检测到异常时自动优化，而对 QQ 音乐、网易云音乐等音频类应用软件则默认同时开启后台冻结和检测到异常时自动优化。这其中的默认设置由厂商决定，而大多消费者不会注意到这是厂商默认的后台管理行为，只会在使用移动应用软件过程中认为该移动应用软件有不断重新启动加载、开启后接收不到信息的缺点。

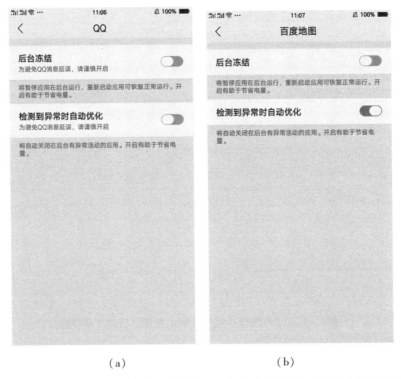

(a)　　　　　　　　　　　　(b)

图 6−2−4　不同类型移动应用软件在 OPPO 手机中的不同默认后台管理设置

（c）　　　　　　　　　　　（d）

图 6 - 2 - 4　不同类型移动应用软件在 OPPO 手机中的不同默认后台管理设置（续）

这些厂商单方面决定的后台管理设置，已经在一定程度上影响移动应用的正常使用。2018 年 8 月，威仕力（VCL）将华为 P20 Pro 手机列入该应用的"黑名单"，原因就在于 VCL 认为华为的后台管理政策强制关闭 VCL 音频背景播放软件，影响应用功能的正常发挥。并且 VCL 认为 Spotify 或 Pocket Casts 等主流音乐播放应用程序没有同样的问题是由于这些应用程序被华为列入"白名单"。❶

另一个就是用户对应用软件是否留驻后台的最终选择权的问题，在此以华为手机（EMUI8.0 及以上版本）的操作界面为例。在手机中进入系统自带的"手机管家"软件，进入"启动管理"界面，可以看到，在用户没有进行手动管理的情况下，系统默认是打开自动管理的开关的，并提示用户"手动禁止应用的后台活动，可更省电，但邮件、聊天应用、社交应用的消

---

❶　VLC blacklists Huawei phones over "ridiculous" policy［EB/OL］.［2018 - 12 - 12］. https：//www. trustedreviews. com/news/vlc - apk - huawei - app - 3516451.

息可能接受延迟"，如图 6 - 2 - 5 所示。进入手动管理后，用户可以针对具有某个应用软件分别对"允许自启动""允许关联启动""允许后台活动"作出选择。

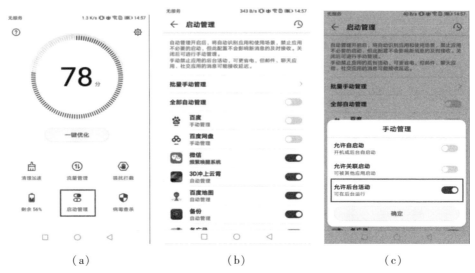

（a）   （b）   （c）

图 6 - 2 - 5　华为手机"启动管理"界面截图

而以 OPPO 手机（Color OS V5.0 版本）的操作界面为例，在手机中进入"设置"中的"电池"选项，在其中的"耗电保护"中可以看到手机中移动应用软件的后台管理情况。在之前 Color OS V3.0 版本系统的 OPPO 手机，用户可以选择的两个后台管理选项是"后台冻结"（将暂停应用软件在后台运行，重新启动应用软件可恢复正常运行，并提示开启有助于节省电量）和"检测到异常时自动优化"（将自动关闭在后台有异常活动的应用软件，并提示开启有助于节省电量），如图 6 - 2 - 6 所示。而 Color OS V5.0 新版本系统的 OPPO 手机为用户增加了一项对移动应用软件后台管理设置选项——"深度睡眠"（息屏后暂停应用联网、数据同步等操作，并提示开启有助于节省电量），可见手机厂商也意识到用户对于后台管理日益增强的自主选择需求。

（a） （b） （c）

图 6 - 2 - 6 OPPO 手机启动管理界面截图

除了手机厂商的定制系统具备后台管理的功能之外，一些软件也能提供后台管理的功能，被安卓用户广泛采用，比较典型的有绿色守护、黑域等应用软件。

（二）手机厂商与应用软件开发者之间的利益冲突

显然，对于应用软件相互唤醒这一问题，应用软件开发者和手机厂商的利益诉求截然相反。国内安卓推送生态的囚徒困境如图 6 - 2 - 7 所示。对于应用软件开发者而言，在手机应用软件泛滥的今天，为了使自己的应用软件不至于变成"僵尸应用"，消息推送已经成为其获取用户流量的重要抓手，若因应用软件后台留驻被限制而推送消息无法送达用户，这是开发者所不能接受的。而手机厂商则着力提升其产品的运行流畅度、电池续航等指标，给用户提供更好的体验。

正是因为应用软件开发者与手机厂商立场的不同，推送生态面临无解的囚徒困境：厂商为了系统的纯净限制进程存活，而应用软件开发者为了推送到达率执着于后台进程的保活，整个推送体验和生态在"限制 - 保活"的对抗中变得越来越糟糕。❶

---

❶ 参见 [EB/OL]．[2018 - 11 - 15]．https：//mp. weixin. qq. com/s? __biz = MzI1 MTE2 NTE1 N g = = &mid = 2649517243&idx = 1&sn = 45 ec3307baaf19 cfd9 d7 cf94debcccae&chksm = f1 efec30 c6986 5260 82 f53 d3 d2557437f6 f2 e1 cce7568 a1257 f864 ac91 ebc2 ddf85499 b403 ba#rd.

图 6 - 2 - 7　国内安卓系统推送生态的囚徒困境

二、行业自律现状

国内安卓系统应用软件的生态问题逐渐被应用软件开发者和手机厂商所重视，已经有一些行业自律的规范逐步形成。

（一）《安卓绿色应用公约》

2017 年，绿色守护和 AppSo 联合发起《绿色应用计划》，后该计划在2017 年 10 月经工信部指导成立的统一推送联盟发展为《安卓绿色应用公约》，这是一项旨在推动 Android 生态中的优秀应用共同维护一个更加良性的设备体验而发起的开放公约。❶ 该公约对应用相互唤醒的问题作出如下要求："除用户的主动交互触发外，避免启动其他应用未处于运行中的进程。"同时该公约也说明作出这一要求的原因："用户在主动交互中通常对交互的响应时间（例如从触摸到界面变化）存在一定的宽容度，而被动交互（例如启动过程的等待、媒体播放中）中出现的延迟或卡顿则更易引发用户的反感。此间如果涉及启动多个进程，除进程创建本身的显著开销和内存压力之外，如果启动的是其他应用软件的进程（通常所说的交叉唤醒），对方的初始化开销则是一个完全不可控的因素。而交叉唤醒在应用软件之间往往具有连锁效应，在安装有较多关联应用软件（例如集成相同 SDK 的多个应用）的情况下极易触发'链式

---

❶ Android 绿色应用公约 4.0 ［EB/OL］. ［2018 - 12 - 15］. https：//green - android. org/app - convention. html.

唤醒'，引发 CPU、内存、IO 等资源短时间内的巨大压力，造成设备流畅性的急剧下降、耗电上升，带来严重的应用软件启动阶段用户体验和全局设备体验的双重损害。"

据统一推送联盟 2018 年 4 月 16 日的报道显示，该公约目前已收到联通、美图、平安科技、中国移动、轻推、爱奇艺、极光、Dcloud、爱城市网、即刻、搜狗、兆日科技、如意通、酷安、知乎、AppSo 等各方的积极响应，自愿遵循这一倡议，共同打造更好的安卓生态。❶

（二）安卓绿色联盟（现为软件绿色联盟）

安卓绿色联盟是 2016 年 11 月 14 日华为宣布联合阿里巴巴、百度、腾讯、网易 4 家国内知名互联网企业共同成立的非营利性组织。该组织旨在构建中国安卓绿色应用环境，打造安全、可靠、信赖、健康的应用生态，不断给用户带来极致的应用体验。目前，国内的大多数主流应用均为该联盟的入会应用。

2018 年 7 月，该联盟发布《安卓绿色联盟应用体验标准 2.0》，该标准中虽然没有对应用软件相互唤醒行为的直接表述，但是该标准从功耗、性能、安全几个角度对应用软件留驻后台的行为作出一定的限制，并明确了具体的测试数值。

三、统一推送联盟的成立与运行情况

统一推送联盟成立于 2017 年 10 月，挂靠单位是电信终端产业协会（TAF），接受工业和信息化部业务指导，住所设在北京。该联盟的核心任务是：探索推送行业创新，促进终端生产厂商、应用软件开发厂商和第三方服务提供商等进行深入合作，整合行业资源，助推形成统一的推送体系，创造绿色环境，减少与终端用户的利益冲突，提升整体行业形象，降低整个行业的实现成本，形成自律基础上的产业链协同发展，实现产业的共同繁荣。❷

目前，国内主流的手机厂商与应用开发商大多已是该联盟成员。

（一）统一推送联盟的解决方案

如前文所述，保证消息推送的送达率是安卓应用软件相互唤醒的最直接目

---

❶ 绿色应用生态：一批 App 已经准备好［EB/OL］.［2018 - 11 - 19］. http：//chinaupa. com/nd. jsp？id=24#_np=104_314.

❷ 《统一推送联盟章程》第 6 条。

的，但为了实现这一目的所带来的负面效应是十分明显的。以往手机厂商在处理这一问题时，侧重于"堵"的思路，即限制应用软件的后台活动，但这种方式并不能从根本上解决问题，反而加剧了手机厂商和应用软件开发者之间的矛盾冲突。而统一推送联盟则采用"疏"的思路，直接切入国内安卓应用软件推送通道混乱且不畅的现状，试图在国内建立起一个类似于谷歌 GCM&FCM 的系统级统一推送服务，以补全安卓生态的短板。如其网页中所述："……然而苹果的后台限制是以完整的开发者生态为支持的。在 GMS（谷歌移动服务框架）无法延伸到国内的情况下，应用软件自建后台也是自有苦衷。一味地查杀后台而不提供相应的满足正常需求的服务，绝非长久之计。诸多问题之中，作为触达通道和拉起活跃的强力手段——推送，始终是最核心而又难以解决的话题。"❶

目前推送服务的现状是，由于不同厂商各自为政，应用软件开发者需要在应用软件中接入多家厂商的推送 SDK，其中有些并非系统层面的推送服务，还会产生相互唤醒的问题。统一推送联盟提出的基本解决思路是对原先已存在的推送通道层接口进行标准统一，统一各第三方推送服务的接口标准后，应用软件开发者只要接入一个统一的 SDK（UPSSDK，United Push Service SDK），即可实现推送功能。

手机设备（固件）内置了 USP - Client（对 UPS - SDK 接口的具体实现），UPS - Client 接收到消息，对消息进行分发。由于 UPS - Client 内置于手机固件内、所有应用共用的唯一推送服务，所以推送服务的心跳可以在系统层保持，不需要唤醒应用软件，应用软件也不需要进行保活，这可以从根本上解决耗电的问题。具体构架如图 6 - 2 - 8 所示。

在实现这一目标之前，统一推送联盟目前针对一些有特殊需求的应用软件上线类似统一推送功能的"推必达"服务，并于 2018 年 10 月 22 日开启众测。

（二）以推送为杠杆撬动安卓生态

显然，统一推送联盟所要实现的目标并不只限于技术层面，而是希望通过统一推送这一切口，推动国内混乱的安卓应用生态向着健康发展的方向转变。统一推送联盟在第二次会议的成果报告中提出："在目前的情况下，由于 App

---

❶ 走向封闭的 Android 与推送触达的难题 [EB/OL]．[2018 - 12 - 03]．http：//chinaupa.com/nd. jsp？ id = 20&groupId = - 1.

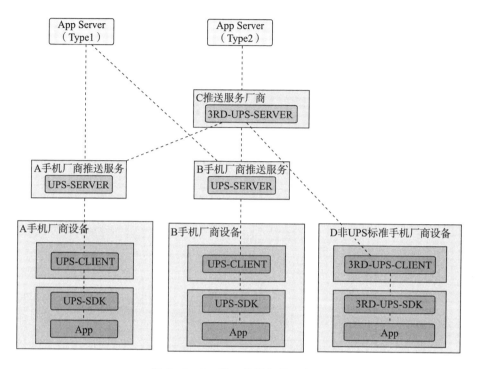

图 6 - 2 - 8　统一推送架构示意图

需要在各种不同的机型上解决推送的问题，一定程度的后台活动也具有合理性。然而，统一推送服务的目标是为开发者解决消息推送。因此，如果 App 接入统一推送的服务，应该放弃绝大部分不必要的后台行为，节约手机中宝贵的硬件资源，为用户提供接近 iOS 的良好体验。"❶

如果说在推送通道不畅的前提下，应用软件通过相互唤醒留驻后台尚有不得已而为之的意味，那么接入统一推送服务之后，对于绝大部分应用软件来说，其合理的需求已经得到满足，继续通过相互唤醒的方法留驻后台就很难说仍具有合理性。因此，联盟对接入统一推送服务的应用软件提出要求，要求其参考《Android 绿色应用公约》来规范自身行为。具体归纳为三点：第一，应用软件限制交叉唤醒、链式启动；第二，应用软件让手机 CPU 尽可能处于休眠状态；第三，应用软件避免不必要常驻后台的活动。对于遵守规则的应用软

❶　以统一推送为杠杠，撬动更好安卓生态［EB/OL］. ［2018 - 12 - 05］. http：//chinaupa. com/nd. jsp？id = 16#_np = 104_314.

件，联盟将在推送上给予其更高的优先级，以鼓励应用健康发展。

同时，联盟也关注到推送消息泛滥打扰用户的问题，并提出一定的应对方案："App 消息推送的用户的打扰，在一些时候比较难以分辨，因为对一些用户的无用消息可能是另一些用户感兴趣的。在很多时候需要'把选择权交给用户'。即让用户更方便地关闭消息通知，并以此为基础加强对于 App 消息打扰的管理。具体措施包括：①鼓励开发者在 App 中设立更加规范的消息开关，这样一方面可以帮助用户更有效地选择希望接收的消息；另一方面也会使开发者获得更精准的反馈，帮助提升产品运营。②针对推动消息关闭过多的 App，由联盟向其提出整改要求，督促其改进运营，减少对用户的打扰。③建立用户反馈的渠道，未来联盟官方网站上将接受用户对于 App 推送消息打扰的投诉，维护产业生态的良好体验。"

统一推送的推进也面临着一定的阻力，主要问题在于应用软件开发者不愿意放弃既有的利益。从一般用户的使用习惯来说，手机中的应用软件并非每个都会经常使用，存在大量的"僵尸应用"，而推送消息是应用软件唤醒沉睡用户、获取流量的一种最重要的手段。而在接入统一推送之后，应用消息推送的频率、内容等可能会受到一定的管束。

第三节　法律适用分析

一、争议焦点

应该说，统一推送联盟对应用软件相互唤醒问题提出的解决方案抓住了问题的症结，能够较好地平衡各方之间的利益关系，但该联盟虽由工信部牵头成立，却并不具有强制力，仍然属于行业自律规范的范畴，其工作的进一步推进面临一定的困难。如中国信息通信研究院吴荻博士所说："简单地理解，现在北京到上海有一条国道，国道上跑着小车和大车，都是免费行进的，我们希望给大家提供另外一个选择，建一条高速公路。大家可以自选哪条路（去行进），只不过你走高速公路需要放弃原有手段（放弃互拉、保活）。但因为不是强制性的，App 仍然可以选择常驻后台。这时候就需要法律/法规保障实施。"

由此可见，解决移动应用软件相互唤醒的问题，有必要对其中涉及的一些行为从法律上进行定性，并进行规制。在这之前需要进行的一步工作是厘清应用软件相互唤醒问题中涉及的利益主体和主要矛盾。

相互唤醒问题中主要涉及三方的利益，即应用软件开发者、手机厂商和用户。主要的矛盾集中于应用软件开发者和手机厂商之间，由于两者的具体利益诉求方向相背，两者有一系列具有对抗性的行为，而这种对抗最终的结果是降低用户的使用体验，损害用户的利益，并使整个安卓软硬件市场的生态朝不健康的方向发展。

就具体的行为来说，主要包括两个方面：一方面，应用软件频繁相互唤醒，严重影响手机系统的运行流畅度，并产生较大的电量损耗，显然影响用户的利益，然而一般的用户往往会将手机运行卡顿、电量消耗过快归罪于手机厂商的产品质量低下，客观上降低了手机厂商的市场声誉。对于这一行为应当如何规制，需要进行探讨。另一方面，手机厂商会对应用软件相互唤醒进行限制，而这种限制也会切断应用软件触达用户的主要渠道，必然造成应用软件流量利益的损失。同时，很多应用软件的推送消息承载该应用软件的一部分实用功能，限制相互唤醒也难免会影响用户对一些应用软件的正常使用。因此，对手机厂商限制相互唤醒行为的合理性和必要性也需要进一步的论证。

二、《消费者权益保护法》的规制路径

（一）应用软件相互唤醒是一种侵犯消费者权益的行为

移动应用软件的相互唤醒和手机厂商过严后台管理这两种行为都给消费者也就是手机用户带来一定困扰，其困扰的根本原因在于这两种行为都没有一定程度上明确获得用户的同意，引发了一些用户未预想到的手机应用软件运行情况。作为手机的所有者和使用者，用户有权在技术允许的范围内对手机及手机上的应用软件运行情况进行自主掌控，这是应当受到保护的用户基本权益。而上文所述的这两种行为未明确获得用户同意，都一定程度上涉及消费者知情权与自主选择权的保障问题。下面从知情权和自主选择权的保障两个方面对这两种行为进行相应分析。

就互相唤醒行为中的消费者知情权保障而言，消费者知情权在此过程中受到侵害。《消费者权益保护法》第8条规定的消费者知情权是消费者权益中一项重要的基础权利，自主选择权也多依仗于知情权实现的基础上才能得以实

现。第 8 条将消费者知情权定义为消费者享有的知悉其购买、使用的商品或者接受的服务的真实情况的权利，其对应的经营者义务是如实告知义务。但不管是知情权还是如实告知义务的规定都未明确划分需要告知的具体范围。相关条文中虽然没有给出明确边界，但给出一个模糊的范围——"根据商品或服务的不同情况……提供有关情况"。根据法条表述可知，应当根据商品或服务的不同来确定不同的告知范围，确定范围的核心在于商品或服务的性质。而在使用高科技产品或者接受相关专业服务的过程中，消费者知情权的行使直接决定着消费者赖以作出消费决策的专业信息的可获取性和真实性。❶ 也就是说，在购买高科技产品或者专业服务的情况下，消费者和经营者之间信息尤为不对等，消费者处于弱势地位，其知情权的范围应当相较于购买其他商品或服务时更广且要求更高，应当使消费者明确了解到相关的风险和其他情况。1985 年通过的《联合国保护消费者准则》将知情权表述为"使消费者获得足够资讯，能依其希望及需要做出知情的选择"的权利。❷ 可见，知情权的设立目的是弥补消费者与经营者之间信息的不对等，避免消费者基于错误认识而作出不能满足自身消费需求的选择。确定消费者知情权或者说经营者告知义务范围应当基于知情权设立目的进行考量。基于知情权弥补信息不对等、帮助实现消费需求的目的考量，其具体范围设定至少应当以满足消费者购买商品或服务的基础需求为界。

移动应用软件相互唤醒行为中所涉及的商品和服务具体可以包括移动应用方提供的移动应用使用服务和厂商提供的手机系统运营服务。这两项服务的告知义务应当由最了解对应服务的经营者本身承担，其应当告知的范围应至少以满足消费者购买服务的基础需求为边界。此种方式较难处理的问题是，应用方和厂商并非单纯对自身提供服务部分隐瞒信息，而是对双方的互相影响情况隐瞒一定信息的情况。先就移动应用方提供的移动应用软件使用服务进行分析，国家互联网信息办公室于 2016 年发布的《移动互联网应用程序信息服务管理规定》第 2 条第 2 款对移动互联网应用程序的定义是"通过预装、下载等方式获取并运行在移动智能终端上、向用户提供信息服务的应用软件"，其产品是该应用软件，其服务是向移动智能终端用户提供的信

---

❶ 王宏. 消费者知情权与消费者保护［J］. 山东师范大学学报（人文社会科学版），2010（5）：143 - 144.

❷ 刘蔚文. 论消费者知情权的性质［J］. 河北法学，2010（3）：107 - 108.

息服务。该应用软件和信息服务无法脱离移动智能终端而独立存在。也就是说，我们思考消费者所处境地时必须考虑到，移动智能终端是应用软件及其信息服务提供的必要场所和平台，应用软件及其信息服务无法脱离移动智能终端而独立存在，而移动智能终端也因为缺少或者难以运营某些应用而减损一部分功能。应用信息服务的提供必然会与移动智能终端的环境之间产生一定的相互影响，这是现在这两个行业的常态。那么此种情况下移动应用在用户移动智能终端中的活动状态乃至对该移动智能终端的影响，应当作为该移动应用产品及其信息服务的重要情况列入消费者有权知悉的产品或服务真实情况的范畴。要求应用方告知该应用软件会对移动终端产生的影响，并非是由于移动终端也是其应当负责的产品，而是由于其对自身产品信息的掌握程度及其应用软件与移动终端的必然关系。对于提供手机运用服务的厂商来说，原理亦是如此，其也应当承担系统运营情况对安装的应用软件产生的可能影响的告知义务。在明确告知义务承担者的情况下，由于这两项服务都是为了满足消费者的使用需求而被购买的，那么告知义务的边界应当划定于明确告知自身提供的服务会对其必然涉及的其他服务环境的基础性能产生什么影响。而在此范围基础上，由于高科技产业的特性，保障消费者的知情权对告知的程度要求更高，应当达到一般消费者能明确了解风险和影响的程度。具体来说，在移动应用实施互相唤醒行为的情况下用户购买或下载目标移动应用软件时并没有被明确告知：在之后的使用过程中，运行该目标应用软件会引发其他非目标应用软件的同时启动，并且该种互相拉起即使通过技术人员介入也无法完全切断，还会引起手机这一移动智能终端的使用卡顿、耗电加快。就此行为而言，应用方侵害了用户的知情权。如在拉起是为了用户便捷使用的情况下，应当在应用软件安装或首次唤醒相关应用软件时，对互相唤醒的触发情况、互相唤醒的应用软件范围、互相唤醒对终端性能的影响、如何对互相唤醒进行关闭等关键信息进行提示和说明。而就厂商来说，以OPPO（Color OS V3.0 系统）为例，系统设置仅提醒后台冻结和自动优化开启有助于节省电量，却对开启后对移动应用软件的运行有何具体影响并未具体说明，仅表示将"暂停应用在后台运行"，这对于消费者来说其实是一种模糊的告知。因为于消费者而言，他们较为熟悉了解和关注的是功能方面的问题，"暂停应用在后台运行"的表述看似进行告知，实则依旧未能弥补双方的信息不对等，依旧没有保障消费者的知情权，应当转化为对应用软件服务功能影响的表述方可达到告知效果。

在对知情权的分析基础上进一步探究可以发现，消费者的自主选择权同样未能得到良好的保障。结合《消费者权益保护法》第9条❶和第26条❷的相关规定，学界虽然对消费者的自主选择权有多种定义表述❸，但归其根本主要包含两个方面的要求——主观上的自愿性和客观上的自由性❹。主观上的自愿性要求保障消费者选择时的意思表示真实，客观上不受他人的诱导、强迫、威逼、欺骗等非法干涉。应用软件下载等同于实体产品的购买，而应用软件信息服务的提供则需要在用户使用移动应用软件时才能够提供。用户下载应用软件并不意味着用户同意在使用该移动智能终端的全过程中，都愿意接受已下载应用软件的信息服务，而正相反，用户一般只有在自主打开该软件时才意味着同意接受该应用软件的信息服务。互相唤醒行为，正是应用软件已经下载完成后，在用户不知情的情况下，在后台强行让用户接受用户未自主进行选择接受的信息服务。由于移动应用软件下载时一般都伴随着格式条款构成的用户协议，这一行为可以认定为通过格式条款并借助技术手段，强制用户在其不知情的情况下接收应用提供的信息服务，这其中经营者没有尽到《消费者权益保护法》第26条规定的格式条款告知义务，消费者根据《消费者权益保护法》第9条应当享有的自主决定是否接受服务的自主选择权也没有得到保障。而针对厂商的后台管理行为，厂商在移动智能终端出厂时进行一定的后台管理默认设置虽无可厚非，但应当为用户明确提供改变默认设置的途径。用户如果认为该默认设置影响自己对移动应用软件的正常使用，应当被允许关闭系统对该应用软件的后台管理，使该应用软件在后台常驻，从而实现该应用软件的功能。

---

❶ 《消费者权益保护法》第9条：消费者享有自主选择商品或者服务的权利。消费者有权自主选择提供商品或者服务的经营者，自主选择商品品种或者服务方式，自主决定购买或者不购买任何一种商品、接受或者不接受任何一项服务。消费者在自主选择商品或者服务时，有权进行比较、鉴别和挑选。

❷ 《消费者权益保护法》第26条：经营者在经营活动中使用格式条款的，应当以显著方式提请消费者注意商品或者服务的数量和质量、价款或者费用、履行期限和方式、安全注意事项和风险警示、售后服务、民事责任等与消费者有重大利害关系的内容，并按照消费者的要求予以说明。经营者不得以格式条款、通知、声明、店堂告示等方式，作出排除或者限制消费者权利、减轻或者免除经营者责任、加重消费者责任等对消费者不公平、不合理的规定，不得利用格式条款并借助技术手段强制交易。格式条款、通知、声明、店堂告示等含有前款所列内容的，其内容无效。

❸ 杨紫烜. 经济法［M］. 3版. 北京：北京大学出版社，2008：250；漆多俊. 经济法学［M］. 武汉：武汉大学出版社，2004：194.

❹ 柴伟伟. 论电信消费者自主选择权的法律保护［J］. 河北法学，2015（6）：79.

（二）《消费者权益保护法》的局限性

固然互相唤醒行为侵害了用户的知情同意权和自主选择权，但是《消费者权益保护法》对这两项权利的规定较为笼统，且其中不仅涉及消费者的这两项权利，还影响手机厂商移动智能终端的性能和用户体验。对这一行为进行规制，应当尊重用户的知情同意权和自主选择权，但仅依靠《消费者权益保护法》进行规制，救济路径较不明晰，且不能完善地保护其中所涉及的法益。

三、《广告法》的规制路径

（一）用户同意原则的适用

移动应用软件相互唤醒行为的起源在于，国内安卓系统生态中缺乏像国外 FCM 一样的统一推送通道。由于该通道的缺少，只有应用软件在打开状态时，才能将推送送达用户。故参与相互唤醒的移动应用软件最初的目的是通过获得更多的后台留驻机会，使自己的应用软件更多地处于开启状态，从而向用户推送自己的通知，保障应用软件在用户终端中的存活率和每日用户在该应用软件中的活跃度。该行为发展至今，虽然一些厂商已经开始提供系统级的推送通道企图解决推送通道缺乏的问题，但由于接入这些通道需要加入相应的 SDK，还有不少应用软件选择通过互相唤醒和后台留驻来向用户推送通知。也就是说，互相唤醒行为的一个重要目的，是向用户进行推送。而就推送的内容来说，除了一些通信类的应用软件，绝大多数应用软件向用户推出的是用于吸引用户使用其应用软件、接受其信息服务的推送。而在现在的安卓系统生态中，互相唤醒导致大量受到用户诟病的"垃圾推送消息"，这些过度的消息推送不仅打扰用户，也导致有用消息的发送者为了更好地使该消息触达用户而增加消息推送，造成一种消息泛滥的恶性循环。

根据《互联网广告管理暂行办法》第 3 条的规定❶，这种以互联网应用程序这一互联网媒介，以文字、图片等形式，直接或间接推销商品或服务的信息

---

❶ 《互联网广告管理暂行办法》第 3 条：本办法所称互联网广告，是指通过网站、网页、互联网应用程序等互联网媒介，以文字、图片、音频、视频或者其他形式，直接或者间接地推销商品或者服务的商业广告。前款所称互联网广告包括：（一）推销商品或者服务的含有链接的文字、图片或者视频等形式的广告；（二）推销商品或者服务的电子邮件广告；（三）推销商品或者服务的付费搜索广告；（四）推销商品或者服务的商业性展示中的广告，法律、法规和规章规定经营者应当向消费者提供的信息的展示依照其规定；（五）其他通过互联网媒介推销商品或者服务的商业广告。

可以归入互联网广告。这些互相唤醒而产生的广告推送大多没有在移动应用安装时向用户询问过是否允许开放通知权限。❶ 其在未获得用户权限或仅获得用户使用应用软件时接受推送权限的情况下，不论用户是否使用该移动应用软件，通过与其他应用软件的相互唤醒以电子信息方式向用户发送广告，该行为都应当受到《广告法》第43条❷的规制。而即使是少数已经获得通知权限的应用软件也未被允许由于其发送广告的行为，造成移动终端的卡顿耗电，影响用户的正常使用，该行为属于《广告法》第44条❸的"利用互联网发布、发送广告""影响用户正常使用网络"的范畴，从这个角度来说，也应当受到规制。

在技术设计上，针对此还可以通过强化通知权限方面的用户知情同意权保障，细化应用软件不同使用情况下用户接受推送的知情同意权限选项来规制。

（二）《广告法》的局限性

通过《广告法》和加强用户对推送的知情同意权保障对移动应用软件通过后台留驻、互相唤醒向用户发送商业推送的行为，的确可以起到一定的规制作用。但是这一规制仅仅对互相唤醒中的推送广告问题发挥作用，却不直接针对相互唤醒这一行为进行规制。相互唤醒发展至今，在华为和小米等系统级推送通道已做得比较成熟的手机终端中仍然存在，互相唤醒行为的目的已不仅局限于最开始的推送广告、吸引用户，故即使加强对用户推送知情同意权保障，互相唤醒后台的情况仍有可能存在。

四、《反不正当竞争法》的规制路径

新修订的《反不正当竞争法》第2条第2款规定："本法所称的不正当竞争行为，是指经营者在生产经营活动中，违反本法规定，扰乱市场竞争秩序，损害其他经营者或者消费者的合法权益的行为。"相较于1993年《反不正当

---

❶ 国内安卓系统手机相较于苹果手机在开放通知权限方面起步较晚，近几年来才有华为等几家厂商开始在应用软件安装时询问是否开放通知权限。

❷ 《广告法》第43条：任何单位或者个人未经当事人同意或者请求，不得向其住宅、交通工具等发送广告，也不得以电子信息方式向其发送广告。以电子信息方式发送广告的，应当明示发送者的真实身份和联系方式，并向接收者提供拒绝继续接收的方式。"

❸ 《广告法》第44条：利用互联网从事广告活动，适用本法的各项规定。利用互联网发布、发送广告，不得影响用户正常使用网络。在互联网页面以弹出等形式发布的广告，应当显著标明关闭标志，确保一键关闭。

竞争法》，新法增加了"消费者"这一受保护的客体，进一步明确了《反不正当竞争法》兼具有保护经营者和消费者的合法权益的功能。结合上文中的论述，应用软件相互唤醒行为会损害手机厂商的利益，而手机厂商限制相互唤醒的行为也必然影响应用软件开发者的利益，同时这两种行为均可能在一定程度上侵犯消费者的合法权益，因而似乎是具备适用《反不正当竞争法》规制的可能性。同时，2019 年《反不正当竞争法》第 12 条即引发热议的"互联网专条"，将"利用技术手段……妨碍、破坏其他经营者合法提供的网络产品或服务正常运行的行为"作为典型的互联网不正当竞争行为进行规制。单单从外在形式上看，应用软件相互唤醒的行为和手机厂商限制相互唤醒的行为都带有一定的"妨碍、破坏"的属性，虽然无法归入本条第 2 款前 3 项所列举的具体行为类型之内，但能否受到第 4 项兜底条款的规制，值得我们进一步探讨。

（一）应用软件开发者与手机厂商之间竞争关系的厘清

经营者之间具有竞争关系是认定不正当竞争行为的前提。但从《反不正当竞争法》的发展趋势来看，竞争关系的认定对不正当竞争行为判定的影响是越来越小的，对竞争关系的扩张解释乃至弃置体现在德国、比利时、荷兰等多国的竞争法中。❶ 竞争者竞争关系的成立，关键并非在于商品或服务的直接替代性，而是在于消费者注意力、交易机会等市场资源此消彼长的利益损害相关性。只要竞争者的行为导致其他竞争者的利益不正当受到损害，两者利益发生此消彼长的相关影响关系，便可认定存在竞争关系。尤其在互联网经济中，对竞争关系的认定不应局限于狭隘的同业竞争之间，更应该考察双方是否存在竞争利益冲突。❷

这种对竞争关系采取广义理解的判定思路，在我国的司法实践中得到广泛的认可与应用。比如，在一些浏览器或者路由器屏蔽视频网站广告的案件中，浏览器经营者或者路由器制造商和视频网站所提供的商品或服务显然不具有直接替代性，但法院在这类案件中均肯定原被告双方存在竞争关系。

回到本题来说，手机厂商和应用软件开发者之间同样不存在同业竞争关系，但两者的利益却具有明显的此消彼长的属性。因此，在具体的个案中认定手机厂商和应用软件开发者之间具有竞争关系并没有太大的障碍。

---

❶ 刘文琦. 反不正当竞争法互联网条款下商业行为正当性判别 [J]. 电子知识产权，2018 (8)：44.
❷ 冯晓青，陈东辉. 浏览器屏蔽视频网站广告行为性质研究 [J]. 河北法学，2018 (5)：42 – 51.

（二）《反不正当竞争法》的适用范式

对于应用软件相互唤醒行为和手机厂商限制相互唤醒这两种行为而言，会对其他经营者造成损害是十分明显的。一方面，无节制的应用软件相互唤醒会严重影响手机系统运行的流畅度，产生较大的电量损耗，从而引发用户对手机厂商的负面评价；另一方面，手机厂商限制应用软件相互唤醒也就是切断应用软件触达用户的主要渠道，必然会给应用软件带来流量上的损失。

然而单纯具有损害并不能直接得出某一行为具有不正当性的结论。一直以来，在我国不正当竞争案件的司法实践中都存在一种错误的倾向，即采取一种"法益保护主义"的思路对某一行为是否构成不正当竞争进行认定。在这种思路下，一旦确定有对竞争者受到《反不正当竞争法》保护的正当利益的损害存在，法官往往就会产生一种进而认定该行为具有不正当性的倾向。这种思路更接近于《侵权责任法》，而忽视《反不正当竞争法》的特殊性，最终导致不正当竞争的范围被不当放大。事实上，对于行为正当性的判断是一个需要经过多方利益衡量的过程，对于消费者利益因素、主观过错因素、损害后果因素等应该被动态地综合考量。❶ 所以，在判断应用软件相互唤醒行为与手机厂商限制相互唤醒行为的正当性时，我们需要进一步综合考量其主观过错和对消费者利益的影响。

（三）应用软件相互唤醒行为的不正当性分析

从消费者利益的角度来看，过度的应用软件相互唤醒行为具有较明显的不正当性。在自己的手机上运行什么应用软件以及是否接受某个应用软件推送的消息，用户享有不容置疑的选择权，而相互唤醒最大的不正当性就在于其对用户选择权的漠视。换言之，应用软件的唤醒并没有得到用户的同意，其推送的消息内容也大多是用户所不愿接收的，这在事实上构成对用户的一种骚扰。结合相互唤醒对手机系统运行流畅度和电量消耗的影响，可以认定该行为与绝大多数消费者的利益相背离。

那么应用软件相互唤醒的行为是否可以视为一种"妨碍、破坏"而受到《反不正当竞争法》第12条第2款中"兜底条款"的规制呢？在解释上尚存在一定的困难。从体系解释的角度来说，第4项虽然作为兜底条款，但其规制

---

❶ 孔祥俊. 论反不正当竞争的基本范式［J］. 法学家，2018（1）：50–67.

的行为类型应当与前 3 项所列举的具体行为具有一定的一致性。通过对前 3 项列举行为的解释，我们不难发现，"恶意"是构成第 12 条第 2 款所规定的"妨碍、破坏"性的不正当竞争行为的一个基本要求。❶ 而应用软件相互唤醒的行为就其目的而言，本身并非是对手机系统的"妨碍、破坏"，而是提高推送消息的成功率，同时相互唤醒的行为也不具有针对性，在所有品牌所有型号的设备商均会发生，是否具有第 12 条第 2 款所要求的"恶意"是存疑的。

（四）限制相互唤醒行为的不正当性分析

应用软件的推送消息中，有相当大比例的内容是广告消息，限制应用软件相互唤醒，客观上起到了屏蔽广告的效果。因此单纯从形式上看，手机厂商限制应用软件相互唤醒的行为和浏览器、路由器屏蔽视频网站广告的行为有一定的相似性。在我国以往的司法判例中，法院一般将屏蔽广告的行为认定为不正当竞争，但这种在"法益保护主义"思路下得出的结论在学界引发了较大的争议，在近期的判例中，也有法院采用利益衡量的方法作出屏蔽广告行为不构成不正当竞争的判决。同样，若综合考虑消费者利益因素，手机厂商限制相互唤醒的行为也很难说具有不正当性。

应当说，手机产商限制应用软件相互唤醒的行为符合绝大多数用户的心理预期。首先，虽然限制应用软件相互唤醒会在一定程度上导致推送消息的迟延，但这是在国内目前的安卓生态环境下不得不作出的牺牲，或者说这是在统一推送尚未实现之前面临的一个无解的问题。相对于这些牺牲的利益来说，保障手机系统运行的流畅性和较长时间的续航符合大多数消费者的利益诉求。其次，用户对于具体哪一个应用软件留驻后台具有充分的选择权和决定权。如前文所述，几乎所有手机厂商均将是否允许具体某个应用软件留驻后台的最终决定权赋予用户，用户作为消费者的选择权得到充分的保障。如果用户认为哪一款应用软件的推送消息对于自己而言是必要的，那么完全可以自主设置允许其后台留驻，因此，限制相互唤醒会影响用户对应用软件功能的正常使用这一命题并不能够成立。最后，对于绝大多数后台唤醒的应用软件来说，其被唤醒留驻后台并非用户希望，甚至被用户反感。从这个角度来说，限制相互唤醒实际上是帮助用户免除一部分烦恼。

---

❶ 覃腾英. 反不正当竞争法视阈下屏蔽广告行为的定性——以消费者利益保护为视角 [J]. 电子知识产权，2018（6）：62–71.

（五）《反不正当竞争法》规制的局限性

综述所述，手机厂商限制相互唤醒的行为很难说具有不正当性，应用软件相互唤醒的行为虽然对消费者利益有较大的影响，但是能否构成不正当竞争行为，尚存在法律解释上的问题。即使通过法律解释将该行为纳入第 12 条第 2 款第 4 项的规制范畴，也需要一系列司法判例来将这一规则予以明确。同时，兜底条款也不便作为行政执法的具体依据。因此，通过不正当竞争的路径来解决应用软件相互唤醒的问题并非问题的最优解。

第四节　相关规制建议

国内安卓系统缺乏国外统一的推送通道，导致作为移动应用软件运营重要环节的消息推送经常需要依靠应用软件本身的后台留驻，而目前厂商和第三方推送服务商提供的推送服务又各不相同，导致开发者虽重复劳动却依旧不能共享链路。而基于此大背景下，应用软件开发者通过推送消息确保应用软件活跃度的模式引发越来越多的安卓生态乱象，基于推送消息的"保活""相互拉起"等行为就是其中一种。虽然用户在主动交互中对响应时间有一定的宽容度，但面对被动交互的卡顿却易于引起用户反感。应用软件互相唤醒行为使用户除了忍耐自身目标应用软件被动交互引发的卡顿和内存压力外，还需要承担唤醒的其他应用软件的初始化开销。在启动安装相同 SDK 的应用软件时，该情况演化为"链式唤醒"，易引发 CPU、内存、IO 等资源短时间的巨大压力，造成设备流畅性的急剧下降、耗电上升，带来应用软件启动阶段用户体验和全局设备的双重损害。❶ 应用软件互相唤醒行为为用户带来电量、流量浪费的糟糕安卓体验，使安卓生态广受诟病，也给国内的相关产业带来一定的负面影响。而互相唤醒引发的强后台管理，导致一些应用软件的正常功能也在后台强制关闭的清扫过程中无法实现，这一系列行为造成国内安卓生态的不和谐，也极大地降低了用户体验，存在统一进行规制的必要性。

根据工业和信息化部在 2011 年发布的《规范互联网信息服务市场秩序若

---

❶ Android 绿色应用公约 4.0 ［EB/OL］. ［2018 - 12 - 15］. https：//green - android. org/app - convention. html.

干规定》第9条❶规定，互联网信息服务终端软件捆绑其他软件的情况，一般在安装和使用这两个阶段发生。在安装阶段的软件捆绑，就是我们通常理解的软件捆绑安装，而第9条将"安装"和"使用"并列，且将"卸载"与"关闭"并列，表明也存在仅在使用期间的软件捆绑。这一规定与本章研究的互相唤醒有异曲同工之处，互相唤醒正是在使用目标应用软件时，目标应用软件捆绑启动其他应用软件，强行让用户接受其他应用软件的信息服务。对这种使用阶段的软件捆绑，也应当提供独立的关闭方式，并且不得附加不合理条件。而在该规定的第9条未明确可以如此解读，且互相唤醒已引发后续后台管理问题的现状下，由工业和信息化部或国家市场监督管理总局为主体出台部门规章，加强行政执法，规范国内安卓生态，理顺应用软件开发者、厂商、用户三者间的利益关系较为合适，具有正当性。

综上所述，笔者拟对移动应用软件相互唤醒行为提出以下两点规制建议。

一、构建规范框架

解决相互唤醒问题，理顺国内安卓生态，不能只依靠行业自律的力量，需要有相关强制性规定的保障。基于上文的分析，法律层面的规定虽都有适用的空间，但由于缺乏针对性和明确性，直接适用于解决这一问题均存在一定的局限。针对上文所提及的这些安卓生态乱象，已有绿色守护牵头起草《安卓绿色应用公约》这一行业自律公约，并作出了有益尝试。该公约中明确约定"除用户的主动交互触发外，避免启动其他应用未处于运行中的进程"❷。但由于缺乏强制力，仅有部分相关企业加入该公约，自愿受到公约的约束，互相唤醒等安卓生态乱象仍得不到统一规制，无法根除。《安卓绿色应用公约》是行业的一次尝试，也是行业的一种正向倡导，可基于公约中体现出的主旨精神体现于规章，并增加保障移动应用软件正常功能运行的相关规定。将行业自律中已经达成的一些共识上升为部门规章等低位阶的规范性文件是相互唤醒相关问题的较优解决方式。采取部门规章形式对互相唤醒行为引发的相关问题进行规

---

❶ 《规范互联网信息服务市场秩序若干规定》第9条：互联网信息服务终端软件捆绑其他软件的，应当以显著的方式提示用户，由用户主动选择是否安装或者使用，并提供独立的卸载或者关闭方式，不得附加不合理条件。

❷ Android 绿色应用公约 4.0 [EB/OL]. [2018 - 12 - 15]. https：//green - android. org/app - convention. html.

制主要有两点原因：第一，制定程序简便，成本低，见效快。部门规章的制定程序相较于立法简便，立法成本更低，又可以满足安卓生态急需强制力进行规制的需求。且相对通过《消费者权益保障法》和《广告法》由用户自己进行维权，相关的管理部门对移动应用软件的技术领域更为了解，检测、收集相关资料更为便捷，更有利于规范行业环境，维护消费者权益。第二，工信部、国家市场监督管理总局等监管主体在移动互联网等领域已经有一些采用部门规章的方式对相关行业中产生的问题进行管理的实践。例如，工信部在 2016 年颁布的《暂行规定》就对移动智能终端的应用软件预置问题和应用软件的分发管理问题进行规范。

具体到移动应用软件相互唤醒问题本身，笔者对规章的具体规定提出如下 4 个方面建议。

第一，对应用软件开发者的行为，非用户主动触发，避免相互唤醒。中国信息通信研究院在《安卓绿色应用公约》的基础上提出了统一推送标准，明确表示为了确保安卓生态的质量，应当对于消息推送进行管理。通过推送消息的互相拉起明确不被允许，而利用消息拉起应用软件也应当被禁止。针对移动应用软件的互相唤醒行为，进行统一规制的规章应当具有核心思想：除用户的主动交互触发外，避免启动其他应用软件未处于运行中的进程。

第二，对手机厂商的行为，后台管理行为不应当对应用软件有区别性对待，即使有区别性对待，也应当具有充足的合理性，符合用户的利益。手机厂商的初始后台管理行为实际上是依据自身的专业知识提前代替消费者进行对应用软件管理的设置。这种预先的设置大多基于移动终端运营性能保护的考量，但由于该手机的初始设置完全由厂商控制，厂商初始后台管理设置公平性就尤为重要。厂商应当立足于用户利益，尽量避免区别性对待，否则就会影响应用软件之间的公平竞争。

第三，从用户知情权的角度来说，应充分告知用户相关内容，包括相互唤醒的作用、目的以及禁止相互唤醒的影响等。对于应用软件提供者而言，应用软件安装或首次唤醒相关应用软件时，对互相唤醒的触发情况、互相唤醒的应用软件范围、互相唤醒对终端性能的影响、如何对互相唤醒进行关闭等关键信息应当进行提示和说明。厂商对阻止应用软件的后台留驻也应当从消费者关注的功能等关键方面使用一般消费者可以理解的表述，对阻止留驻对应用软件功能发挥等方面的影响进行说明。

第四，从用户的选择权角度来说，用户应当具备选择权，可以选择唤醒或不唤醒、留驻或不留驻、接收消息或不接收消息。用户的选择权具有最终性，用户作出选择后，不论是厂商抑或是应用软件开发者，都应当服从用户的选择。虽然厂商的后台管理行为整体上是为了维护用户顺畅地使用体验和移动智能终端的自身性能，但是像 VCL 音乐播放等需要在后台进行留驻才能长时间发挥其功能的移动应用软件，其正常功能发挥的权益应当受到保护。这其中如何平衡，最好的方法就是将选择权完全地交回到用户手中，由使用者自己决定如何处置自己的移动终端。应用软件的互相唤醒行为亦是如此，应当在保障知情权的情况下，进一步保障消费者选择和自由管理、处置购买服务的权利。

移动终端厂商与应用软件提供者本应当是相依相伴、共同为消费者提供科技服务的关系。而现在的安卓系统生态环境却混乱不堪，只有制定相关规定才能通过强制力倒逼安卓生系统态完善。

二、强化行政执法

近年来，移动应用软件产生的相关问题逐渐引起监管部门的重视。2018年9月以来，国家网信办会同工信部、公安部等有关部门针对社会反映强烈、侵害用户权益的恶意移动应用程序开展专项整治，发现并清理了 7873 款存在恶意扣费、信息窃取等高危恶意行为的移动应用程序，并督促电信运营商、云服务提供商、域名管理机构等关停了相关服务。❶ 虽然移动应用软件的相关问题开始引起重视，但是监管部门主要关注的问题依旧集中于侵犯用户个人信息等比较严重的行为。但是整个行业的生态问题同样会影响用户的利益，应用软件开发者只顾自己的利益而漠视消费者权利的行为同样应该打击。工信部作为管理通信业、指导推进信息化建设的部门，与移动应用软件的相互唤醒问题及国内安卓生态的改善有着密不可分的关系。现在正在推行统一推送平台的统一推送联盟设立目的，即为探索推送行业创新，促进终端生产厂商、应用软件开发厂商和第三方服务提供商等进行深入合作，整合行业资源，助推形成统一的推送体系，创造绿色环境，减少与终端用户的利益冲突，提升整体行业形象，降低整个行业的实现成本，形成自律基础上的产业链协同发展，实现产业的共

---

❶ 国家网信办近期集中清理 7873 款恶意移动应用程序 ［EB/OL］. ［2019 – 01 – 29］. http://www. cac. gov. cn/2019 – 01/24/c_1124033984. htm.

同繁荣，这正契合解决相互唤醒引发问题的需要。该联盟在业务上正是受到工信部的指导。可见，工信部在处理生产厂商、应用软件开发厂商和第三方服务提供商三方协同问题上，已积累一定的经验，该领域也正是其负责的范围，应当由工信部出面进行建设引导和规范执行。应当根据上文中对规范文件的制定建议，由工信部制定相关且具有针对性的规范文件，并依据该规章对安卓生态乱象进行整顿管理，加强行政执法力度，协调行业内部的关系。同时，由于安卓生态以开源为根本，移动应用软件进入安卓生态较为自由，数量也较为庞杂，在监管上容易出现疏漏，且相互唤醒的本质是损害消费者的权益。可通过消费者公益诉讼等手段，多措并举，既可以帮助发现存在的问题，也可以帮助消费者维护自身权益，获得相应的补偿，同时推动安卓生态的健康发展。

附录一 2017—2018 年手机软件
获取用户隐私状况与变化^❶

附表 1   2017 年（上半年）网络隐私安全研究分析报告

系统	Android	iOS
调查软件数量/个	813	300
获取用户隐私 App 占比/%	96.6	69.3
详细	（1）应用类型占比最高（常用工具 24.7%，网络游戏 22.0%，影音娱乐 11.0%，生活购物 9.4%）； 其次为资讯阅读、图像美化。 （2）获取核心隐私权： 在各类隐私权限中，读取位置信息，手机号码，获取设备信息等 App 占比约为 15%。 （3）越界获取用户隐私权限：25.3%	应用类型占比最高（生活购物 18.8%，常用工具 16.3%，影音娱乐 14.9%，出行地图 11.5%）； 其次为网络游戏、资讯阅读
其他	移动网络隐私的泄露主要有手机软件获取、免费 Wi-Fi 窃取、旧手机设备泄露，以及黑客盗取企业大数据等渠道。隐私泄露往往是在用户不知情的情况下发生的，用户没有被告知，更没有同意	

---

❶ 表内容分别来自：注意！这 10 款 App 获取隐私严重越界！你下载了吗？［EB/OL］.［2018 - 12 - 11］. http：//news. 163. com/17/0720/21/CPQN8OK1000187VE. html.；腾讯社会研究中心与 DCCI 联合发布网络隐私 2017 报告［EB/OL］.［2018 - 12 - 11］. http：//mi. techweb. com. cn/tmt/2018 - 01 - 17/2630147. shtml.；腾讯社会研究中心联合 DCCI 发布网络隐私安全报告［EB/OL］.［2018 - 12 - 11］. https：//baijiahao. baidu. com/s? id = 1607760881467746891&wfr = spider&for = pc.；DCCI 互联网数据中心，洞察网络［EB/OL］.［2018 - 12 - 11］. http：//www. dcci. com. cn/.

附表2 2017年（下半年）网络隐私安全研究分析报告

系统	Android	iOS
调查软件数量/个	852	275
获取用户隐私App占比/%	98.5（增长2%）	81.9（提高12.6个百分点）
详细	（1）应用类型占比最高（网络游戏24.4%，常用工具18.8%）；（2）获取核心隐私权降低（读取手机号10.9%，读取彩信0.8%）；（3）越界获取用户隐私权限〔从25.3%（上半年）降至9%（下半年）〕	（1）通信社区、影音娱乐类App 100%获取手机隐私权限；（2）常用工具、图像美化、投资理财类的软件获取比例也有所上升，均达到90%以上
备注	2017年6月1日《网络安全法》生效，明确规定要加强个人信息保护，为个人信息保护提供了法律依据，用户的个人隐私保护意识明显提升	

附表3 2018年（上半年）网络隐私安全研究分析报告

系统	Android	iOS
调查软件数量/个	869	275
获取用户隐私App占比/%	99.9（未获取的仅占0.1%）	93.8（2017年上半年为69.3%）
详细	（1）生活购物类和投资理财类App占比明显增加（生活购物类由7.6%增加到11.2%；投资理财类由9.1%增加到10%）；（2）获取重要隐私权（获取"打开摄像头"权限的App比例达到89.9%；获取"使用话筒录音"权限的App比例达到86.2%）；（3）越界获取用户隐私权限〔降至5.1%（上半年）〕	图像美化类获取比例高达100%（2017年图像美化类的软件获取比例为90%以上）
备注	《网络安全法》实施第二年	

针对安卓手机软件，该系列报告于 2013 年显示获取用户隐私 App 占比为 66.9%，越界获取用户隐私权限的 App 占比为 34.5%；2014 年报告显示，获取用户隐私 App 占比为 92.5%，越界获取用户隐私权限的 App 占比为 27.8%。

依据如上数据可以看出：

（1）无论是安卓系统还是 iOS 系统，获取用户隐私 App 占比都在上升。至 2018 年上半年，几乎所有安卓系统 App 都有获取用户隐私行为；而相对注重保护用户隐私的 iOS 系统中获取用户隐私的 App 占比也大幅上升到九成以上。

可见，手机软件获取用户隐私已经是大势所趋，这与软件公司追求更为"贴心"的个性化服务以达到更佳用户体验这一目标是分不开的。

（2）安卓系统中获取核心隐私权的 App 占比有所下降，获取重要隐私权的 App 占比很高，越界获取用户隐私权限的行为不断下降。

其中，《网络安全法》的生效无疑对软件获取用户隐私权限的行为起到约束作用。

附录二 As of Android 9 （API level 28）, the following permissions are classified❶ as PROTECTION_NORMAL （正常权限）

- ACCESS_LOCATION_EXTRA_COMMANDS 访问额外的本地位置

- ACCESS_NETWORK_STATE 访问网络状态

- ACCESS_NOTIFICATION_POLICY 访问通知政策

- ACCESS_WIFI_STATE 访问 Wi – Fi 状态

- BLUETOOTH 蓝牙

- BLUETOOTH_ADMIN 蓝牙管理

- BROADCAST_STICKY 黏性广播

- CHANGE_NETWORK_STATE 改变网络状态

- CHANGE_WIFI_MULTICAST_STATE 改变 Wi – Fi 组播状态

- CHANGE_WIFI_STATE 改变 Wi – Fi 状态

- DISABLE_KEYGUARD 禁用键盘锁

- EXPAND_STATUS_BAR 扩大状态栏

- FOREGROUND_SERVICE 前台服务

- GET_PACKAGE_SIZE 获取安装包尺寸

- INSTALL_SHORTCUT 设置快捷键

- INTERNET 互联网

- KILL_BACKGROUND_PROCESSES 关闭后台进程

- MANAGE_OWN_CALLS 管理电话呼出

---

❶ 在运行时请求权限 | Android Developers ［EB/OL］. ［2018 – 12 – 01］. https：//developer. android. google. cn/training/permissions/requesting.

- MODIFY_AUDIO_SETTINGS 修改音频设置
- NFC 近距离无线通信
- READ_SYNC_SETTINGS
- READ_SYNC_STATS
- RECEIVE_BOOT_COMPLETED
- REORDER_TASKS
- REQUEST_COMPANION_RUN_IN_BACKGROUND
- REQUEST_COMPANION_USE_DATA_IN_BACKGROUND
- REQUEST_DELETE_PACKAGES
- REQUEST_IGNORE_BATTERY_OPTIMIZATIONS
- SET_ALARM 设置闹钟
- SET_WALLPAPER 设置壁纸
- SET_WALLPAPER_HINTS
- TRANSMIT_IR
- USE_FINGERPRINT
- VIBRATE
- WAKE_LOCK
- WRITE_SYNC_SETTINGS

附录三　危险权限和权限组❶

附表 4　危险权限和权限组清单

权限组	权限
CALENDAR　日历	READ_CALENDAR　读取日历 WRITE_CALENDAR　写入日历
CAMERA　相机	CAMERA　相机
CONTACTS　联系人	READ_CONTACTS　读取联系人 WRITE_CONTACTS　写入联系人 GET_ACCOUNTS　获取列表
LOCATION　定位	ACCESS_FINE_LOCATION　访问精确位置 ACCESS_COARSE_LOCATION　访问粗略位置
MICROPHONE　麦克风	RECORD_AUDIO　录音
PHONE　电话	READ_PHONE_STATE　读取通话状态 CALL_PHONE　呼出 READ_CALL_LOG　读取通话记录 WRITE_CALL_LOG　写入通话记录 ADD_VOICEMAIL　添加声音邮件 USE_SIP　使用互联网通话 PROCESS_OUTGOING_CALLS　通过程序拨出电话
SENSORS　传感器	BODY_SENSORS　身体传感器

---

❶　在运行时请求权限 | Android Developers［EB/OL］．［2018 – 12 – 11］．https：//developer. android. google. cn/training/permissions/requesting.

权限组	权限
SMS　短信	SEND_SMS　发送短信 RECEIVE_SMS　接收短信 READ_SMS　读取短信 RECEIVE_WAP_PUSH　接收 WAP RECEIVE_MMS　接收彩信
STORAGE　存储	READ_EXTERNAL_STORAGE　读取存储 WRITE_EXTERNAL_STORAGE　写入存储

注：中文译文为笔者翻译，仅供参考。

附录四　FTC 有关案例

一、*United States v. Path, Inc.*，No. C13 – 0448（N. D. Cal. Jan. 31，2013)❶

案情：Path 公司运营一项社交网络服务，允许用户记录生活中的"瞬间"，并与 150 个好友分享。通过 Path 应用软件，用户可以上传、存储和分享照片，写下"想法"，用户的位置以及用户正在听的歌曲的名字。

美国联邦贸易委员会（FTC）指控 Path 公司的 iOS 应用程序的用户界面具有误导性，且向消费者提供了收集个人信息无意义的选择。在其 iOS 应用程序的 2.0 版本中，Path 应用软件提供了一个"添加好友"功能，帮助用户添加新的网络连接。该功能为用户提供了三种选择："从联系人中寻找朋友""从 Facebook 寻找朋友""通过电子邮件或短信邀请朋友加入 Path"。然而，Path 应用软件会自动从用户的移动设备地址簿中收集和存储个人信息，即使用户没有选择"从联系人中寻找朋友"选项。对于用户移动设备地址簿中的每个联系人，Path 应用软件自动收集和存储所有可用的姓和名、地址、电话号码、电子邮件地址、Facebook 和 Twitter 的用户名以及出生日期。

美国联邦贸易委员会还指控 Path 公司的隐私政策欺骗消费者，称它会自动收集用户的某些信息，如 IP 地址、操作系统、浏览器类型、引用站点地址和站点活动信息。实际上，iOS 的 Path App 2.0 版本在用户第一次启动 App 2.0 版本以及每次用户重新登录账户时，都会自动从用户的移动设备地址簿中收集和存储个人信息。

---

❶ FTC：Path Social Networking App Settles FTC Charges it Deceived Consumers and Improperly Collected Personal Information from Users'Mobile Address Books［EB/OL］.［2018 – 12 – 05］. https：//www. ftc. gov/news – events/press – releases/2013/02/path – social – networking – app – settles – ftc – charges – it – deceived.

美国联邦贸易委员会还指控 Path 公司在用户注册时收集出生日期信息，从而在未经父母同意的情况下从大约 3000 名 13 岁以下的儿童中收集个人信息，违反了儿童在线隐私保护规定。通过其 iOS 和安卓系统的应用程序以及网站，Path 应用软件允许儿童创建个人日志，上传、存储和分享照片，写下"想法"，他们的准确位置以及儿童正在听的歌曲的名字。Path 2.0 还从儿童的地址簿中收集个人信息，包括姓名、地址、电话号码、电子邮件地址、出生日期和其他可用信息。

案件结果：Path 公司同意和解解决联邦贸易委员会的指控，即它欺骗用户，未经用户知情和同意从移动设备地址簿中收集个人信息。和解协议要求 Path 公司建立一个全面的隐私计划，并在未来 20 年内每两年接受一次独立的隐私评估。该公司还将支付 80 万美元，以和解其未经父母同意非法收集孩子个人信息的指控。

二、Federal Trade Commission：Android Flashlight App Developer Settles FTC Charges It Deceived Consumers（Dec. 5，2013）❶

案情：由 Erik M. Geidl 管理的 Golden Shores Technologies LLC 是 Brightest Flashlight Free 应用软件背后的公司，该软件已被 Android 操作系统的用户下载数千万次。联邦贸易委员会起诉称，该公司的隐私政策未能披露该应用程序向第三方包括广告网络发送用户的精确位置和唯一设备标识符的情况。此外，起诉还称，该公司欺骗消费者，向他们提供不共享信息的选项，然而信息会被自动共享，使得该选项毫无意义。

在起诉中，联邦贸易委员会声称 Golden Shores 公司的隐私政策告诉消费者，由 Brightest Flashlight Free 应用程序收集的任何信息都将被公司使用，并且列出它可能收集的一些类别的信息。然而，该政策并未提及信息也将被发送给第三方，如广告网络。

根据起诉，消费者在下载应用程序时也出现错误的选择。第一次打开应用程序时，他们看到了该公司的《最终用户许可协议》，其中包括有关数据收集的信息。在许可协议的底部，消费者可以点击"接受"或"拒绝"协议条款。

---

❶　FTC：Android Flashlight App Developer Settles FTC Charges It Deceived Consumers［EB/OL］.［2018 - 12 - 05］. https：//www. ftc. gov/news - events/press - releases/2013/12/android - flashlight - app - developer - settles - ftc - charges - it - deceived.

而在消费者有机会接受这些条款之前，应用程序就已经收集并向第三方发送信息——包括位置和唯一设备标识符。

案件结果：被告与联邦贸易委员会和解，禁止被告虚报如何收集和共享消费者的信息，以及消费者如何控制其信息的使用。和解还要求被告提供及时的披露，充分告知消费者何时、如何以及为什么收集、使用和分享他们的地理位置信息，并要求被告在这样做之前获得消费者的肯定明示同意。被告还将被要求删除通过 Brightest Flashlight Free 应用程序从消费者那里收集的任何个人信息。